KB217733

내일의 종교를 모색하다

인문학적 성찰과 영적 지혜를 중심으로

신의정원

내일의 종교를 모색하다

인문학적 성찰과 영적 지혜를 중심으로

김리아 지음

EXPLORE
THE RELIGION OF
THE FUTURE

focusing on the Humanistic Reflection
and Spiritual Wisdom

| 신의정원

내일의 종교를 모색하다

인문학적 성찰과 영적 지혜를 중심으로

제1판 제1쇄 2025년 4월 20일

지은이 김리아
펴낸곳 신의 정원
편집디자인 박찬우 서 광
교정 성현철 박혜원 신수현 김계수

등록번호 제2021-000009호
주소 서울특별시 강서구 마곡중앙6로 42, 사이언스타 821호
전화 02-2644-5121
www.fontis.or.kr

ISBN 979-11-980483-2-5

이 저서는 2020년 대한민국 교육부와 한국연구재단의 지원을 받아 수행된 연구임.
(NRF-2020S1A6A4043770)

This work was supported by the Ministry of Education of the
Republic of Korea and the National Research Foundation of
Korea. (NRF-2020S1A6A4043770)

목차

목차

프롤로그

Prologue

1 /

    종교란 도대체 무엇이며 어떤 모습이어야 하는가? 광장에 민낯을 드러낸 대한민국의 종교는 이 물음을 불러일으키지만 간단히 대답될 수 있는 것은 아니다. 전통적으로 종교에 관한 논의는 주로 경전과 종교 제의, 교리를 중심으로 진행되어 왔다. 그러나 현대에 이르러 그 방식의 한계가 드러나고 있다. 현대를 여는 프리드리히 니체Friedrich Nietzsche의 말, "신은 죽었다Gott ist tot"라는 초월적 신에 대한 사형선고 이후 탈 종교 시대가 시작되었고, 생태계 위기 및 인공지능 시대의 도래, 인터넷 발달로 인한 정보의 홍수, 유전자의 해독 등으로 특징 지어지는 이 시대는 과학 기술적 세계관이 풍미하는 시대이다. 특별히 미셸 푸코M. Foucault의 말처럼, 19세기 이후는 유한에 대한 사유의 시대이며, 초월이나 무한 같은 종교의 측면은 문명 발전을 저해하는 장애물이며 광신과 무지와 미신, 그리고 반계몽주의를 부추기는 것으로 간주되었다. 종교는 이제 시대에 뒤떨어진 구습으로 몰렸을 뿐 아니라, 경우에 따라서는 불필요할 수도 있고 도리어 해악을 끼치며 충분히 성숙하지 못한 인간에게나 필요한 것이라는 극단적인 비판의 목소리도 생겨났다.

2 /

　이러한 시대에 종교의 미래는 어떻게 담보할 수 있을까? 이 책은 종교의 방향을 '인문학적 성찰'과 '영성 전통의 깊이'라는 측면에서 모색해 보고자 한다. 첫째, '성찰'의 측면은 종교의 정의가 본디 인간만이 가지는 특수한 형태의 사회 현상이며 동시에 문화의 양태이기도 함을 인식하는 '인문학적' 관점에서 출발한다. 이 인식을 중심으로 보면, 종교는 인간의 실존과 한계 속에서 등장하게 되는데, 죽음, 질병, 고통 등을 통하여 실존의 한계를 체험하고 이 한계로부터 해방되어 보다 근원적인 영역을 꿈꾸면서 발생하는 것이라고 할 수 있다. 이렇게 인간 실존의 한계와 근원적 지향성으로부터 나오는 종교는 가장 간절하고도 절박한 인간의 소망, 영원, 생명, 자유와 해방 등과 관련되며, 이 주제에 관한 진지한 탐구야말로 인간 내면의 깊은 곳으로부터 우러나오는 영혼의 힘과 도덕의 방파제이자 공공선으로서 인류애를 발전시킬 수 있다.

3 /

　이렇듯 인문학적 관점으로 종교를 성찰하는 것은 일반적으로 종교를 구성하는 외형적 전례, 경전, 기도와 수행, 제의라는 표면적 방식이 아니라 삶과 죽음, 고통의 본질을 중심으로 탐색한다는 장점이 있다. 인문학은 언제나 인간의 삶을 구성하는 관계성을 전제로 하기 때문에 자신의 삶이 문제에 이미 개입되어 있고, 인류 보편의 전체적 삶과 연관되므로 항상 전인적이고 관계적인 사유를 필요로 한다. 이렇듯 인문학에는 세계와 자신의 삶을 바라보는 관점과 해석이 포함되어 있기에 전체적이면서도 구체적인 현실의 맥락이 있다. 종교가 죽음과 고통, 이기심과 악이 출몰하는 세계로부터 인간을 해방시키고 참 인간다운 삶을 가능하게 해야 한다면, 먼저 길들여진 정신이 의식하지 못하는 차원 다른 초월적 황홀함으로부터 출발해야 한다. 그리고 다시 인간의 삶으로 내려와 진정으로 내가 누구인지 자아 정체성을 확립하고, 더 나아가 긍휼과 자기 부정을 통해 이웃과 사회에 대한 연대와 공동체적 정신으로 확대되어야 한다. 이렇듯 인문학적 성찰은 종교가 구체적인 인간다운 삶의 완성과 변화, 창조에 기여하게 하는 중요한 관점이 될 것이다.

4 /

둘째, '영성적 깊이'의 측면은 종교가 가진 근원적, 초월적, 통합적 측면에 기인한다. 인문학적 접근은 인간의 삶을 풍요하게 하고 인류 발전을 도모한다는 측면에서 긍정적이지만, 그것에 머물면 굳이 종교의 영역이 왜 필요한지 근본적 문제 제기가 일어난다. 예를 들어 샌드라 슈나이더Sandra Schneiders처럼 '고결함을 가능하게 하고 일생동안 그 사람의 위치나 방향성을 정해주는 무엇'[1]으로 종교를 규정하는 학자들도 있지만, 자기 계발이나 정신적 탐구, 심리 현상, 전인성全人性, 윤리적 실천, 문화 등과 구분되지 않는다면 굳이 종교라고 부를 이유는 없을 것이라고 주장하는 학자[2]도 있다. 실제로 종교가 삶의 중요한 고유 영역이 되려면 자신만의 차별성 있는 특성, 즉 일반적 삶의 범주를 넘어서는 특성이 나타나는 영역을 이해해야 한다. 직선 방향으로 진행되는 물리적 시간, 곧 인과적이고 과거-현재-미래로 연쇄되는 연대기적 순차성의 시간인 크로노스 Χρόνος, Chronos가 비틀려지면서, '시차가 다른' 낯선 시간성이 거죽 위로 솟아 올라오는 카이로스Καιρός, Kairos의 경외스런 현상에 대한 추적이 필요하다는 것이다.[3] 이는 우리들의 일상적 시공간의 체험을 짜고 얽는 완강한 상징계적 질서를 거슬러 올라 그 한가운데 들어박힌 잠재적 사건의 근본적 계열들을 되찾아오려는 갈망으로부터 나온다. 영성 전통에서 길어 올린 영적 지혜들은 종교가 가진 빛과 혜안을 드러내 주고, 보다 근원적인 의미에서 통찰을 제시해 줄 것이다.

5 /

다만 이러한 접근이 광범위하고 막연한 전개가 되지 않도록 정확한 시대 진단과 주제가 필요하다. 예를 들어 '멀티 페르소나'는 변화 빠른 현시대의 인간이 가진 고민들을 비교적 정확하게 표현한 개념이다. 다중 정체성을 가지고 가상 세계에서의 역할과 가면 놀이에 충실하고 매 순간 다른 사람으로 변신하는 멀티 페르소나 인격체들은 묻는다. 진정으로 나는 누구인가? 나다움이란 진실로 무엇인가? 이에 따라 개성적인 '특화'는 생존의 조건으로 거듭났다. 고객과의 마지막 접점에서의 만족을 의미하는 '라스트핏'이 중요해짐에 따라 구매 결정 기준이 세밀화되고, 하나의 물건을 오래 소유하기보다 다양한 경험을 그때그때 즐기고자 하는 성향이 강조되면서 '스트리밍'이 생활양식 전반으로 확장되고 있다. 이런 세분화가 가능해진 것은 데이터와 인공지능 알고리즘을 기반으로 하는 '초개인화 기술'[4]이 뒷받침되었기 때문이다. 이렇듯 '나'의 경험과 '나'의 취향에 아낌없이 투자하는 성향은 더욱 보편화될 전망이다.

6 /

주목해야 할 것은 이러한 '나'에 대한 관심이 단순히 이기주의나 자기애적 경향에만 머무는 것이 아니라, 가면 뒤의 진실한 나에 대한 열망과 성장, 삶의 가치나 의미를 추구하는 것과 동반되어있다는 것이다. 이 경향은 경쟁을 통해 '남들보다 나은 나'가 되기보다는 혼돈의 세계에서 보다 본질적인 화두, 즉 '어제보다 나은 나'를 지향하는 성향을 낳게 한다. 이들에게 중요한 것은 '성공'이 아니라 '발전'이며, 성공보다 성장을 추구하는 행복과 의미 사이의 균형을 지향한다. 공공성의 가치, 즉 일상의 모든 영역에서 공정성을 추구하고 공적인 '선한 영향력'을 주목하고 있다는 것도 중요한 시사점이라고 할 수 있다. 또한 대한민국 인구 구조의 가장 큰 축을 형성하는 베이비붐 세대가 오팔세대라는 새로운 이름으로 무대에 등장하고 있다. 인구수뿐만 아니라 자산 규모와 소비 측면에서도 이들은 업계의 판도를 충분히 뒤흔들 만한 영향력 있는 소비군이며 삶의 흐름을 끌고 나갈 중요한 세대들이다. 백세 이상 시대 하프 타임을 구상해야 하는 오팔세대가 삶의 의미와 공공성, 진정한 나에 대한 인식과 성장에 대한 화두를 중심으로 두각을 보이고 있다.

7 /

특히 생태계 위기와 더불어 본격적인 인공지능 시대를 살아가는 이들에게 종교는 윤리 이상의 원칙과 지침을 통해 도덕적 책임과 한계를 제시할 수 있어야 한다. 기술과 창조 질서Technology and the

Order of Creation에 대한 신학적 해석, AI의 의사결정 구조와 인간 자유 의지AI and Free Will의 관계를 분석하고 자유 의지의 의미를 심화하고, 인간의 선택권과 AI 알고리즘 간의 갈등과 조화를 탐구해야 한다. 더불어 인공지능과 정의 구현AI and Justice in Society, AI 기술이 미래에 미칠 긍정적·부정적 영향, 생명윤리와 인공지능 의료AI in Bioethics and Medical Ethics 등 AI 의료의 한계와 가능성을 평가하며, 생명을 존중하는 의료 AI의 방향성을 제시해야 할 것이다.

8 /

　이러한 개인적인 특성과 더불어 세계 정세와 경제의 흐름도 혼란과 변화가 예상된다. 세계 경제에 큰 부담을 주고 있는 미중 무역 분쟁, 한일 무역 갈등, 인구성장 동력 약화, 무인화 서비스 확대를 비롯한 유통 혁명과 실업난 등 환경적 한계와 불안에서 촉발되는 종교적 힘이 더욱 필요한 시기이기도 하다. 이와 같이 긴장과 불안, 소외라는 사회적 위기가 촉발되는 가운데서 종교는 어떻게 평화롭고 가치 있는 영성과 공동체성을 구현할 것인가?

9 /

　이 책은 위에서 제시한 화두들을 5부로 구성하여 현대인들에게 꼭 맞는 인문학적 성찰과 더불어 영적 전통에서의 지혜를 가지고 내일의 종교의 방향을 제시할 것이다. 1부와 2부는 진정한 나를 찾는 여정과 연관되어 있으며, 1부는 더 높은 진정한 자신을 찾는 여정을 기도와 함께 연결하되 철학적–현상학적으로 살펴봄으로써 구체적으로 기도로 인한 유익을 철학과 현상학의 기반 위에 구축하도록 돕는다. 구체적으로 의식의 구조와 실제적인 기도의 연관성을 아메데오 지오르기Amedeo P. Giorgi의 현상학적 연구방법론을 통해 밝힌다. 2부는 그 여정에서 만나는 걸림돌 나르시시즘을 심리학적으로 분석하고 그 대안을 십자가의 요한St. John of the Cross이 말하는 기억과 의지의 정화 및 열정의 균형에서 찾는다. 3부에서는 문학과 종교의 관계를 살펴보고, 문학에 나타난 신과 함께 살아가는 인간의 특징을 숭고미와 함께 살펴본 후 관상적 사랑의 일치 체험과 연결하여 살핀다. 먼저 '숭고'의 개념에 대해 명확하게 이해하기 위해 근대 이후에 '숭고'를 하나의 독립적인 학문의 대상으로 정초한 임마누엘 칸트Immanuel Kant와 현대 이후의 장 프랑수아 리오타르Jean-François Lyotard의 숭고 개념을 정의한다. 그리고『레 미제라블』을 비롯한 문학 작품 속에 나타난 인물을 숭고미를 중심으로 살펴보고 그 인물들의 숭고미를 토머스 머튼Thomas Merton의 사랑의 일치 체험과 연결하여 본다. 4부에서는 사회학적 관점, 특히 긴장 이론과 사회 영향 이론을 통해 사회 상황과 종교의 전이 지점을 살펴본다. 사회학에서 종교로 귀의하는 지점은 종교 집단으로의 가입을 의미하기보다는, 그 가입을 통해 접하게 되는 새로운 형태의 사회적 상호 작용과 영적인 친교를 통해 점진적으로 인지, 정서, 행동 방식의 변화를 가능하게 하는 어떤 특정 경험이며 소속을 통한 의미 체계임을 살펴본다. 그리고 프란시스 쉐퍼Francis A. Schaeffer의 라브리 공동체를 통해 이러한 의미 체계 변화가 공동체적 경험을 통해 변화되는 과정을 살펴본다. 또한 5부에서는 현대의 중요한 문제인 환경 위기가 하나의 종교적 양상으로 변화되고 있음을 인식하고 근본적인 인간 변화와 구원의 문제임을 살핀다. 또한 종교 안에 배태된 생태학적 가치와 의미를 발굴하여 자연과 함께 살아가는 새로운 삶의 가능성을 모색한다. 이러한 생각을 기반으로 먼저 생태학을 종교적 관점에서 살펴보고, 각 종교에 숨어있는 생태적 사상(불교의 생명 외경과 상호 의존성, 기독교의 생명 사상)을 살펴본다. 다음으로 빙엔의 힐데가르트Hildegard von Bingen를 생태학적 영성가로서 살펴본다. 힐데가르트의 생명 사상의 특징은 하나님의 사랑을 통한 계약의 완성과 창조적 연대에 있다. 그녀의 생태학적 영성은 인간중심주의의 오만한 이원론을 성찰하면서 현대 종교가 생태학적 위기를 새로운 창조의 연대로 방향을 트는 중요한 기반이 될 것이다.

1부

진짜 나를 찾아서
: 기도의 현상학

표상의 세계에서는
가짜 '나'들이 분장을 하고 떠다닌다.
신이 있다면
이 표상의 거짓 세계에 머물 리가 없지.
진짜 나라면 신이 고향처럼 머물지 않을까?
기도는 그 만남의 향연이 아닐까?

- 김리아

나다움의 공공적 전제

도대체 나는 누구인가? 딜레마는 그걸 증명할 길이 도무지 없다는 것이다. 어떤 경로를 통해 나는 내가 되었는가? 그 인식은 진짜인가? 이 혼란의 시대에서 진정한real 나와 삶의 의미, 진정한 세계에 대한 방향성은 무엇인가? 그리고 여기서 진정한 자신, 성장에 대한 고민과 정치·경제적 불안 상황 사이에서 종교가 내밀 수 있는 카드는 무엇일까? 개개인이 스스로 주인이 되어 다양하고 급변하는 상황에 대처해야 하는 스트레스와 고도로 발달한 과학 문명 속에서 역설적으로 개개인이 느끼는 혼란과 소외 의식을 해결할 수 있는 길은 무엇인가? 보이는 세계 안에서 끊임없이 가면을 쓰고 적응해야 하는 인간에게 보이지 않지만 보다 근원적인 안녕과 평화는 어디에서 오는가? 다행인 것은 이 시대가 타인의 가치를 지워나 보이는 것으로 판단하는 표상의 소유물에서 벗어나 비로소 진정한 나와 삶의 의미, 진정한 세계에 대해 고민하는 항해를 시작했다는 것이다. 나를 포장하고 위장하는 갖가지 표상이 나의 정체성을 은폐시키고 소외시키는 한, 나다움의 탐구는 망망대해에서 길을 잃을 수밖에 없다.

역설은 진정한 나다움이 개체로서가 아니라 오히려 가장 안전한 공동체적 관계성에 터하고 있다는 것이다. 흔히 나다움을 사적인 것으로 연결하는 경향에 대해 한나 아렌트Hannah Arendt는 정반대로 말한다. 고대 그리스와 로마의 '사생활privacy'에는 그런 긍정적인 의미가 없었으며 오히려 결여를 나타내는 부정적인 의미만 있었다고 말이다. 한마디로 '이기적 사적 생활'은 존재의 결여 상태였으며, 이는 공적 성격의 결여를 뜻한다.[1]

그런 의미에서 첫 장의 출발선에서 나다움을 사생활이 아니라 진정성이며, 참다운 의미의 공공성으로 전환하는 것은 필요적절하다. 삶의 가장 큰 비극은 만일 우리가 그저 자신의 일상을 유지하기 위해서만 혹은 자신의 생존 욕구만을 위해 살아간다면 진정한 나를 찾는 세계와의 연결 끈을 잃고 만다는 것이다. 그래서 공공성에는 생존 욕구 조차도 해결할 수 없는 이들을 위한 공동체적 돌봄도 전제되어야 한다. 또한 공공선이라면서 윤리적 시민성이나 물질적 평등으로 욕구를 제한하는 것도 지양해야 한다. 도리어 욕구의 본질은 '사물'에 대한 집착이 아니라 자기를 재생산하는 '생명의 불꽃'에 있으며, 그것에서 나오는 보이지 않는 잉여의 힘에 있다. 진정한 나다움의 정체성은 스스로 증식하는 '생명력'에 있음을, 갇힌 의식을 뚫고 나의 고유성을 부여하고 서사를 계속 이어갈 수 있는 공공선과 보이지 않는 어떤 힘에 기초한다는 것을 말이다.

사람들은 진정한 행복의 방향에 관하여, 오랫동안 추구해왔지만 얻지 못한 궁극적인 만족과 행복을 얻는 방법을 정직하게 찾고 있다. 그것이 기도라면 인간의 행복은 궁극 혹은 자기로부터 시작되지 않은 어떤 타자적 신성에 자기를 맡기고 구체적인 삶 속에서 성숙해가려는 열망을 충족시킬 때 달성되는 것이라고 할 수 있겠다. 그러나 영원한 시간이 의식되는 순간, 그 순간을 포착하여 길들이려고 하면, 그 행복은 화석화되고 다시금 종교적 틀과 수행에 갇혀버리는 경험을 하게 된다. 이제 사람들은 과거 어느 때보다도 육체와 정신을 넘은 영적인 주제에 관심을 기울이고 있지만, 다른 한편 그 어느 때보다도 종교에는 관심이 덜하게 되었다. 지금이야말로 종교보다 영성을, 획일적 틀이나 지침보다 더욱 개인적이고 다양한 영성과 기도의 길의 탐구가 필요한 시대가 된 것이다.

나다움의 자기 초월적 지점

기도는 분명 한 개인의 진정성과 보이지 않는 세계를 포함한 전체와 연결된 것이다. 그러나 기도가 다만 개인의 이기적인 삶을 벗어나 공공의 삶으로 이끄는 것에 불과하다면 윤리와는 무슨 차이가 있는가? 기도는 더 윤리적인 시민, 단지 건강한 자기 실현자a merely healthy self-actualizer[2]를 양성하는 도구인가? 자기 초월과 기도라는 말이 자기도취에 빠진 종교인들의 아성이 아니라 진정한 자기다움의 길이 되려면 어찌해야 할까?

기도를 영성과 관련하여 논할 때 우리는 내면과 동시에 단순한 심리적 환원을 넘어 공공선, 그리고 자기 초월이라는 주제를 생각해야 한다. 에이브러햄 매슬로A. H. Maslow는 종래에 자기 실현 중심으로 생각해왔던 인간의 정체성을 뛰어 넘어, 정신적, 영적 측면을 주목하면서 자기 초월self-transcendence을 추구하는 욕구가 있음을 주목했다.[3] 그에 따르면 단지 자기 실현의 욕구에 의해 움직이는 사람은 실리적인 가치관에 의해 행동한다. 인간에게는 햇빛, 칼슘, 사랑이 필요한 것처럼 인생을 살아가고 이해하는 데 있어서 가치, 인생의 철학이 필요하다. 더 높은 차원으로부터 오는 자기 초월의 지향성이 없다면, 우리는 병들거나 폭력적이거나 희망을 잃어 허무하고 무기력한 사람이 되고 말 것이다. 그러나 진정으로 자기 초월적인 인간은 일차적인 욕구와 실리적 관심에만 머물지 않고 대우주의 이법 안에서 자기 정체성을 찾으며 사물을 전체적으로 인식하고 과거-현재-미래, 선악의 판단 틀을 넘어서 세계를 바라본다. 또한 삶의 모순과 역설을 이해하고 인생의 배후와 내면에 존재하는 하나됨unity을 이해할 수 있다. 이러한 초월적 감각은 자기애보다 훨씬 확장된 의식이며 일종의 우주적 자비에까지 이른 전체적 의식이라고 할 수 있다.

그동안 나다움과 정체성을 연구하는 주류였던 서구 심리학은 잠재 의식적인 실존 영역을 프로이트 이론이나 여기서 파생된 이론으로 해명해 주었지만, 초의식, 초자아적, 초개인적 영역에서 입체적으로 설명해주지는 못했다고 할 수 있다. 엄밀히 말해서 자기 초월의 영역은 심리학이 아니라 종교나 종교현상, 바뤼흐 스피노자Baruch Spinoza의 철학이나 신비 전통, 선과 자기 부정의 영역을 포함하는 교차 학문적 영역이기 때문이다. 윌리엄 제임스William James의 『종교적 경험의 다양성』[4], 리처드 버크Richard M. Bucke의 『우주 의식』[5], 칼 융C. J. Jung의 『합일의 신비』[6], 켄 윌버Ken Wilber의 『의식의 스펙트럼』[7]등도 유한의 세계를 초월하여 보이지 않는 무한의 세계를 연결한 시도라 할 수 있다.

　그중에서도 특히 빅터 프랭클Viktor Emil Frankl[8]은 "말로 나타낼 수 없는 것에 대하여 기도하지 않으면 안 된다."라고 말한다. 그는 '어둠에 싸여있는 신'을 말하며, 신의 절대적 초월성을 강조한다. 즉, 인간이 신을 인지할 가능성은 극한 제로이며 신은 생각할수록 말로 다할 수 없고 오직 믿고 찬미하고 사랑만이 가능한 존재이며 기도로만 초월할 수 있다고 그는 본 것이다. 그에게 있어 기도란 신의 절대적 초월성과 신과 인간과의 절대적 차이the absolute difference를 잇는 행위라고 할 수 있다. 또 그는 유물론자조차도 의식을 초월하여 어떤 종교성에 도달하고 싶어한다고 말한다.

> 나의 개인적인 소신을 말하자면 유물론자들조차도 역시 초
> 월적인 존재를 찾는 지향성을 무의식 속에 간직하고 있다고
> 생각한다. 내가 해명하고자 했던 것은 무의식속에 있는 신
> 에 대한 관계가 존재하고 있다는 것이다. 예컨대 의식 수준
> 에서는 무신론자인 환자일지라도 그들의 꿈을 해석해가다
> 보면 종교적인 간절한 바람을 스스로 발견하는 것을 나는
> 보았다.[9]

말하자면 인간의 자기 정체성은 이제 의식의 표면뿐만 아니라
무의식의 저변까지, 건강한 개인을 초월하여 의식을 넘어선 영역에
서 발견되며, 표면적으로 종교를 지향하지 않는다 할지라도 '궁극적
인' 선善을 향한 갈망을 가지고 있다는 것이다.

무의식 속에 자리한 초월과 부정의 지점들

궁극적 선에 대한 갈망을 대놓고 논하기가 어려운 것은 근대 이
후 보이지 않는 세계나 초월에 대한 영역이 실은 선험론적 인식의 감
옥 안에 갇힌 자기 반영일 뿐이었음이 드러났기 때문이다.[10] 보이지

않는 무엇에 대해 말하자면 칸트의 경우, 외부 세계의 대상이 우리의 감각 기관을 통해 들어오면, 선험적 형식을 통해 구성된다고 생각했다.[11] 즉, 물物 자체는 우리가 직접 인식할 수 없으며, 우리가 경험하는 세계는 시간과 공간이라는 선험적 직관과 범주라는 인식 형식에 의해 구성된 '현상'일 뿐이다. 이러한 방식으로 칸트는 인간 인식의 한계를 설정하면서도, 경험의 보편성과 필연성을 설명하려 했다.

여기 한 송이의 장미가 피어 있다고 해 보자. 칸트는 우리가 감각 기관을 통해 장미를 지각하지만, 그것이 그대로 인식되는 것이 아니라, 우리의 선험적 형식과 범주를 통해 구성된다고 보았다. 그러나 에드문트 후설Edmund Husserl은 인식이 그렇게 단순한 과정이 아니며, 의식이 항상 어떤 대상을 향해 나아가는 '지향성'을 가진다고 보았다.[12] 만약 인식이 단순히 감각적 정보의 기계적 수용이라면, 사람들이 갖고 있는 장미의 이미지가 그렇게 제각각일 리가 없다. 말하자면, 개인의 경험과 인식 작용이 다양하며, 이것이 감각 기관을 통해 포착하는 방식에 차이를 준다는 것이다. 예를 들어서 어떤 사람이 중요한 시험에 떨어졌다고 해 보자. 그 사람의 눈에 길가에 핀 장미가 들어올 리가 없다. 아무리 장미가 새초롬하게 햇빛 속에서 자신의 자태를 드러내도 시험에 떨어진 사람의 눈에 보이는 것은 아득한 잿빛 세상일 것이다. 그러나 오늘 자기가 사랑에 빠졌다는 것을 깨달은 사람의 눈에는 붉게 벌어진 장미 꽃잎이 마치 태양의 빛처럼 여겨질 것이다. 이렇듯 우리는 마음의 지향성에 따라 세계를 본다.

어린 왕자가 꽃밭에서 수많은 장미들을 바라보며 한 말이 바로 이것이다. "세계에는 수만 송이의 장미가 있지만 나의 장미는 단 한 송이 뿐이다." 사실, 어린 왕자의 말은 감각적 경험을 단순히 수용하는 입장에서는 쉽게 설명하기 어려울 수 있다. 그러나 칸트의 관점에서 보면, 우리가 감각 기관을 통해 장미를 지각하더라도, 그것은 단순한 감각의 복사가 아니라, 우리의 인식 구조를 통해 구성된 것이다. 또한, 후설의 관점에서 보면, 어린 왕자가 특정한 장미를 '나의 장미'로 인식하는 것은 그의 의식이 그 장미를 특별한 의미를 지닌 대상으로 지향하고 있기 때문이다. 즉, 어린 왕자의 말은 단순한 감각의 차이가 아니라, 의식이 대상을 어떻게 경험하고 의미화하는가에 대한 문제를 보여준다. 아무리 많은 장미가 피어 있어도 마음에 들어오지 않는다면 장미는 그 사람에게 없는 것과 같다. 그러나 어린 왕자가 찾던 장미가 눈앞에 피어 있다면 어린 왕자에게 그 장미는 온 세계와 같다. 밤하늘에 떠 있는 별은 그 수를 셀 수 없을 정도이지만, 누군가 하늘에 떠 있는 별을 볼 때 사랑하는 사람의 눈에만 보이는 웃고 있는 별, 자식이 없어 고민하는 아브라함에게 신이 기적같은 희망의 메타포로 사용한 별은 모두 다른 별이다.

그런 의미에서 후설의 현상학은 마음의 본질을 직관하는 현상학이다.[13] 그 방법이 한 마디로 본질 직관이라면 먼저 순수하게 사물의 본질을 직관하는 데 방해되는 요소들을 제거해야 한다. 외적 감각과 의식으로 구성된 모든 세계관, 종래의 철학이나 과학을 통하여 우리가 가지고 있는 이론이나 가설, 종교적, 사회적, 윤리적 전통에서 얻은 모든 선입견을 배제해야 한다. 이것을 자연적 태도 중지라고 한다. 모든 실재적인 실존 판단도 배제해야 한다. 이보다 더 중요한 것은 사실과 본질을 구별하는 형상적 환원인데, 이 형상적 환원을 통해서 사실적인 것에서 본질적인 것으로 정신적인 전환이 이루어진다. 마지막으로 순수한 의식 속에 있는 선험적인 주체성으로 환원하는 선험적인 환원을 통해 의식 자체의 구조를 탐구한다.

현상학은 모든 하나의 존재와 그 세계가 어떻게 나타나며 어떻게 구성되는지 묻는다. 기도의 현상학적 탐구 역시 본질에 이르는 직관을 위해 그 현상을 나타나게 하는 본원적인 기반을 물어야 한다. 현상학은 스스로를 드러내는 모든 존재, 즉 현상들이 구조적으로 나타난 일차적 결과들인 삶의 세계를 다루고 그 삶의 세계는 다시 우리들의 경험에 의해서 정립된다. 여기서 중요한 개념인 후설의

'초월'을 다룰 필요가 있다. 후설에게 있어서 초월이란 의식을 초월한 선험이라는 뜻도 아니고 존재적인 단절이나 비약으로서의 초월도 아니며 다만 내적 지향성의 원리를 말한다. 후설에 의하면 의식의 지향성이 삶의 세계 안에서 존재들을 구성한다. 그는 이를 선험적인 주관성이라고 불렀다. 후설의 사상에서 크게 주목할 개념인 에포케epoché,[14] 즉 괄호 속의 보류는 초월성, 곧 지향성에 있으며 이 현상학적 환원을 통해서 선험적인 지향성의 구조를 드러내는 것이다.

다시 말하지만, 현상학의 기본 개념은 지향성이다. 기도 역시 어떤 대상에 관한 의식이며 어떤 대상을 전제로 지향한다. 인간의 의식은 반드시 무엇에 관한 의식이라는 뜻이다. 그런데 '무엇을 의미한다는 것' 혹은 '무엇을 지향한다는 것'은 실제에 있어서는 하나의 체험을 말하는데, 이 체험 속에서 의식이 구체화하고 명확해진다. 그래서 지향성에 대한 모든 관찰은 먼저 지향적인 체험으로부터 출발해서 그 체험의 생성과 생기 과정을 관찰해야 한다. 먼저 지향적인 체험을 관찰할 때 이는 곧 어떤 대상에 관한 감성적인 감각과 이 감각을 통해서 얻어진 재료의 정신적인 처리이다. 후설이 말하는 정신과 감성은 상호 의존한다.[15] 정신은 감성을 통해서만 현실성을 갖게 된다. 지향성은 이 양극을 통일하고 통합한다.

후설의 현상학이 기도에 있어서 의미 있는 전초기지가 되는 이유는, 후설이 말하는 의식이 모든 인간의 감성적이고 지성적인 체험 속에 사실적으로 존재하는 하나의 영원한 현상들의 흐름이기 때문이다. 이 흐름 가운데 우리가 관찰할 수 있는 것은 언제나 작은 일부분이지만 이 개개의 요소는 고립된 것이 아니라 전체적인 흐름의 한 요소로서 파악되어야 한다. 그런 고로 어떠한 체험도 독립적인 사건이 아니라 전체적인 연관성 안에서 파악되어야 한다. 즉 모든 인간의 체험은 하나의 동적인 지향적 사실로서 발생하기 때문에 전체적인 것의 일부로서 필연적으로 하나의 포괄적인 지평 속에 있는 것이다. 그리고 모든 체험을 포함한 포괄적인 지평은 모든 동시대적인 지향성을 포괄하고 있을 뿐만 아니라, 전통으로서의 과거 및 장래로서의 미래와 직결되어 있다. 말하자면 역사가 이 영원한 시간으로서의 포괄적인 지평을 구성한다.

후설의 후기 저작에서 또한 중요한 것은 시간의 지향성이다. 기도는 과거의 기억을 치유하고 회상할 뿐 아니라 미래를 향해 열어주는 계기성을 가진다. 우리의 지향적인 의식에 '주어져 있는 것'은 언제나 과거 혹은 전통에 의해서 확정된 경험의 지평 안에 있다. 그러나 이와는 반대로 적극적인 노에시스Noesis[16]의 시간성은 미래이다. 노에시스의 목적인 성취에는 언제나 현재의 시점을 넘어서는 미래적인 시점이 있다. 하나의 존재자 혹은 대상에 대한 우리의 경험을 살펴보면 거기에는 언제나 그 성취를 위한 미래에 놓여있는 선취 혹은 기대 등의 요소가 있다. 따라서 우리의 자연스러운 시간 그 자체가 지향적인 구조를 가지고 있다.

기도는 이 '사이 시간' 속에 있는 인간이 자기 자신을 경험하고 이를 통해서 자기의 세계를 초월하지만 세계 안에 있는 인간으로 재구성하는 '초월적 자기 부정의' 체험이다. 여기서 주체는 시간적이고 역사적이라는 의미에서는 과거적이지만, 동시에 이 소질은 도래할 가능성으로서 미래적이다. 기도자는 자유한 '나'로서 스스로 결단하면서 지향이라는 과정 가운데 완전한 선취 속에서 살아간다. 그는 그를 둘러싼 세계의 중심에 놓여 있지만 자기 중심성을 벗어나 온전히 다른 주체들과 연결되어 있다. 그 다른 주체들이란 동시대의 여러 관계들로 직접 얽혀 있는 사람들일 수도 있고 우리가 물려받은 전통을 세운 전세대의 사람들일 수도 있다. 혹은 우리의 후대 사람들일 수도 있다. 그런 의미에서 기도는 전 인류라는 전체적 관계의 맥락으로 연결된다.

후설의 지향적인 의식은 헤라클레이토스적인 의미의 흐름이다.[17] 이 흐름 가운데는 많은 체험들이 여러 가지 모양으로 상호 연결되면서 나타났다가 사라진다. 그러나 이 흐름은 또한 절대적인 통일체를 이루고 있다. 이 통일은 그 흐름 속에 살고 있는 구체적인 '나'를 통해서 이루어진다. '나'는 모든 체험을 하나의 주관성으로 포괄한다. 끊임없는 체험의 흐름이면서 하나의 통일체를 이루고 있는 체험, 이것이 후설의 의식의 지향성이다. 후설에게는 흐름 속에서 나타나고 사라지는 대상으로서의 현상이 중요한 것이 아니라, 이 흐름 속에서 통일성을 가진 구체적인 주관성이 중요했다.

따라서 후설은 의식의 내적이고 전체적인 지향성을 강조한다.[18] 의식이 무언가를 지향한다는 것은 이미 무언가 갈망을 갖고 있어 외부의 이끌림에 반응한다는 것이다. 기도 역시 이러한 내적 갈망 및 반응과 연관되어있다. 예수 그리스도조차 사람들에게 기적을 행하기 전에 마음의 지향성에 대해 먼저 물었다. "네가 진정으로 무엇을 원하느냐?" 기적조차도 마음이 이미 간절히 바라보고 있는 것에 반응하여 나타나는 것이다. 그러니 중요한 것은 우리의 마음의 지향이 어디에 있는지 살피는 일이다. 우리는 갈망하는 것을 반드시 보고 찾게 되어 있고, 그러한 관계를 맺고, 결국에는 그 길로 가게 된다. 어떤 상황이라도 우리가 삶에 책임을 질 수밖에 없는 이유는 우리가 결국 마음의 지향에 따라 살게 되기 때문이다. 따라서 마음의 지향이 곧 기도의 지향이며 그것이 진정한 나다움을 이루는 정체성이다. 마음의 지향을 관찰하는 힘은 기도가 갈망하는 욕동을 성찰하게 하는 힘, 에포케의 본질이다. 이 거울은 거리를 떼고 보아야 밝히 볼 수 있다. 즉 어느 정도 초월적 거리 떼기가 필요한 것이다.

마르틴 하이데거Martin Heidegger는 여기서 더 나아갔다. 그는 후설의 지향성에 대해 일상의 마음은 항상 어디를 지향하고 있지는 않는다고 반박한다. 그에 따르면 마음의 지향에는 일종의 '낯선 조건'이 필요한데, 평소의 몸에 밴 일상의 습관과 '다르게' 움직여야 한다는 것이다. 즉, 일상적 습관의 구조 속에 있는 나는 이미 '세계-내-존재'[19]로서 살고 있다. 후설이 마음의 지향성을 발견했다면, 하이데거는 그러한 마음의 지향성이 항상 작동하지는 않는다는 것을 밝혀냈다. 지향성은 특수한 경우에만 발생한다. 따라서 하이데거가 말하는 '배려 불가', '사용 불가'의 상황은 이 마음의 지향성을 발생시키는 필요조건이다.

> 가까이 손 안에 있는 존재자를 '배려함'에서 사용 불가능한 것으로, 다시 말해 특정한 용도로 사용하기에는 부적절한 것으로 만나게 될 수 있다. 이 경우 작업 도구는 파손된 것으로 판명되고 재료는 부적합한 것으로 드러난다. 도구는 여기에서도 어쨌거나 손 안에 있는 것이기는 하다. … 이런 사용 불가능성의 발견에서 도구는 마침내 우리 '눈에 띄게'

되는 것이다.[20]

– 하이데거, 『존재와 시간』

하이데거는 인간이 '세계-내-존재'로서 존재한다는 사실을 보다 더 강조하고자 했다. 나의 현존재는 다른 현존재와 만나 관계를 맺으며 살아간다. 우리 의식이 무엇인가를 지향하며 기도하기 이전에, 인간은 이미 혹은 벌써 세계에 던져져 세계와 관계를 맺고 있는 존재라는 것이다. 이 세계-내-존재인 인간은 이미 사물들이나 타인과 '배려함'을 통해서 관계하고 있다. 보통 사람은 대부분 다른 사람과의 '배려'를 통해 사회적 관계를 유지한다. 사물과의 관계 역시 마찬가지다. 아침에 일어나면 별 다른 지향 없이 습관적으로 욕실의 불을 켜고 신문을 읽고 일터에 가서 별다른 생각 없이 컴퓨터를 부팅한다. 그리고 별다른 문제가 없는 한 전등은 켜지고 신문은 배달될 것이며 컴퓨터가 켜진다. 이런 컴퓨터와 나 사이의 친숙한 관계가 바로 하이데거가 말한 '배려함'의 관계 혹은 '손 안에 있는 관계'[21]이다. 이렇게 별다른 문제없이 습관적으로 모든 사물들이 친숙하게 배려되는 관계로 있을 때 우리는 전등이나 신문이나 컴퓨터를 특별히 마음을 들여 지향하면서 의식하지 않는다. 이미 너무 친숙해진 것들은 자동적으로 인식된다. 이럴 때 마음의 지향성은 문제가 발생하거나 특별한 제한 속에서만 발생한다.

하이데거의 이론이 기도의 자기 초월 지점을 찾는 데 의미가 있는 것은, 지향성 외에도 '배려함'이라는 새로운 지평을 열었기 때문이다. 또한 마음의 지향성을 알아차리기가 그렇게 쉬운 일이 아니라는 점을 밝혔다는 점에서도 그러하다. 여기서 습관화된 것과 용도적 관계, 그리고 객관화된 조건 사이를 짚어보자. 습관은 지향하지 않는다. 예를 들어 걸음을 걸을 때 무의식적으로 발을 내딛는 것이지 '왼발 다음에 오른발'이라고 의식적으로 생각하며 걷지 않는다. 그런데 문득 걷는 방식을 생각할 때 내가 걷는 방법들이 인식되기 시작한다. 이런 식으로 우리가 습관적으로 하고 있는 행동들을 관찰하는 일이 필요하다. 그것은 부모님에게서 익힌 것이기도 하고 어린 시절의 트라우마로부터 비롯된 것이기도 하며 오랜 시간동안 사회적으로 조건화된 것이기도 하다. 또한 습관은 자신에게 은밀하게 이익이 되는 무언가를 포함하고 있다. 그런 삶의 방식이 사람들에게 인정받는 데 유리하다든지, 돈벌이를 하는 데 편리하다든지, 직장 생활을 유지하는 데 편리하다든지 하는 실용과 욕구가 결합된 방식으로 말이다.

따라서 진정한 기도는 이 습관화된 세계가 깨뜨려지는 지점이자 그 세계를 지탱하던 방식이 무용해지는 순간, 배려와 용도에 갇힌 삶에 틈이 벌어지는 순간에 시작된다. 그 세계에 틈이 벌어지는 순간, 하이데거는 그것을 '사용 불가능'한 순간이라고 부른다. 기도가 사용 가능한 혹은 사용 확장을 위한 도구가 되는 일이 얼마나 많은가! 이렇게 서로를 이용하는 용도적 관계에서 배려하며 습관적으로 지속되던 세계가 더 이상 작동하지 않고 틈이 벌어질 때, 비로소 우리는 진짜 자신에 대해 생각해 볼 계기를 맞게 된다. 자신도 모르게 유지해왔던 습관적인 기도가 실은 우상과 숭배자의 관계로서 일종의 계약 관계에 매여 있다는 것도 알아차리게 된다. 우상을 섬기는 사람은 원하는 것을 얻기 위해 우상에게 제물을 바치고, 우상은 그것을 받으며 신자가 원하는 것을 제공해 주어야 한다. 그것을 들어주지 못할 경우 우상은 '사용 불가능'한 것이 되어 폐기된다. 오늘날의 종교는 실상을 따져보면 우상과 같은 역할을 하고 있는 경우가 많다. 자식이 좋은 대학에 다니도록 빌기 위해 절에 다니고 사업이 잘 되게 해 달라고 교회를 다닌다. 그런데 자식이 대입 시험에 낙방하고 사업에 실패하면 종교는 무용한 것이 되어 폐기된다. 그 때 기도의 진정성이 드러나는 것이다. 이렇게 사용 가치에 따라 선택되는 종교는 진정한 종교가 아니라 우상의 대용품이다. 우상과 가짜 나의 계약관계가 끝이 난다.

그러니 진정한 신과 진정한 나와의 만남을 찾는 기도는 신의 대용품이었던, 밖과 소유를 중심으로 도구 역할을 하던 우상이 사용 불가능한 지점으로부터 온다. 제자들은 예수를 따르며 갇힌 세계 속에서 새로운 권력 체계를 만드는 것이 참된 길이라고 믿었지만, 예수는 그들의 시선을 내면으로 돌리게 했던 것처럼 진정한 종교는 세계의 유용성에 갇히지 않고 그 차원을 넘어 서 있다. 그것은 실용과 객관과 권력의 상호 법칙에 매이지 않는 자유, 낯선 끌림, 잉여의 경이로움으로 우리를 압도하는 무엇인 것이다. 이 사용 가능한 세계들을 깨뜨리며 불안이 도래할 때 우리는 마음이 진정으로 원하고 있는 것이 무엇인지 돌아보며 참된 기도의 여정을 시작하게 된다.

현상학적 환원과 초월적 참여

기도의 달인들은 어떻게 내면의 우주에서 보내는 암호들을 읽어냈을까? 어떻게 운명적으로 자기의 부르심과 소명을 알아냈을까? 자신의 존재 이유를 아는 것만큼 분명한 정체성이 어디에 있으랴. 내면의 서사가 강한 이들의 특징이 있다. 그들의 공통점은 세상속에서는 그리 유용하지 않은 존재기에 고독했으며, 그럼에도 그 고독으로 말미암아 스스로 행복할 수 있는 길을 찾아냈고, 많은 이들을 내적 빛으로 이끌었다는 것이다. '따로 또 같이'는 그들에게 모순이 아닌 언어였다. 그들은 내면의 동굴로 들어가는 것을 즐겨했다.

그들이 내면의 동굴에서 길을 잃지 않고 나왔을 때 사람들은 알아볼 수 있었다. 단지 그저 안으로 들어간 것만이 아니라 그 안에서 밖을 향한 도전장을 만들어 냈다는 것을. 그저 단순한 싸움 걸기가 아니라 자기 안의 싸움이 끝났기에 세상을 구원할 사랑의 흔적을 새기게 되었다는 것을 말이다.

기도를 위한 동굴에서 진정한 나와 전체를 향한 빛의 흔적을 추적하는 것은 쉽지 않다. 해석자들이 경험해 보지 못한 탓도 있고, 직관적 자율성으로 깊이 새겨진 무의식의 흔적을 의식의 틀로 난도질하는 일이 흔하기 때문이다. 그래서 우리는 이 기도의 길을 따라 전체를 향한 소명과 자기 정체성을 발견한 이들의 고백을 '현상학적 탐구'를 통해 조심조심 발견하고자 한다.

먼저 이 현상학적 서술에 있어서, '관찰자는 아무것도 하지 않고 진술이 스스로 드러나게 한다.'는 원칙을 기억하자. 또한 수용이 가장 중요한 맥락적 변화라고 규정한 스티븐 헤이즈Steven C. Hayes의 의견도 함께 기억하자.[22] 오직 기도자 '안에서' 움직이는 '내적 자율성'의 현상학적 포착이 목적이다. 상태가 아니라 과정, 끊임없이 꿈틀대는 생성과 확장 속에서 움직이는 내적 움직임과 지향성의 공통분모를 거리를 떼고 인식하려는 것이다.

그러한 특징 때문에, 기도의 현상학적 탐구Phenomeno-logical

Research란 깊은 기도자들 안에서 탐구되고 발견되는 논리와 일관성, 내재된 현상의 역동에 대한 것이다. 특히 현상학적 연구가 소수를 통해 양질의 정보를 선택할 수밖에 없다는 점에서 '누구를 어떤 방법으로 선정할 것인가?'라는 질문이 중요하다. 이 선정에는 적절성과 충분성이 필요하다. 적절성이란 이론의 조건을 따라 연구와 관련하여 좋은 정보를 제공해 줄 수 있는 기도자가 선별되어야 함을 의미하며, 충분성이란 연구 현상과 관련하여 풍요롭게 설명하기 위한 충분한 서술 자료가 수집되어야 함을 의미한다.

기도에 관한 현상학적 탐구는 기도자가 체험한 개념이나 현상 phenomenon에 관하여 자신이 직접 경험한 것과 그 의미를 기술하는 것으로, 그 현상을 통한 공통 경험 기술에 목표를 둔다. 특히 지오르기의 현상학적 연구방법은 후설의 현상학의 원칙에 따라, 참여자의 삶에 나타난 현상 그대로를 파악하고 서술해야 한다는 관점에서 출발한다. 그는 질적 연구에서 수집한 내용을 언어화하고 효과적으로 분석하거나 표현하는 과정에서 일관된 관점을 개발하는 것이 쉽지 않다고 언급하고, 각 개인의 경험에 대한 서술에서 출발하여 상황에 대한 진술을 통해 '개개인의 독특성과 함께 공통 경험들을 통합하는' 방법론을 주장하였다.

따라서 기도자들의 체험과 마주할 때, 겸허하고 수용적인 경청과 개방적 태도가 가장 중요하다. 고유의 독특한 진술 속에서 다른 의미들을 구별하고, 그 구별된 의미를 기술함으로써 본질적 의미와의 관련성을 밝혀내는 '경험을 토대로 한 현상학적 분석'이 되어야 하기 때문이다. 지오르기는 특별히 후설이 말한 '현상학적 환원 reduction의 태도'를 견지하여야 한다는 점에 주목한다.[23] '판단중지, 또는 괄호치기bracketing'라고 불리는 이 방법론은 기도자가 개념과 의식을 초월하여 무의식의 자율적 영역으로 들어갈 때, 관찰자가 자신의 과거의 지식이나 편견을 배제하고 대상을 있는 그대로 파악하려는 자세이다. 따라서 '스스로 보여주는 대로', '의미를 가진 그대로' 정확하게 기술해야 한다.

기도의 깊이에서 발견되는 것은 자신 그대로의 존재 자체인 무의 세계이며 그것은 스스로 깨닫고 자각하는 어떤 본질이다. 혜능慧能은 이렇게 표현했다.

프라즈나의 빛이 의식의 근저를 통과할 때 그것은 내부와 외부 모두를 비춘다. 그때 모든 것이 투명하며 스스로 자신의 내면 깊숙이 자리 잡은 마음을 인식한다. 마음을 인식하며 곧 해방이 일어난다. 자신 안에서 이 무의식의 깊은 세계를 바라볼 때, 그것은 있는 그대로 바라봄이며 어떤 것에도

집착하지 않는 것이다. 어느 것에도 머무르지 않을 때 스스

로 생명은 자신을 나타낸다.[24]

이것은 자기 확신과 자아의 요청이나 억압으로부터 자유로운 상
태에 있다. 이 상태에 들어가기까지, 수많은 애착과 그릇된 열정으
로 덩어리가 된 분심들이 기억과 함께 나타난다. 지오르기는 이 현
상학적 환원과 함께 '존재론적 단언의 유보'를 제시하였다. 어떤 대
상을 인식할 때, 실재existence와 현존presence을 인식하는 순서로 전
개되는데, 여기서 현상학적 환원이란 대상이 실제 존재하는가를 보
는 것이 아니라 '내게 그 대상이 존재하는가?'를 고려하는 것이다.
그러므로 현상이란 실재보다는 현존에 대한 개인의 인식을 의미하
는 것이며, '내가 인식하는 것이 이것이다'라고 말하는 주관적인 것
이다. 그러므로 기도자의 표현은 일상의 용어를 사용하여 경험을
있는 그대로 표현하면서 애매모호한 부분조차도 가감 없이 표현되
어야 한다. 이것은 설명, 구성, 이해보다 더 강력한 것으로, 차후 공
통 경험의 비교나 해석을 가능하게 하는 중요한 토대라고 할 수 있
다.[25]

이 과정에서 삶의 경험을 통해 조건화된 영역과 그것을 넘어서
개인 무의식과 집단 무의식의 영역으로 가는 단계에서 나타나는 특

징들을 살펴볼 수 있다. 특히 자기 파괴적인 상처를 가진 이의 경우, 수용과 개방을 향한 현상학적 환원을 통해 다양한 무의식적 반응이 풀어지면서 콤플렉스가 자기를 지배하지 않고 도리어 동력이 되도록 도울 수 있다.

이별 후에 남은 것들

종교religion의 어원은 연결한다는 뜻이다. 라틴어 'religio'에서 유래했는데, 이를 거슬러 올라가보면 신과 인간을 다시 연결한다는 'religare'라는 단어와 연관이 있다. 그렇다. 기도는 우주적 어떤 존재, 태곳적 목소리와 우리를 연결시켜주는 무엇이며 종교 역시 그러해야 마땅하다. 그러나 누구에게나 주어진 이 하늘의 선물은 학대와 상처로 삶의 무게가 무겁고 버거운 사람들, 반대로 의식이 바깥과 너무 결속력이 좋아 무너뜨리기 어려운 사람들, 둘 다에게 어렵다. 성장을 위해서는 자립과 겸손의 힘이 동시에 필요한데, 너무 두렵거나 지나치게 고집스럽기 때문이다. 기도와 지혜로운 멘토, 서로 중보하는 공동체가 주는 유익이 여기에 필요하다.

특별히 이기적이고 개인적인 방식으로 삶이 점철되어 왔다면, 더욱 진정한 나를 찾는 기도는 힘들어진다. 더 나아가 편견과 좁은 시선, 기껏해야 부모와 어린 시절의 제한된 경험만으로는 더 불완전한 시각을 고착시킬 뿐이다. 하지만 기도는 이 모든 협착한 장애들을 뚫고 날개를 달고 비상하게 하고, 하늘 높이 올라 지금껏 살았던 작은 땅의 지형도를 세밀하게 살피는 일을 한다. 기도를 시작하는 초월의 지점이 지금까지 해왔던 모든 것이 무용하게 되는 시점임을 기억하자.

이 지점에서 깊은 기도의 상태로 들어갔던 영성가들의 고백을 탐구하는 것은 유의미한 일일 것이다. 특별히 머튼의 생애 전반에 걸친 관상과 실천의 경험에 대한 일기는 매우 유용하다. 우선 물物 자체는 보이지 않기 때문에 알 수 없고, 그것은 선험적으로 내재된 마음의 상태 그대로 인식되는 것이라고 생각했던 칸트의 이야기를 기억해 보자. 기도의 진정성은 이 의심으로부터 시작된다. 그러나 기도는 단순한 의식적 반성으로는 알지 못하는 미지의 세계이다. 초월을 향한 기도는 아이러니하지만 지금까지의 관념과 경험, 의지로는 해결할 수 없는 한계 상황에 맞닿아 '내 힘만으로는 안된다는 한계 의식'을 가지고 '초월의 지향성'을 가질 때 시작된다. 진정한 나와 내가 맡고 있는 역할을 동일시하는 관념, 질서, 규범들이 더 이상 힘을 발휘하지 못할 때, 이전에 가족과 전통, 문화로부터 받은 렌즈가 실은 피상적이며 완전하지 않아 제대로 볼 수 없다는 것을 느낄 때, 우리 자신의 진정한 모습과는 거리가 먼 이전 것들과 이별을 해야 한다고 느낄 때, 그때 우리는 기도를 시작한다. 이 통과의례를 위한 이별의 과정은 익숙하게 진행해 왔던 종교적인 습관들도 무용의 지경에 이르게 한다. 다시금 기억하자. 하이데거에게 우상적 관계는, 언제나 용도와 배려의 상호 관계 속에서 자라왔다는 것을.

> 지금까지 유익을 주면서 서로 보완하던 상태에 있던 것들이 쓸모없게 되고 명상과 묵상, 기타 추론과 반성을 가능케 하던 모든 것들이 더 이상 기능하지 못한다. 그렇게 함으로써 신앙은 점점 더 본질에 가까이 가게 되는데 그 이유는 카푸토J. D. Caputo의 말처럼 참 신앙이 발생하는 장소는 논증 불능의 영역이고 신앙이 감지되는 밤을 구성하는 것은 어둠이기 때문이다. 논증 불능성이야말로 신앙이 '지식'이 아닌 이유이고 신앙이 '지식' 없이도 진실 될 수 있는 방식이다. 나의 다양한 성찰에도 불구하고 내가 스스로 누구인지 실제로 무슨 일이 진행 중인지 알지 못함을 인정할 때 믿음과 소망과 사랑이 요청되며, 그때가 되면 마음은 초현실에 다가선다.[26]

이곳이 바로 기도의 출발 지점이다. 그는 밖으로부터 온 한계로 말미암아 내면으로 내몰린다. 예배와 기도, 조건 없는 사랑의 경험 등이 있다면 그는 비교적 쉽게 관조하는 데 집중한다. 그는 자기 자신을 비울 뿐 아니라 그 사랑 안에 잠긴다. 그리고 다른 한편으로 자기 자신을 한 번 더 '반성'한다. 그리고 자기 안에 일어난 변화를 '의식' 한다. 이러한 기도의 상태에서는 역설이 일어나는데, 자기 자신에게서 떠나고 자신을 잊어버림으로 말미암아 더욱 깊게 자신에 몰두하게 된다. 의식이 효용 가치가 사라진 곳에서 내면 깊은 곳에 숨어 있던 영적 갈망과 소명의 열정이 솟아나게 된다.

머튼은 『요나의 표적』 서문에서 다른 수도회로 전향하고자 했던 자신의 모습을 선지자 요나와 비교하면서 다음과 같이 말한다.

> 하나님께서 '니느웨로 가라'고 명령하셨던 선지자 요나처럼,
> 나는 정반대 방향으로 가려는 거의 통제할 수 없는 욕망을
> 가지고 있는 나 자신을 발견했다. 하나님은 한 길을 가리키
> 셨고, 나의 모든 '이상들'은 다른 길을 가리켰다. 요나가 가능
> 한 빨리 니느웨로부터 도망쳐 다시스로 여행하고 있을 때,
> 그는 배 밖으로 던져졌고, 고래가 그를 삼켜서 하나님께서
> 그가 가기를 원하시는 곳으로 그를 데려다 놓았다. … 나는
> 내 자신의 삶이 특별히 이 위대한 표적으로 확증된다고 느

끈다. … 왜냐하면, 요나처럼 나도 역설의 뱃속에서 나의 운
명을 향하여 역주행하고 있음을 발견하였기 때문이다.[27]

회개는 존재의 돌이킴이고 말의 돌이킴이다. 안으로부터 정직함
이 터져 나와야 한다. 말을 가둔다면, 모든 곳이 감옥일 것이다. 숨
을 곳이 더 이상 없어졌을 때 비로소 안의 말이 터져 나오기 시작한
다. 한 번도 눈길을 두지 않았던 그 말들은 꿈으로 환상으로 중얼거
림으로 침묵으로 쏟아져 나온다. 우리는 비로소 알게 된다. 태초의
말이 있었음을. 구분 짓기도 없고 타인의 인정도 필요 없이 스스로
넘치는 잉여의 분출을 담은 언어가 있었음을 말이다.

비로소 태초의 상징이 말을 걸다

말레이시아 숲의 세노이라는 원시 부족은 '꿈의 부족'이라고 불
렸다. 그들의 생활과 꿈은 구분되지 않은 형태로 있었고, 불가에 둘
러앉아 꿈의 세계와 연관된 교육을 받았다. 호랑이가 나타나서 문
꿈을 꾸면 다시 꿈으로 들어가 이번에는 호랑이를 물으라고 하는
식으로 말이다. 하늘을 나는 꿈은 성인식과 같은 것으로 여겨서, 그
러한 꿈을 꾸면 온 부족이 축하해 주었다. 세노이 부족은 폭력도 없
고, 정신병도 없고 스트레스나 정복의 야망도 없고, 먹고 살기만 하

면 되는 천진한 부족이어서 많은 인류학자들을 매료시켰다. 서구인들의 정복과 숲의 개간으로 그들은 사라졌지만, 그 삶의 방식은 의미가 있다. 그들은 매일 아침 꿈에서 일어났던 일을 기록하고, 제목을 달고, 날짜를 기입하고 주위 사람과 이야기했다. 다음 날 자기 전에 꿈꾸고 싶은 주제를 생각하면서 그 상황을 그리면서 잤다. 이 꿈의 학교에서 아이들은 다섯 달만 훈련하면 되지만 어른들은 훨씬 더 많은 시간이 걸렸다고 한다. 세노이 부족은 의식과 무의식의 두 세계를 통합적으로 살아가는 방법을 알고 있던 셈이다.

기도에서 나타나는 환상과 거룩한 상상들은 마치 잠을 자면서 꿈이 나타내는 무의식의 언어 세계를 접하는 것과 같다. 레이먼드 블레크니Raymond B. Blackney는 꿈의 상징은 그 자체로 인간의 지식, 상상, 새로운 삶을 창조하는 개척자라고 말한다.[28] 낮과 밤의 두 세계, 좌뇌와 우뇌의 두 세계, 이성과 감성의 두 세계를 잇는 통합적 언어가 기도이기 때문이다. 한편 자크 라캉Jacques Lacan은 의식의 세계를 언어와 연관해서 상징계라고 불렀다.[29] 깨어있는 동안에는 이 상징계가 진실처럼 생각된다. 우리는 사회적 조건 안에서 언어로 소통하고 있기 때문이다. 그러나 사실 언어 배후에 있는 것, 내면, 무의식에 있는 진짜 욕망, 감정, 욕동 에너지가 말을 걸고 있다. 또한, 계시적 차원, 신적인 차원, 잠재 의식이 드러나는 가장 깊이 가라앉은 집단 무의식도 있다. 이 태초의 상징들이 의식으로 연결되어 해석되고 풀어져야 한다.

상징은 중층적이고 복합적인 전체성을 가지고 있다. 다차원적인 관계와 역설을 포함한다. 예를 들어서 세계는 전체이지만 전체가 꼭 세계는 아니다. 즉 부분의 합이 세계는 아니다. '계界'라는 개념이 성립하려면 다多와 운동運動이 전제되어야 한다. 계는 그 안에서 무수한 존재들이 서로 관련 맺고 살아가는 환경milieu, 틀matrix, 관계의 구조라고 할 수 있다. 물론 세계가 환경, 틀인 이상 일정 정도의 통일성이 전제된다. 스포츠의 세계는 스포츠라 불리는 모든 것에게 공통된 환경을 형성한다. 그러한 통일성이 깨질 때 세계가 갈라지면서 야구의 세계와 축구의 세계 등 여러 세계가 분리된다. 세계라 불리는 그 어떤 것이 일정한 통일성을 전제한다. 세계들, 안과 밖, 무의식의 세계, 의식의 세계, 실재계, 관념계, 현상계, 상징계, 상상계, 기호계 등을 생각해 보면 이 세계의 거대한 차원을 알 수 있다.

기도는 마치 꿈을 꿀 때처럼, 사회적인 기능의 속박으로부터 자유로워지게 한다. 이 속박으로부터 해방됨으로써 우리는 새로운 상징으로 된 말들, 대상들 그리고 사람들에 대한 영감을 떠올릴 수 있으며, 새로운 상황들을 창조해낼 수 있다. 우리는 인간 경험의 개척자가 된다. 기도가 몸의 기억으로 새겨지기까지는 새로운 방식으로 정신과 욕동과 몸을 움직여 새롭게 변화해야 한다. 즉 '새 몸의 기억'을 만들어야 한다. 언어는 기억과 역사이다.

기도자는 애매한 두 세계의 경계 지점에서 이전의 율법과 의식의 판단 상태를 직면하게 된다. 통합된 의식 상태에서 기도자는 역설적이고 대립되는 두 영역의 모든 차이와 역설을 인정하면서 상징과 공존하며 평화로운 상태가 된다. 삶을 관장하는 제우스와 죽음을 관장하는 하데스와 같이, 상징계와 상상계는 심연의 무의 지점을 가운데 두고 각각의 영역이 존재한다. 동일시를 벗어난 무경계 속 경계 지점이다. 삶과 죽음, 낮과 밤, 높은 곳과 낮은 곳, 빛과 어둠, 진리와 이면을 소통하는 심연의 존재로서 기도자는 가장 어두운 세계부터 가장 신성한 세계까지 통찰하는 존재이다.

'모든 것을 수용함'은 기도의 과정에서도 가장 중요한 자기 초월에 다름 없다. 이 초월은 역사적 사건, 기운 등의 주요 영역에서 의식적인 변화 의욕을 버리는 것을 가리키며, 지금까지 밖의 세계와 적응해가며 주인 노릇을 해왔던 생각과 감정이 조용히 경청하며, 두려움 없이 더 큰 세계를 있는 그대로 경험하도록 개방해 준다는 뜻이다. 개인의 감정을 수용함으로써 그에 내재하는 반응, 즉 지향성과 경향성의 정보를 얻게 되며 그 경험이 그다지 위협적이지 않다는 것과 이를 수용할 수 있는 힘이 있다는 것을 배운다. 그 결과 감정이 수용됨으로써 묻혀있던 다른 긍정적 감정을 경험하는 것에도 개방적이 되며, 도피하거나 저항에 들였던 에너지를 알아차리고 이를 이용할 수 있게 되어서 에너지가 넘치게 된다. 토마스 키팅T. Keating은 의식을 초월하여 집중 기도를 하는 동안 일어나는 역동과 치유에 대해 다음과 같이 말한다.

> 어떤 형태의 묵상이나 기도는 사고를 초월하게 되면 내적 정
> 화의 작업을 갖게 된다. 이 작업은 하나님이 하시는 정신 치
> 료의 학교이다. 이것은 깊이 뿌리박혀 있는 긴장을 사고라는
> 형태로 표출하도록 나의 신체를 도와준다. 일반적으로 이러
> 한 치료에서 오는 사고들은 그것들이 어디서 왜 오는지 알
> 지 못한다. 그 사고들은 어떤 힘을 가지거나 정서적으로 충
> 전된 채 떠오른다. 특정한 사건과 관련지을 수 없는 분노, 슬
> 픔, 두려움 등을 만나게 된다.[30]

기도의 과정에서 정죄나 판단 없이 수용하고 만나고 보내주는 과정은 거대한 영혼의 마그마이자 무한 자원인 무의식의 문을 여는 과정이다. 폭발하고 생성하고 무엇으로 태어날지 모르는 모든 잠재성의 덩어리. 보이지 않는 세계의 언어를 밝혀서 의식의 닻을 쥐고

무의식의 바다를 항해하는 여행. 보이지 않는 세계를 의식의 표면에 불러내어 새로운 창조와 관계를 보는 것. 그곳에서 생의 풍요와 창조를 깊이 맛보는 것. 보이지 않는 숨은 전체성을 삶으로 끄집어내어 생명의 힘을 불어넣는 것. 몸과 마음이 합해져서 지금 여기 생생함을 살아내는 진짜 나를 알아가는 것. 기도는 이 역설적이며 전체적인 바다를 항해하며 대화하는 창구이다. 기도자는 풍요한 상징과 무의식으로 열린 힘에 의해, 미지이지만 행복한 미개척지의 땅을 선물로 받게 된다.

자기 신성화와 마성화를 넘어서

이즈음에서 인도자 혹은 멘토가 현상학적 판단중지의 태도를 넘어서야 하는 시기가 찾아온다. 이 때부터 기도자에게는 순명할 만한 멘토mentor와 겸손, 순종의 결단이 반드시 필요하다. 멘토는 그동안의 과정에서 수용과 개방으로 기도자와 신뢰 관계가 형성되었어야 한다. 사실 그 이전까지 기도자와의 관계에서 인도자의 역할은 그다지 크지 않았다. 그러나 기도자의 무의식의 힘이 개방되고 소명이 분명해지기 시작할 때부터, 더욱 철저한 겸손이 요구된다. 무의식의 깊은 곳으로부터 발현된 성스러움은 어떤 객체처럼 개념화 혹은 문자화할 수 없기 때문이다. 그렇게 하려는 모든 시도는 성스러움에 대한 무의식적 신성 모독이다.[31] 무의식으로부터 발현되는 종교 상징은 그것들 모두를 초월하면서 동시에 자신이 지시하는 것에 참여하기 때문에 자기들이 지시하는 것을 대신하여 상징 자체를 우상화하려는 경향이 있다. 모든 우상숭배는 성스러운 것에 대한 상징의 절대화, 즉 성스러운 것에 대한 상징을 성스러운 것 자체와 동일시하는 것이다. 여기서 우리는 '마성화'라고 불리는 위험을 볼 수 있다. 종교 상징이 성스러운 것 자체의 무제약적이고 궁극적 성격으로 격상되는 순간 종교 상징들은 자기를 신성화하면서 마성적으로 된다.[32]

다양한 수행적 기도는 상징에 집중하면서 내면을 분열시키는 일체의 시도를 거절함으로써 영적 의식의 여건을 만드는 데 기여하지만, 바로 이러한 점에서 조심할 필요가 있다. 루돌프 오토Rudolf Otto가 영혼 신비주의나 요가의 명상을 자기 신성화[33]로 보는 이유가 여기에 있다. 이러한 경향 속에서, 상징이 사라지는 은유와 함께, 자기 신성화를 벗어난 거룩한 상징은 더욱 풍요해져서 많을수록 좋다. 비교 가능한 차이들을 분명하게 하고 통합적 시선을 제공하기 때문이다. 그러니 이 기도가 기술이 되면 안 된다. 언제나 자신의 삶이 주는 다양한 계기들, 성공과 실패, 사랑과 미움, 기쁨과 슬픔 등의 모든 것이 성령의 도움과 연결되어야 한다. 여기서 집중한다는 것은 집착과는 다르다. 의식을 전적으로 내면의 대타자를 향해 기울인다는 것, 나 자신의 모든 생각과 감정과 의지를 비운다는 것, 내면의 깊은 곳에서 일어나고 있는 영적 자각을 향해 오롯이 마음을 기울임intention의 상태로 둔다는 것이다. 여기에는 어떤 특별한 체험을 기대하면서 값싼 위안이나 갈등, 종교적 개념이 주는 안전의 보호처를 기대하는 심리란 존재하지 않는다. 자신의 의를 위해 하나님을 조종하고 싶은 욕망이나 자기 투사도 존재하지 않는다. 기도를 통해 얻고자 하는 것은 참 믿음의 본질인 사랑이신 하나님과 참자기의 일치 자체이며[34] 기도는 그것을 위한 여건을 조성하는 믿음과 사랑의 지향성이다.

특별히 그리스도교의 명상기도는 철저히 신과의 관계 안에서 신적 존재에 참여함으로써 느끼는 '고양'과 피조물성 안에서의 '겸손'이라는 양가적 관계성을 포함한다. 집중기도에서 일어나는 성찰과 명상의 순환은 양가성의 균형을 통해 관계적 지향성을 더욱 강화시킨다. 이 시기의 내면에 성령의 빛이 들어오면서 수동적인 상태로 영들의 움직임이나 기운을 명료하게 분별하게 된다. 기도 중에 일어나는 내적 경험을 관찰하면서 어떤 순간이 영적 위안이었고 어떤 순간이 영적 고독이었는지를 분별하고, 그 상황 속에서 하나님의 임재와 부재, 영들의 움직임을 확인하고 성찰한다. 성령은 수많은 삶의 사건들 중에서 의미 있는 것들을 떠오르게 하시고 기억하게 하실 뿐만 아니라요 14:26 과거 속에서도 그 의미를 찾아 미래를 개방하도록 도와준다.

이제 조명을 통해 삶을 구성하는 왜곡된 패러다임과 관계들이 드러나기 시작한다. 내용과 체계가 서로 관련이 있는 의미의 범주에 따라 기억의 지식이 분류되고 실천을 통해 통찰력이 강화된다. 삶에서 일어나는 모든 경험이 원형적 구성이 내재된 이해를 제공하기 때문에 어느 순간 하나의 의미 아래 분류된 사건들을 꿰뚫는다. 이러한 통찰은 삶에 창조적 변화를 일으키고 세계를 향해 새로운 비전을 제시하도록 돕는다.

영성 지도는 민감한 주의력을 가지고 왜곡된 자기 신성화나 마성화를 방지하고 삶이 비전을 향해 재구성되도록 도와주는 신뢰적 관계 과정이다. 특별히 감정 분석을 통해 마음의 지향성을 유의해 살펴보아야 한다. 감정은 의식의 베일을 벗기고 영적 열망을 부추겨서 비합리적 계기들을 자극하고 순수한 영적 갈망, 욕망이나 이데올로기에서 벗어난 역동적 에너지를 제공한다. 특별히 사랑은 지향성을 지니고 있어 영적 조명에 따른 민감한 주의성을 바탕으로 영혼 깊이 숨어있는 사랑의 불꽃을 끌어 올린다.

주이상스와 사랑의 불꽃

이제부터는 신적 사랑이 기도자의 나머지 여정을 이끌어 간다. 그것은 사랑의 지식이 밀려들어 오는infusion 것이며 그것이 일어나는 동안 성찰이나 의식의 반성은 일어나지 않는다. 중요한 것은 삶을 주도적으로 끌어가는 이 사랑이다. 자신 안에 있는 이 사랑의 감정은 상상을 활발하게 만든다. 사랑은 기억을 일으킨다. 깊은 기도의 상태에서 사랑의 지식, 직관의 기쁨을 조금씩 알게 되면 점진적으로 개념이나 추론, 상상에 덜 의존하게 되고 반복적이고 단순하게 하나님과 일치하고자 하는 갈망이 더 강해진다. 욕망을 넘어 더 깊은 심원에서 돌파를 향한 움직임이 충만해진다. 의식의 의지가 무너진 곳에 내면 깊은 곳에 숨어 있던 영적 갈망, 사랑의 감정이 모습을 드러낸다. 기도가 깊어질수록 하나님에 대한 갈망과 삶에 대한 신의 주권이 더 극명하게 드러난다. 머튼 역시 관상의 방법을 묻는 물음에 다음과 같은 답변을 보냈는데, 그 핵심은 바로 하나님의 완전한 사랑을 향하면서 자신을 포함한 다른 모든 것, 하나님을 상상하고 추론하는 모든 것은 큰 가치가 없게 되면서, 오직 단순한 믿음과 사랑을 마음에 둔다는 것이다. 사실, 이것이야말로 가장 큰 겸손이다.

나의 묵상은 간단합니다. 그것은 완전히 하나님의 임재를 중심으로 하여 오직 하나님의 뜻과 사랑만을 향합니다. 다시 말해서 나의 묵상은 내가 하나님의 임재를 알 수 있는 유일한 방법인 오직 믿음에 중심을 둡니다. 이것은 하나님의 귀중한 형상을 생각하거나 어떤 것을 상상하는 것을 의미하지 않습니다. 나의 기도 방법은 하나님을 가장 중요한 분으로 여겨 경모하는 방법입니다. 내 마음속에는 하나님 아닌 다른 모든 것의 무가치함을 인정하려는 큰 갈망이 있습니다. 그러므로 나의 기도는 무와 침묵의 가장 큰 중심에서부터 솟아오르는 찬양입니다. 만일 내가 자신을 내세우려 한다면 나는 그것을 장애물로 인식합니다. 하나님은 원하신다면 무조차도 완전한 명료함으로 만드실 수 있습니다. 하나님께서 원치 않으신다면 무가 하나의 대상으로 여겨져 장애물로 남을 것입니다. 기도는 어떤 사물에 대해 생각하는 것이 아니라 내가 보이지 않는 하나님 안에서 상실되지 않는 한 발견할 수 없는 보이지 않는 분의 얼굴을 구하는 것입니다.[35]

머튼은 이 기도가 "모든 것 속에 계신 하나님의 고독함에 동참하는 것"이며, "하나님의 고독은 장소적인 부재가 아니라 형이상학적 초월"이고 "그분의 존재"인 것을 깨달았다고 쓴다.[36] 이렇게 어두운 감정들과 상태들을 직면함으로서, 그리고 하나님의 고독에 동참함으로써 '인위적이고 허구적인 의식의 차원으로부터 물러나서'[37] 본질적이고 참된 존재의 깊은 차원으로 진입하게 된다.

나는 내가 사악한 세상을 다시 한 번 직접 만날 때 어떻게 반응해야 할까 생각했다. 나는 세상과 만났지만 더 이상 그것이 그렇게 사악하지 않다는 것을 마침내 깨달았다. 아마도 내가 세상을 떠났을 때, 세상에 대해 분개했던 것들은 내가 세상에 투사했던 내 자신의 결점들이었다. 지금은 대조적으로, 모든 것들이 내 안에 있어 깊고 말로 다 할 수 없는 동정심을 일으키고 있다는 것을 알았다.[38]

머튼은 자신이 적대시했던 사악함이 '자신 안'에 있으며, 자신은 자신의 삶을 공유하는 세상 사람들에게 빚진 자이며, 인류의 한 사람인 것을 깨달았다. 그는 고립을 넘어서 진정한 나다움을 쟁취한 자로서 영적인 사회의 차원, 진정으로 함께 공동체의 일원으로 소명을 받은 자신을 발견하게 된다.

내가 형제들을 진심으로 사랑할 수 있는 관대함을 발견할 수 있는 것은 깊은 고독 속에서이다. 내가 고독하면 고독할수록 그들을 향한 더욱 큰 애정이 생긴다. 그것은 다른 이들의 고독에 대한 존중으로 채워진 순수한 애정이다. 고독과 침묵은 내 형제들의 말이 아니라 그들의 존재로 인해 사랑하라고 나를 가르친다. 이 고독한 공간 속의 은자hermit는 도시의 차원에서도 진실하게 살아가고자 하는 이들에게 진정한 자신을 발견하게 된다. 이제 나는 세상의 모든 사람들에게 삶을 공유하는 빚을 지고 있다. 나의 첫 번째 임무는 있는 그대로의 나 자신, 그 이상도 그 이하도 아닌 인류의 한 사람으로 살아가는 것이다.[39]

수도원에서 자신과 세상을 보다 정직하게 볼 수 있게 된 머튼은 '세상'이 원래 사악한 것이 아니라, 자신이 세상에 스스로의 결점들을 투사하고 있었음을 알게 된다. 기도자에게 나타나는 분노와 저항은 실은 자신이 쓰고 있던 오래된 가면을 벗겨내는 일이기도 하고, 내면의 어둠과 사악함을 보는 일이기도 하다. 자신의 내부에 있는 어둠을 보게 되자 그는 동시에 이제 세상의 모든 것에 대한 깊은 동정심이 채워지고 있음을 보았다. 신적 자비와 사랑. 그는 자신의 주변을 걸어 다니는 사람들이 지금까지 그 어느 때보다 진정성이 있으며 공감할 가치가 있는 이들이라고 여기게 된다.

자신이 악을 행하고 있지 않고 의인이라고 여기는 순간, 그는 더 이상 완전한 선을 행하지 못한다. 윤리적 합리화나 사회적 계약에 의한 말과 행동을 의로 여겨서 정치적인 사기꾼이나 종교적인 위선자들이 정의나 선이라는 이름으로 의롭다는 자신의 상像에 갇혀서 자기 속이 사악한 것은 모르게 되는 것이다. 그러나 사랑의 연합은 진정한 빛인 신과 기도자를 연합하여 자신의 어둠과 세상의 어둠을 구별하지 않으며, 그 두 세계가 동시에 자신과 모두 안에 존재하고 있다는 것을 깨닫게 된다. 머튼 역시 자신이 그 사람들을 사랑하고 있고, 그들이 머튼 자신에게 속해 있어 서로가 서로에게 속해 있다는 놀라운 깨달음에 휩싸였다. 그것은 신의 사랑으로부터 시작되어 말없이 인류를 연결해주는 긍휼과 사랑의 일치같은 것이었다.

나는 저 모든 사람들을 사랑하고 있으며, 그들은 내 것이며, 나는 그들의 것이고, 심지어 우리는 완전히 낯선 자이지만 서로에게 소외될 수 없다는 깨달음에 완전히 사로잡혔다. 그 것은 마치 분리의 꿈, 그리고 거부와 가정된 거룩함의 특별한 세상에서 조작된, 거짓된 자기 고립의 꿈으로부터 깨어나는 것과 같았다. 분리된 거룩한 존재에 대한 전 환상은 하나의 꿈이다. 이것은 나의 소명이나 수도원적 생활의 실체에 대한 의문을 갖는 것이 아니라 우리가 수도원 안에서 너무나 쉽게 갖는 '세상으로부터의 분리'라는 개념은 그 자체로 완전한 환상이라는 것이다. 그 환상은 우리가 서원함으로써 다른 종류의 인간, 천사와 비슷한 자들, 영적인 사람들, 내적 삶의 사람들이 될 것이라는 환상이다."[40]

우리 존재의 중심은 죄와 환상이 접촉할 수 없는 무nothingness의 거점Zone이다. 순수한 믿음의 지점이며, 전적으로 하나님께 속해 있는 지점 또는 불꽃spark이다. 그것은 천국의 보이지 않는 빛으로 타오르는 순수한 다이아몬드와 같다. 그것은 모든 이들 안에 있으며, 만약 우리가 그것을 발현하고 볼 수 있다면, 우리는 모든 어둠과 삶의 잔인함을 완전히 사라지게 할 태양의 얼굴과 광채 속에서 빛으로 모이는 수십억 개의 점들을 볼 수 있을 것이다.

이제 사랑의 의식이 하나의 전체로서 모습을 드러낸다. 기도자는 이제 분석이나 판단보다 직관과 통찰력이 더욱 발달하게 된다. 그리고 현상학적 환원은 삶을 괄호 안에 넣기 위해서가 아니라 존재와 삶을 더욱 적극적으로 기다리고 통합시키기 위한 지향성에서 비롯된 것이다. 삶의 일상은 더 이상 본래적으로 거처하는 장소가 아니라 신의 현존 앞에서 생명의 자율성이 온전히 머무르는 장소로 변화한다. 이것이 신성의 도래로 인도하는 모험의 종착역이다. 그 종착역에서 모든 대상은 무한히 열린 외적 및 내적 지평을 동시에 경험한다. 영혼은 실재reality의 충만한 의식 가운데 존재의 순환을 완성시킨다. 인간성과 신성, 몸과 영혼, 의식과 경험, 정적과 활동, 정지와 운동, 일자와 다자, 안과 밖 등 모든 양극적 요소들이 회전하는 신성의 바퀴 안에서 하나가 된다. 이 단계에 이른 기도자는 절대적 쉼absolute repose과 생명력absolute fecundity을 그 본성으로 소유한다.[41]

여기서는 '내가 하겠다'는 것을 포기하고 온전한 '하나님의 현존' 안에 머물겠다는 의지를 갖는 것, 신성의 생기가 도래하여 움직이도록 하는 '적극적 수동성'[42]이 중요하다. 기도자에게는 생명의 자유로운 흐름과 의지와 자발적 활동이 일어나며 이는 인간의 반성과 숙고, 보상과 대립한다. '원인 없이'라는 표현은 관상적 통합 안에서 일어나는 생명의 자류성, 우리 속의 올바른 마음, 정화된 사랑을 일깨워 준다. 이때 기도자는 자기의 뜻이라고는 완전히 소멸된 것처럼 여겨지고 대신 자신의 깊은 내면에서 반짝이는 생명의 불빛이 움직이는 대로 한다.

온전한 이 일치의 상태는 '믿음에서 믿음으로' 이르는 신뢰의 완성이다. 그는 신의 사랑을 얻기 위해 모든 세계관과 종교관을 잃은 후에 다시 그 모든 것을 통으로 얻게 되었다. 그것은 소유물이 아니다. 이제 기도자는 자기 스스로 주체로 살았던 정신을 순복시켜 흔들림 없이 세계를 창조적으로 변화시키는 연결자로서 살아가게 된다. 플랑드르의 신비가인 얀 반 뤼스브뢰크Jan van Ruysbroeck[43]은 하나님과의 안식과 연합을 전율과 매혹의 극치 안에서 다시 조명한다. 사랑 안에서 모든 것을 초월하며 무지의 어두운 상태에서 쉼을 누리며 일치를 경험하게 된다.

> 그것은 첫 번째로 내가 사랑하는 그분 안에서 온전히 쉬는 것이다. 마치 사랑하는 사람이 순수하게 본질적인 사랑 안에서 연인에게 사로잡힐 때처럼 이런 일이 발생한다. 여기에서 사랑하는 사람은 사랑 안에서 연인에게 몰입하기 때문에 두 사람은 완전히 상대방의 소유가 되고 그 안에서 쉼을 누린다. ⋯ 이제 이 상태에 이른 사람은 자신이 완전히 죽어 길을 잃었다는 것과 하나님과 같이 되었다는 두 역설이 온전히 하나가 되었음을 느낀다.[44]

세계와 신, 인간은 사랑의 일치 안에서 하나가 된다. 역설은 자신 안에 있는 생명이 스스로 삶을 이끌어가고 가르친다는 것에 있다. 이 통합적 직관의 상태에서 신비가는 은밀하고 놀라운 경험의 내적 깊이에서 사고나 상상력에 의해서는 이해될 수 없는 통찰의 전조를 명백하게 알 수 있다. 그는 이전에는 상상할 수 없을 정도의 어떤 지성과 감정, 의지가 합해진 에너지가 자신의 내부에서 흘러넘쳐 활기를 띠고 생생하게 살아 있음을 느낀다. 이는 그와 분리된 어떤 것이 아닌 그의 존재 자체이다. 충만한 신적 기운이 인간의 영혼에 스며들고 인간에게서 솟아나서 그를 통해 흐른다. 영혼이 거룩한 일치 안에서 온전히 불타올랐음을 느끼고 이미 자신의 만족감은 영광과 사랑으로 온통 젖어 있으며 자기 실체의 깊은 곳까지 영광스러운 강물이 넘쳐흐르고 기쁨이 충만하며 하나님의 아들이 말씀하신 대로 생수의 강물이 자신의 깊은 곳에 넘쳐흐르는 것을 느낀다. 이제 그에게는 이러한 체험조차도 그리 중요하지 않다.

아우구스티누스S. A. Augustin가 "하나님을 사랑하라, 그리고 네 마음이 원하는 대로 하라."고 말한 것처럼, 이제 그에게는 이 세계를 그리스도의 심장이 느끼는 그 자비로 바라보며 아무것도 원치 않는 사랑, 그 사랑을 넘치게 붓는 것만이 유일한 삶의 목적이 된다. 그 길에서 만나는 것은 나무 위에서 벌거벗겨진 채 매달린 하나님의 아들의 십자가이다.

가장 낮은 곳에서 가장 위대한 사랑으로

남은 길은 우리 안에 깃든 생명을 살리기 위해 우리가 매일매일 죽는 길이다. 아니 제대로 죽고 제대로 사는 길이다. 이 길은 단순히 사회에 순응하는 인간이 되는 것을 막아주며, 진정한 의미의 공공선으로 자기와 남을 소외시키지 않는 자가 걷는 길이다. 종교적인 본래적 특질이 살아나면 낮은 자리가 두렵지 않게 된다. 언제나 자기를 내세우고 싶어 하는 자아의 기고만장은 훨씬 더 큰 존재와 관계하고 그것을 유지하는 동안 점점 초라하게 느껴진다. 본질을 육화하지 못한다면 삶은 의미가 없다.

모든 것을 받아주는 이 치유의 바다 안에서 삶의 희로애락은 있는 그대로 흘러간다. 슬픔은 슬픔인 채로 흘러간다. 기쁨도 기쁨인 채로 흘러간다. 생명의 바다 안에 있는 한, 언제나 큰 미래 안에 시간이 있으며, 천복의 공간은 어린아이가 놀 수 있는 야생의 영역이다. 이 공간을 만들어내기 위해 잉여의 에너지가 필요하다. 장치에 구멍을 내고 새로운 것을 창조하기에는 이미 스스로를 소진시키는 장치에 모든 에너지가 포획당하고 있다. 그래서 장치에 포획당하지 않는 여백을 만들어야 한다. 의식적으로 창조적인 일에 쏟을 에너지를 남기고 비축해야 한다.

이는 피 흘리고 낮아지는 자기와의 전쟁이다. 착취자는 동시에

피착취자이기 때문이다. 전선戰線은 다른 어느 곳도 아닌 자기 안에서 이루어지고 있기 때문에, 착취당하는 나는 착취하는 나와의 전쟁을 치러야 한다. 나를 착취하는 장치는 바로 내 안에 도사리고 있다. 스스로 장치에 복종하게 만드는 내면의 원천을 세밀하게 발견해야 한다. 세계는 장치에 포획당한 자들의 슬픔이 가득하지만, 우리는 바로 그 슬픔의 장소에서 기쁨을 발견하고 그것으로 슬픔 많은 세계의 손을 잡을 수 있다.

> 모든 삶은 슬픔으로 가득하다. 정말 그렇다. 여러분이 슬픔을 바로잡으려고 노력한다면 여러분은 그 슬픔을 어디론가 다른 곳으로 옮겨놓기만 하면 된다. 삶은 슬픔으로 가득하다. 그런 삶과 함께 어떻게 더불어 살아갈 것인가? 여러분은 자기 자신 속에 있는 영원을 자각한다. 여러분은 해방되고 다시 속박된다. 여러분은 바로 여기서 아름다운 공식이 나오는데, 이 세상의 슬픔에 기쁜 마음으로 참여한다. 여러분은 게임을 하는 것이다. 상처를 입을 수도 있지만 여러분은 어떤 손상이나 성취조차 초월하는 장소를 발견했음을 알고 있다. 여러분은 바로 거기에 있다. 그것으로 충분하다.[45]
>
> – 조지프 캠벨, 다이엔 오스본 편, 『신화와 인생』

그 신성의 영역에는 놀이하는 신의 사랑을 받는 야생의 아이가 있다. 그 아이는 촘촘하게 짜인 장치의 그물망을 빠져나가 자유롭게 놀이하는 아이, 점점 획일화되어가는 세계 속에서 새로운 기억을 창조하는 아이이다. 이 아이는 작고 얼굴이 없고 목소리도 없다. 아이는 고통스럽게 살아가는 인류가 출발할, 모든 인류의 새로운 얼굴이기 때문이다. 아이는 장치 속의 세계에서 살던 기억을 마치 그것이 존재하지도 않았다는 듯이 망각하며, 끊임없이 새로운 직조를 시작한다. 이는 정신의 벼랑 끝에서 기꺼이 한 발짝을 더 내딛는 일이다. 그렇게 탄생된 아이는 어른들의 관념과 가짜 욕망이 만들어낸 장난감에 현혹되지 않는다. 아이는 이미 자기만의 놀이를 창조하고 있기 때문에, 남이 쥐어준 장난감을 필요로 하지 않는다. 그 놀이 속에서 명랑하게 웃는 아이는 이 세계에 생기를 불어넣으며, 세계를 활기찬 놀이터로 바라볼 것이다.

　창조의 놀이를 위해서는 거룩한 긍정이 필요하다. 어린아이가 되었으니, 아무것도 가진 것이 없어도 할 수 있다. 그리스도인의 비전은 사실 이런 것이다. 그것은 성취나 어떤 야망이 아니라 창조의 놀이와 같은 것이다. 새로운 차원으로 전환했다는 흔적은 그 전과는 다른 것, 다른 차원으로 바뀐 흔적이다. 예전에는 알 수 없던 것을 기도의 연합 가운데 알 수 있게 되었다. 관계의 구조들이 달라졌다.

지성, 감성, 의지 등의 요소들은 그대로 있겠지만 이제는 그것을 사용하는 차원과 결합 방식이 달라지고 관점과 방법론이 달라진다. 이제 기도자의 삶에는 다른 차원에서 오는 타자의 흔적이 있으며, 어린아이와 같이 태어난 새로운 기억은 옛 관계와의 망각과 선입견 없는 새 관계와의 환대를 통해서 현재적 삶을 새롭게 구성한다. 기도로 탄생한 비전은 마치 38년간 병을 앓았던 병자가, 그가 머물렀던 연못에서 일어나 보이지 않는 미래를 향하여 일어나듯 새 지도를 그려낸다.

2부

나르시시스트 해방법
: 영혼의 폭탄 제거법

나는 꿈을 꿨어.
그 꿈들은
단순한 꿈 이상이었어.
마음의 새벽에서
발원한 것만 같았지.

- 패티 스미스

나르시시즘의 유래

나르시시즘이 사실은 투영된 거울에 자기를 비춰 가면의 정체성으로 살아가는 잘못으로부터 시작되었다고 말하면 사람들은 어떻게 생각할까? 역할극을 위한 가면과 무의식의 깊은 전체성과의 조우의 결과로 생긴 마성魔性은 이기심 혹은 종교적 나르시시스트들을 양산한다.

자기애narcissism라는 용어의 어원은 물속에 비친 자기의 얼굴에 반해 식음을 철폐하고 바라보다가 결국은 물에 빠져 죽은 그리스 신화의 나르키소스Narcissus라는 인물로부터 생겨났다. 나다움을 자기애의 극치와 성취로 바라보는 착각이 결국은 죽음으로 몰아간다는 의미 깊은 메타포라고나 할까. 창궐하는 '나'에 대한 집중을 '나르시시즘'으로 이 시대에 소개한 것은 심리학 분야에서 1898년 해브록 엘리스Havelock Ellis[1]였다. 그는 세상에 만연한 자기 고양과 그것의 확장 증세를 학문적으로 도입했다는 면에서 공헌하였다. '자기애'가 본격적으로 심리학적 용어로 사용되기 시작한 것은 지그문트 프로이트Z. Freud부터이다. 그는 임상적 사고를 통해 이를 자기에 대한 정서 또는 리비도Libido의 몰입으로 개념화하였다. 그는 이러한 자기애적 성격에 대해 스스로를 보호하기 위해 자기에게만 과도한 관심을 보이고, 타인에 대해 개방적이지 못하고, 자신의 실패에 대해 강한 공격성을 보이는 성격이라 규정하였다. 그 특징으로 첫째, 자기애의 과대화, 둘째, 자존감과 관련된 다양한 두려움과 취약성, 셋째, 과대망상, 이상화, 투사, 분리와 같은 자기 방어, 넷째, 완벽주의와 사랑받고 싶은 욕구, 다섯째, 과시와 특별 대우, 통제욕 등을 들었다. 또한 타인의 비판을 참지 못하며 자기와 다르다고 생각되는 사람들에게 비판적인 경향이 있으며, 의심과 질투가 많고 자신이 생각한 바에만 초점을 두는 경향도 자기애적 행동이라고 보았다.

이 시대에 나르시시스트의 창궐과 동시에 우울증 환자가 쇄도하는 것은 어쩌면 숙명과도 같은 것이다. 오늘날 우리 사회는 매우 속도가 빠르며 복잡하다. 나다움을 강조하는 이면에는 다른 사람과 차별화된 자신만의 캐릭터를 최대한 발견하고 드러내는 자기 과시와 과잉 문화가 자리 잡고 있다. 스스로에 대한 사랑과 존중은 성숙의 지표로 받아들여지고 있지만 문제는 경쟁적 개인주의 문화와 자기애적 몰두가 오히려 자기소외와 분열을 야기한다는 점에 있다. 에드워드 토리 히긴스E. Tory Higgins[2]나 알프레드 아들러Alfred Adler[3]를 비롯한 자기 갈등 이론가들에 의하면, 나르시시즘의 부정적 결과로 자기와의 갈등 즉 자기 불일치가 있다. 이것은 실제 자기와 그것을 비교하는 기준이 되는 가면적 자기상의 차이를 말하는 것으로, 이 불일치가 클수록 부정적인 정서를 더 많이 경험하게 된다. 이러한 왜곡된 자아상들은 위협적이고 공격적으로 보이는 외부 대상들에게로 투사된다. 또한 스스로에게는 과도하게 몰입하고, 과장된 내용을 상상하고, 칭찬에 과도하게 의존하고, 지혜, 권력, 아름다움에 대한 멈출 수 없는 집착을 가지는 양상도 띠고 있다. 그러나 역설적으로 우리는 여기서 희망을 발견하게 되는데, 이 우울증 환자들이 가진 비범한 예지는, 지혜롭게 인도되기만 한다면 진정한 자기다움으로 가는 초월의 문이 된다는 것이다.

우리는 넘어진 곳에서 영원으로 가는 문턱을 발견한다. 조지프 캠벨J. Cambell의 말처럼 삶은 슬픔으로 가득하고 그 슬픔을 해결하는 질문을 끊임없이 요청받는다. 우리가 슬픔을 바로잡으려고 한다면 단지 그 슬픔을 어디론가 옮겨버리면 된다. 우리는 그 옮김 안에서 영원을 자각한다. 그리고 거기서 바로 아름다운 공식이 탄생하는데, 이 세상의 슬픔에 기쁨으로 참여한다. 우리는 이 '차원 옮김'의 게임을 하는 것이다.

아주 격앙된 자기 비난 속에서 우울증 환자가 스스로를 편협하고 이기적이고 부도덕하고, 또 오로지 자신의 약점을 숨기는 사람으로만 급급했던 사람으로 스스로를 표현할 때, 어쩌면 그는 진정한 자기 이해에 다가가 있는지도 모른다.

다만 우리가 궁금해 하는 것은 왜 병에 걸리고 나서야 그런 진실에 다가갈 수 있느냐 하는 점이다. 우울증 환자는 대상과 관련된 상실감으로 고통을 겪고 있는 것이지만, 사실 그가 우리에게 들려주고 싶은 말은 그것이 진짜 자아와 연결된 상실감이라는 것이다.[4]

– 지그문트 프로이트, 『정신분석학의 근본 개념』

나르시시스트를 해방시키고자 할 때, 이러한 역설과 심리학의 수용을 받아들이고, 그러면서도 심리적 환원에 빠지지 않도록 유의하는 것이 필요하다. 그러려면 참 종교가 가진 자기 초월과 부정의 원동력이 사용되어야 한다. 진정한 자기 초월의 근거는 모든 내외적 상과 이미지와 개념을 넘어서 있는 원형과의 만남에 근거하기 때문이다. 이러한 맥락에서 2부에서 초대하고자 하는 손님은 심리학자 칼 융과 종교현상학자 루돌프 오토, 그리고 중세와 근대를 넘어 전환기에 자기 부정과 초월의 영성을 말한 십자가의 요한이다.

나르시시즘과 자기 부정(초월)

나르시시즘Narcissism은 자기애自己愛라고 번역된 정신분석학의 용어이다. 그리스 신화인 오비디우스의 『변신 이야기Metamorphoses』에는 나르키소스가 물에 비친 자기 모습을 보고 반해 자기와 같은 이름의 꽃, 나르키소스 즉 수선화가 된 이야기가 수록되어 있다. 자기 자신에 광적으로 몰입한다는 의미의 나르시시즘이란 용어가 여기서 탄생하였다. 나르시시즘이 형성되기 위한 자아는 나르시시즘의 주체, 대상으로서의 자아, 무의식화 된 자아라는 세 가지 층위層位로 분리된다. 나르키소스는 샘에 비친 자신의 모습을 타자로 오인하게 되고, 이상적 자아를 타자에게 투사함으로서 자신의 욕망을 충족시키려 한다. 그러나 물에 비친 타자와의 동일시를 꿈꾸던 나르키소스는 의식의 반성적 자기의식 속에서 자아와 타자와의 불일치로 인한 고통을 극복하지 못하고 스스로를 소외시킨 나머지 거울 속의 대상인 수선화가 되어버린다.[5]

인간은 누구나 자신의 정과 욕을 중심으로 살아간다. 식욕, 성욕, 수면욕 등이 기본적인 욕구라면, 삶의 질을 높이고 성취하고 인정받고 통제하고 싶은 욕구는 자신을 사랑하는 마음, 즉 자기애에서 시작된 욕구라고 할 수 있다. 기본적인 욕구가 어느 정도 해결된 현대인은 나다움의 확장이라는 기대와 욕구가 생겨나게 되고, 그 욕구가 충족되지 않을 때 공허와 투사, 불안이 생겨나게 된다. 오늘날의 사회에서 이 나르시시즘에 대한 분석과 진단이 중요한 것은 이것이 개인을 넘어 하나의 사회적 공통 현상이 되었기 때문이다. 그 결과 현대인에게 있어 나다움은 아이러니하게도 타인에 대한 시선이나 의존으로 형성되어 있는데, 타인의 여론과 동일시에서 각 개인은 일시적인 위안과 안도감, 방어 의식을 느낀다.

크리스토퍼 래시Christopher Lasch는 이러한 나르시시즘이 개인을 넘어 하나의 사회적 공통 현상이 되었다고 진단한다.[6] 이 현상은 보다 물질적이고 소비적인 문화 형태로도 나타나게 되는데, 유명인들, 연예인들, 자수성가한 부유한 이들을 통한 여론몰이는 대중들의 나르시시즘과 투사를 표출할 일종의 장치이다. 명품 선호, 운동, 다이어트, 요가, 손쉬운 사랑과 이별 등도 소외된 자기애의 표출이라 해도 과언이 아니다. 나르시시즘은 자본주의의 환상과 결합하여 상품을 팔기 위해서라면 반드시 소비자의 자기애自己愛와 망상을 충족시켜주어야 한다는 소비 비법에 이용당하기 좋다.

망상과 좌절, 자기애의 뒤틀어진 얼굴

이러한 자기애는 두 가지 양상으로 나타나지만 본질적으로는 무의식에 숨겨있는 거대한 전체와 연결된 자기 환상에 근거한다. 즉 의식에 근거한 사회적 상호 작용을 넘어서 무의식의 세계에 있는, 개인 무의식과 집단 무의식에 숨어있는 전체성의 원형과의 만남에 기초한다는 것이다. 그렇기에 이 조우가 개인의 망상과 과시나, 반대로 표면적 공감과 타인의 시선 의식으로 끝날 것인가, 혹은 자기 초월과 부정을 통해 진정한 전체성과 하나된 나다움을 발현하면서 성장할 것인가는 중요한 초점이 된다.

자기애의 두 양상 중에서 밖으로 발산되는 '외현적 자기애'는 망상과 과시를 통한 타인의 인정에 근거한다. 이들은 적극적이고, 외향적이며, 본능적이고 자신감이 있으며 리더십이 있다. 반면 '내향적 자기애'는 대개 기운이 안으로 파고드는 특징이 있으며 매우 친밀한 관계에서만 과시적 환상이 나타나고, 겉으로 드러나는 모습은 우울, 불안, 그리고 과민한 모습이다. 소심하고 수줍어하며 관심의 초점이 되는 것을 불편해 하는 이들은 내적인 웅대한 환상과는 달리 예의 바른 모습 아래 시선을 의식하고 감추며 겉으로는 타인과 공감하는 듯한 정반대의 모습을 보인다. 이들은 자기 존재에 대한 기대감과 평가가 매우 높지만 실제로는 거기에 도달하기에는 비현실적인 경우가 많고, 그러한 비현실적인 자기상 때문에 실제 생활에서 타인의 반응과 평가에 민감하다. 그리고 공감을 잘하는 듯 보이지만 실제로는 수줍거나 자신감이 없어 의기소침하게 지내고, 쉽게 상처를 입는 등 부적응적인 결과가 나타나기도 한다.[7]

이러한 모습은 인간의 내면에 숨은 신성의 원형, 누미노제 감각이 발현될 때의 특징과도 상통한다. 누미노제 감각은 거룩한 존재에 대한 비합리적 체험이라고 할 수 있는데, 초월적이고 거룩한 절대 타자로서의 신성 앞에 설 때 자신이 진실로 아무것도 아님을 깨닫는 피조물적 무의 체험에 동반되는 감정이다. 오토는 이 감정의 원초적 형태를 누미노제 감각이라 하였고, 이 원형적 체험 안에는 무엇이라 말할 수 없는 신비하고 매혹적이며 두렵고 떨리는 양가적 요소가 있다고 하였다. 누미노제 감각은 체험자에게 신적 존재 앞에서 느끼는 겸손의 감정과 더불어 세계를 향해서는 자기 고양의 감정과 연결되어 비전을 실현하는 힘이 된다. 이 종교적 체험이 자기 초월과 연결될 때 마성화의 경향이 나타나는데, 바로 이 지점이 자기애의 확장 지점과도 맞물린다. 중요한 것은 이때 자기 초월이 자기 부정과 연결되는 묘한 역설이 필요하다는 것이다.

일치, 그러나 소외: 더 큰 자기와 만났는데 비극이라니

전술한 두 자기애 유형의 괴로움은 모두 진정한 전체로서의 자기와 현실의 자기의 불일치에서 생겨난다. 어쩌면 진정한 자신을 찾아 떠나는 여행이 모험일 수밖에 없는 것은 이미 안전하게 주어진 혹은 당연히 그러해야 할 당위로서의 자기 정체성이 용기를 내어 길을 떠나야 하기 때문일 것이다. 이 과정에서 만나는 괴물들과의 싸움도, 반드시 운명적으로 만나야 할 스승도, 결국은 자기 안에서 답을 찾아내야 하는 고독한 여행의 일부이리라.

히긴스는 나다움을 형성하는 자기의 영역을 세 가지로 구분하고 있다. 이 다양한 자기의 영역들이 웅크리고 있던 야생적 마성의 기운을 만나 깨워지고 조화를 이루어가는 과정에서는 소외와 폭력이 등장한다.[8] 그에 따르면 첫 번째 실제적actual 자기는 자신이나 중요한 타인이 믿어주는 속성들에 대한 '믿음'의 표상이다. 두 번째 이상적ideal 자기는 자신이 가지고 있었으면 하고 바라는 속성들에 대한 '희망'의 표상이다. 세 번째 당위적ought 자기는 그나 사회가 가지고 있어야만 한다고 믿는 규칙이나 의무를 포함하는 '의지'의 표상이다.

이 세 영역의 자기상은 성장할수록 조화를 이루면서 긍정적 결과를 나타나게 되지만, 간극이 클수록 부정적 감정에 휩싸이게 된다. 그 결과 낙담, 절망, 슬픔, 실망감, 수치심, 의기소침, 죄책감, 자기경멸, 불만감에 쌓이게 되며, 초조와 관련된 정서로 공포, 위협, 두려움, 분노 등이 나타나게 된다. 이 지점에서 자기 초월과 자기 부정의 균형을 통해 나르시시즘의 해방이 일어나게 된다.

융은 한 사람이 진정한 자신이 되어가는 과정을 개성화로 설명하였다. 개성화individuation란 자아가 잘못된 정신의 껍질을 발견하고 그것으로부터 벗어나 새로운 중심을 찾아서 균형 잡힌 정신 전체성의 중심이라고 하는 '자기'에 도달하는 것이다. 그는 한 사람의 자아가 무의식에 감추어진 '자기自己, Self'를 만나는 여정에서 새로운 중심으로의 초월과 다른 한편 스스로를 희생하고 포기하는 자기 부정이란 과정을 통해서 개성화에 이른다고 보았다.[9] 이 과정은 개성個性, individuality이라는 단어에서도 볼 수 있듯이, 개인이 오직 자기 고유의 진정한 단일체가 되는 여정이다.

> 나는 개성화individuation라는 말을 심리학적으로는 더 이상
> 나누어지지 않는 존재in-dividu로 정의한다. 다시 말해서 자
> 동성autonomy을 지니고 있으며 더 이상 나누어지지 않는
> 단일체, 즉 전체성을 이룬 존재를 형성시켜가는 과정이라는
> 의미로 쓰고자 한다. 즉 한 사람의 정신을 구성하는 정신적
> 인 요소들이 부분적으로 존재하지 않고 자기를 중심으로
> 통합되어 그 사람이 더 이상 분열되지 않고 존재하는 것이
> 개성화라는 말이다.[10]

융은 이 전체성을 가진 원형을 그리스도 안에서 발견할 수 있다고 했는데, "우리-안에 있는-하나님"God-within-us인 자기Self를 만나서 그것을 실현시키는 체험이 "개성화"라고 할 수 있다.[11] 따라서 융

에게 개성화란 곧 본래의 자기가 되는 것이며, 전체성과 하나가 되는 것이다. 이러한 자기는 다음과 같은 세 가지의 특성을 가진다.[12] 첫째, 인격의 중심이다. 그렇기에 사회적 조건화로 형성된 가면을 쓴 자아가 주인 노릇 하던 패턴을 초월하고 또 부정해야 한다. 둘째, 정신의 전체성이다. 의식과 무의식을 합한 전체로서의 전일성이다. 이는 의식-무의식, 빛-어둠, 남성성-여성성 등 모든 대극을 포괄하고 있다. 셋째, 정신의 초월성으로서 이 대극이 어느 한쪽 측면에 치우치는 것을 방지한다. 융은 '자기'란 대극적인 요소들을 포괄하고 있으면서 동시에 그것들을 화해하고 중재시키는 인간 정신의 비인격적인 기반이라고도 하였다.

융은 이 자기를 발견해 나가는 과정을 두 단계로 나누었는데, 하나는 페르소나persona를 벗는 과정, 다른 하나는 그림자shadow와 함께 조화를 이루는 과정이다. 십자가의 요한은 이 단계를 어둔 밤으로 표현하면서 정화의 밤과 조명의 밤으로 기술하였다.[13] 여기서 중요한 부분이 바로 자기 부정이다. 융에게 있어 이 과정의 주체가 정신이라면, 십자가의 요한은 영혼 안에 있는 신 자체와의 관계 안에서 진정한 자기가 가진 믿음, 소망, 사랑의 복음 삼덕이 그것을 이끌어 간다고 보았다.

세밀하게 짚어가기 전에 먼저, 자기 부정의 대상이 '전체성을 담지한 자기'라기보다는 자아ego에 의해 '의식된 자기'임을 명심하자. 칸트 이후의 선험성이 지시하는 바도 바로 이 자기를 의식한 것이다. 융에게 의식이란 자아와 동일시되는 개념이라 볼 수 있다. 그렇기 때문에 이 자기는 전체로서의 자기의 한 부분으로서, 자신을 넘지 못하는 한계를 지닌다. 의식의 주체인 이 자아가 없다면 이 세계는 감지되지 못했을 것이며, 세계-내-존재로서 불안을 떠안고 생존해야 할 주체는 살아남을 수 없을 것이다. 이 자아는 가면을 사용하여 사회적 조건화를 완수해야 하며 결코 전체 인격을 대표하지 못한다. 자아는 외부 대상들을 인식하고, 차이를 구별하며, 여러 방식으로 적절하게 변형시켜 그의 내면에 통합시킨다. 이 과정을 통해 자아의식은 점차 확장되고, 전일성에 도달하게 되지만 세계를 상대하는 주체이자 동시에 한계자로서 무거운 짐을 지게 된다.

당신은 누구의 삶을 살았는가

자아는 이 모험적 여정에서 분산된 의식들을 한 중심 안에서 모으고 자신을 전체성의 의미 안에서 객관화해야 한다. 이것은 통합을 위한 초월적 거리두기와 같으며, 한편으로는 자신에게 필요 없는 것들을 희생하고 부정하는 과정이기도 하다. 중요한 것은 이 과정이 억지스럽게 무언가를 더 씌우는 일이라기보다는 도리어 '벗기고 부정하는' 일이라는 것이다. 융의 용어로 말하자면 첫 번째로는 역할극을 하느라 자아에 덮어씌운 다양한 '페르소나'를 벗기는 일이며, 두 번째로는 자아를 무의식의 마성적인 힘에서 탈출시키는 일이다.[14] 이 일은 인내를 요구하며 직선과 같은 길이기보다 미로와 같은 길이다. 그 길은 십자가의 요한의 말에 따르면 '어둔 밤'이며, '갈멜의 가파른 산길'[15]이다. 십자가 역시 고행이나 금욕이 아니라 모든 것을 신뢰하며 벗겨진 곳, 하나님의 아들이 두 팔을 벌리고 에고ego가 마왕의 힘을 빌려 주체가 되려는 모든 시도들이 무력화된 곳이다.

이 지점에서 자기 부정은 부분이면서 전체인 양 착각하는 오만 혹은 거짓을 '벗기기' 과정이라는 것을 재차 명심하자. 거짓을 벗긴다고 말하면 도덕적인 죄나 허물, 위선 같은 것을 먼저 떠올릴 수 있다. 그러나 여기서 '탈'로 쓰는 가면이라는 용어는 실상이 아닌 가상이라는 뜻이다. 즉 나르키소스가 물에 투영된 자신의 모습을 진짜 자신이라고 여긴 것처럼, 거울처럼 자기의 정체성을 규정 지어주는 관계와 환경들, 역할들에 적응하며 몰두하는 생각, 감정, 의지와 행동 패턴이 바로 가면인 것이다. 예를 들어, 한 사람이 태어나 자라는 과정에서 가족, 사회, 문화적 전통을 통해 형성된 집단의 견해와 가치관에 적응하며 만들어진 태도, 생각, 행동 규범이 일종의 사회적 인격이며, 이러한 외적 인격을 페르소나라고 한다. 그러니 오히려 시선이나 체면을 의식하며 사람이나 환경에 맞추는 것이 더 가면과 가깝다고 할 수 있다. 그렇다고 가면이 곧 자아라는 뜻은 아니다. 자아가 내면의 자기를 향해 통합하지 않고 사회적 조건화에 의해 형성된 페르소나와 동일시될 때, 요즘처럼 나답게 살라고 외치면서 과시와 소비와 경쟁과 소외를 경험할 때, 사람은 집단 정신이 요구하는 거짓 나다움의 가면을 쓰고 도리어 그 간극의 수렁에서 고통당한다.

이때 자아는 진정한 자기를 구성하는 내적인 정신 세계와 단절된다. 다시 말해서 자아가 외적 인격의 거짓 가면을 마치 자기 자신처럼 여기면 내면의 우주와도 같은 무의식이 보내는 신호를 알아차리지 못하게 된다. 무의식은 이에 대한 반발작용을 하면서 자아를 압박한다. 이때 이중의 억압이 일어나게 되는데, 자아는 자기 자신영혼이라고 해도 좋다의 삶을 돌보지 못하게 된다. 그리고 무의식 역시 강하게 반발하면서 에너지는 약해지고 심한 감정 기복, 유약한 정신 상태, 무기력, 불안 등으로 삶의 의지가 꺾이게 된다.

그런데 안타깝게도 이 페르소나를 분리할 때 '버림받음'의 상실감이나 고독이 수반된다. 만일 아이가 자라나면서 현실에 짓눌리는 경험을 많이 하게 된다면 더욱 그러하다. 아이는 당장 다른 생활 환경이나 사람을 선택할 힘도 없고 문제의 본질을 인식할 객관적 자아의 힘도 부족하기 때문에 방어와 의존을 선택한다. 성장하면서 집단에 대한 의존이 클수록 이 분리 과정에서의 고통이 커지지만, 사실 이 고통은 더욱 새로워질 수 있는 기회가 되기도 한다. 이 물음을 외면하지 않고 계속 자신을 들여다보면서 그동안 길들여진 것들에서 탈출하고 벗어날 용기를 가진다면 그는 중요한 통찰을 얻게 되고 새롭게 된다. 즉, 비로소 자기 자신의 삶을 의미있게 살게 되는 것이다.

흥미로운 사실은 이 새로운 항로에 접어들면서 진짜 자기의 정체성을 발견하고, 소명을 받은 자기, 천복을 누리는 자기가 된다는 것이다. 개성화 과정은 흔히 인격의 상처와 그에 따르는 고통과 함께 시작한다. 이 첫 번째 충격은 일종의 통과의례[16]를 거치는 성인식과 비슷하다. 남은 생이 전체성의 부르심과 함께 하는 일종의 소명召命이 되기 때문이다.[17] 그러므로 진정한 치유는 자기 자신이 되는 것이며, 그 자신은 반드시 전체를 위하는 선과 연결되어 나타나기 시작한다.

자기 초월과 자기 부정의 중요한 초점은 바로 여기서 발생한다. 우리는 그저 사회의 장치 속에서 눈먼 역할을 감당해 내는 것이 아니라 진정한 자신이 되기 위해 태어났다. 페르소나의 분리 과정에서 진정한 회심이 일어나야 한다. 자신이 겪는 고통에 대해 다른 이나 환경 탓을 하지 않아야 한다. 도리어 외적 인격이 진정한 자신과 소명을 찾는 일은 하지 않고 외부에 기댄 채 종살이하며 살았던 결과임을 인정해야 하는 것이다. 여기서 자기 부정이 자기 학대나 자책이 아니라 자기 돌봄과 사랑이 되려면, 밖의 대상으로 투사된 무의식의 내용들을 인식하여 자신의 분신들로 다시 들여오는 작업이 일어나야 한다. 그러므로 분리 과정에서는 '버림받았다'는 태도보다 '스스로 의식을 가지고 버림'이라는 능동적 수동성이 중요하다. 모두가 눈먼 채, 눈먼 도시에서 의존하며 살아가는 도구인 페르소나에 대한 집착이 떨어져 나감으로써 자아가 '자기'라는 더 큰 존재에 눈을 뜨는 것이다. 그 굴레를 벗어나야 희망의 운명을 새로 만날 수 있다.

어둔 밤, 그림자와 함께 춤을

페르소나와 분리가 되었다면, 다음 과제는 내면으로 들어가 자신의 그림자와 대면하는 일이다. 캠벨[18]의 말처럼 우리는 추악한 어둠이라고 생각한 곳에서 신을 발견할 것이고, 남을 죽일 수 있다고 생각한 곳에서 나를 죽여야 하며, 내 안의 괴물과 영웅을 만나야 하고, 마침내 낭떠러지라고 생각한 곳에서 존재의 중심으로 들어가는 날개를 발견할 것이다.

융은 비교적 쉽게 의식할 수 있는 페르소나와 달리 자아가 좀처럼 의식하지 못하는 인격의 어두운 부분을 그림자shadow라고 하였다. 그림자가 우리를 부르는 대부분의 장소는 우리가 알 수 없는 은밀한 장소다. 아니마Anima, 아니무스Animus[19]의 집은 의식의 중심인 '자아'의 무의식적 그림자와 '자기' 사이에 걸쳐 있다. 그래서 그림자는 '자아'와 '자기'를 잇는 일종의 둥근 브릿지bridge와 같다. '자아'와 '아니마·아니무스' 사이에 있는 연결 지점이다. 그러므로 그림자를 건너지 않고는 아니마와 아니무스를 의식화할 수가 없다. 그림자가 아니마와 아니무스를 감싸고 있어 그 모습을 뚜렷이 볼 수 없기 때문이다. 그림자가 자신의 모습을 드러내는 방식은 상징과 타인의 거울을 통해서이다. 자신의 본 모습은 감춘 채, 소중한 것을 잃고도 모르고 길을 나선 이 미아들은 대체로 억압된 소망이나 세련되지 못한 충동, 강박, 열등한 도덕적 동기, 원한, 무기력, 어린아이 같은 환상 등이 다른 대상에게 투사하는 형태로 나타난다.

　원수를 사랑하라. 적들이 친구가 되는 순간 다리bridge에 등이 켜진다. 그림자를 직접 의식하기는 어렵지만, 자신이 탓하고 미워하고 있는 상대를 향한 투사를 인식하는 순간, 비로소 환히 알 수 있다. 투사는 그 자체로는 인식되지 않고, 일반적인 선을 넘어서는 자기 초월적인 도덕적 성취 안에서 인식된다. 그토록 미워하고 혐오하는 곳을 주이상스[20]가 일어나는 '모성적 기호계'[21]로 전복하는 것이다. 의식이 혐오하며 잡아가는 이 과정은 '의미화 과정signifying process'이다. 언어 외적인extra-linguistique 기호계[22]의 원초적 세계가 사랑을 위해 죽음의 변증법적 과정을 통하여 의미있게 다가오게 된다. 언어 외적인 기호계는 수직적인 차원으로서 신경적 흥분과 충동으로 이루어지며 욕동의 소통, 구조화 장치와 연결된다. 이것은 전율과 황홀감으로 이루어진 카타르시스이다. 줄리아 크리스테바 Julia Kristeva[23]는 이 '역동적 충동과 혼란'을 부정적인 것이 아니라 기호계로 진입하는 긍정적 의미화 과정으로 보았다.

> 내가 원만함으로 나아가려면 나에게도 어두움이 있어야 한다. 나는 나의 그림자를 의식함으로써 내가 다른 사람과 더이상 다를 바 없는 인간이라는 사실을 한 번 더 기억하게 된다. 만약 나의 고유한 전체성의 재발견이 개인적인 것으로만 남는다면, 다시 과거의 상태로 돌아가게 될 것이다. 자신만의 것으로만 남는다는 것은 외로움을 연장시키는 일이며, 그 폐해는 단지 부분적으로만 개선된다. 그러나 고백을 통하여 나는 내 자신을 인간성의 팔 안으로 던졌다. 그럼으로써 도덕적 유배의 짐으로부터 자유롭게 되었다. 카타르시스가 추구하는 방법적 목표는 단지 머리로 사실을 인지하는 지적인 것이 아니라, 모든 마음과 억압된 감정의 실제적 표

현을 통한 확신, 곧 완전한 고백이다.[24]

이제 갓 상징계의 논리적 질서에 잡혀 있던 의식은 벌거벗은 채 향방을 모르고 서 있다. 다른 한편으로 미로에 선 자기Self는 기호계와 연결되어 폭발적인 원초적 에너지가 방출되면서 파열되어 있다. 이 기호적 충동의 힘은 무시될 수도 없지만 다스리고 통제하기 어렵게 되는 순간, 그 억압과 단절의 대가로 파열이 일어난다. 이곳은 저장소와 양성소 두 의미를 모두 담당한다. 만물이 존재하기 전, 만물이 존재하는 순간에 우주를 담는 그릇이자 우주를 낳는 생산자이다.

그림자는 영웅적 도덕, 산상수훈과 같은 황금률로만 인식되는데, 그 빛 아래서만 내면의 어두움이 현실적이고 실제적으로 인식될 수 있기 때문이다. 현실적인 자신의 삶으로는 도저히 감당할 수 없는 율법의 짐과 욕구, 그것을 이루고 싶은 높은 도덕성의 갈망과 이룰 수 없는 처절한 현실적 자기를 적나라하게 들여다보기 등이 수반되는 이 자기 인식의 과정은 기나긴 시간이 요구된다. 또한 동굴을 안내하는 등불이 필요하며, 스승과 공동체가 반드시 필요하다. 그러나 결국은 스스로 운명의 실타래를 풀어야 한다. 봉인을 푸는 열쇠가 어디 있는지 알려줄 수는 있지만 열쇠 자체는 마음의 후미지고 구석진 곳까지 구석구석 파헤쳐서 찾아내야만 한다. 그리고 그 열쇠가 황금률, 너 자신을 사랑하듯이 원수를 사랑하는 피 흘리는 십자가의 꼭대기에 걸려있음을 알게 된다. 또한 그것이 곧 나를 찾는 여행이었음을 알게 된다. 이 과정이 실패하면, 삶은 방향성을 잃게 되고, 의식은 잠재력을 상실하게 된다. 그림자는 비난이나 축출로 해결되지 않는다. 껴안고 춤을 추어야 한다. 이때, 그림자가 곧 나의 것임을 인정하는 겸손이 필요하다.

그림자와 함께 춤추는 과정은 철저히 상징을 해독하기 어려운 삶의 상징들을 읽어내는 과정이다. 본질적으로 인생이란 죽음과 먹힘을 통한 순환 고리이다. 이 지난한 여정이 없이 부정과 초월이 한 덩어리의 신비임을 어찌 알겠는가. 자기 자신을 찾아가는 과정은 철저한 자기 인식 위에서 이루어지며, 가장 약하고 비천한 자신의 모습이 출발점이 되어야 한다. 늘 원수를 제거하고 내 것을 살려내야 한다는 논리와 방식은 적과 함께 살아가는 내부의 세계에서는 통하지 않는다. 이렇게 아프고 쓰린 타자인 그림자를 제거하지 않고 의식적으로 '살려내어' 함께 살아가는 일은 오히려 더 커다란 인격의 해리를 막을 수 있을 뿐만 아니라 그림자를 쪼개서 그 속에 담겨 있던 창조적인 힘이 발휘되도록 한다.

은혜와 겸손은 언제나 영혼을 살린다-마성화의 극복

개인의 무의식인 자신의 그림자를 만난 후에는 집단 무의식의 영역을 만나게 된다. 개인 무의식이 본질적으로 한때 의식이었던 것이 잊혀지거나 억압되어 의식에서 사라진 내용으로 이루어지는데 반해, 집단 무의식이란 의식이 경험할 수 없는 전혀 다른 세계이며, 개인적인 경험에서 생겨난 것이 아니고, 개인적으로 획득된 것도 아니다. 아니마는 라틴어로 영혼이라는 뜻인데, 아니마와 아니무스는 알려지지 않은 태곳적 인류의 정신적 삶을 의식으로 인도하는 역할을 맡는다. 이 집단 무의식은 선재하는 틀들pre-existentforms로 이루어진다. 미지의 인류가 남긴 정신, 삶의 경험, 신관, 인간관, 세계관에서 아니마는 여성성을 담당하고, 아니무스는 남성성을 담당하며 아니마와 아니무스를 통해 의식에 전달된다.

아니마와 아니무스는 페르소나와 보상적 관계를 갖는데, 한 남성이 갖추어야할 이상적 모습으로서의 페르소나는 여성적 연약함에 의해 내적으로 보상받는다. 즉 개인이 외적으로 강한 남성임을 드러내면 낼수록, 그는 아니마라는 내적인 여성이 더욱 뚜렷해진다. 왜냐하면 아니마는 페르소나에 반응하기 때문이다. 반대로 내면의 세계가 어두워서 의식되기 어렵고, 약해진 자아가 인식하는 능력이 작을수록 페르소나는 더욱 자신을 자아와 동일시하기 때문에, 아니

마는 페르소나의 반대쪽에서 어두움 속에 남아 있으면서 동시에 그런 자신을 외부에 투사한다.[25]

집단 무의식의 힘은 광활하다. 그러한 무의식의 보상적 산출은 자발성이다. 페르소나가 외부적 반응에 적응하여 생긴 것임을 기억하면 그 기능이 바로 '자기 초월적'임을 이해하게 될 것이다. 무의식의 내용이 개인을 지배하는 경우에 꿈이나 환상도 발생한다. 무의식의 표상이 상징임을 기억하자. 무의식의 지도인 꿈의 과정도 중요하지만 그와 더불어 자신의 삶 자체가 하나의 상징이 된다. 언어, 행동, 신념, 감정이 구체적인 외적 관계에서 어떻게 표출되는가? 그 현상을 판단을 멈추고 서술하고 관찰하고 해석해야 한다. 이러한 해석 과정, 즉 아니마와 아니무스가 의식화 과정을 거치는 동안 집단 무의식이 가진 자율성이고 폭력적인 마성은 상실되고, 아니마와 아니무스는 의식과 무의식을 연결하는 중재자 기능을 수행하는 것이다.

무의식의 상징은 가장 순수한 형태로 꿈에 나타난다. 그러나 꿈은 우리가 원하는 것처럼 항상 무의식의 '의도'를 명료하게 제시하지 않는다. 그러한 경우에 융은 '적극적 상상'을 사용하라고 한다. 다시 말해 상상력을 적극적으로 활동시켜서 무의식 안에 숨은 내용을 끌어내고 표현하라는 것이다. 스토리텔링, 채색화, 점토에 의한 조형, 춤, 글쓰기, 거룩한 상상, 자연 명상 등 구체적인 형태의 표현과 변화를 통해서 의식과 무의식의 동화 과정을 관찰하게 된다.

이 영혼의 순례 과정에서 겸손은 항상 큰 유익이 된다. 자기 안에서 아니마, 아니무스가 스스로 말할 수 있게 하라. 통합은 자아가 주인이 되려는 태도를 버리고 겸손히 무의식의 타자가 말하는 것을 경청하기 시작할 때, 의식에 대해 열린 태도를 견지할 때 발생한다. 이것은 아니마가 더 이상 의식 활동에 부정적인 영향을 끼치지 않게 하는 것이며, 아니마로 하여금 스스로 자신의 의지를 전달할 수 있도록 의식이 주도권을 위임하고 그 말을 수용하고 경청하는 것이다.

이 과정에서 자기 초월로 집단 무의식의 힘을 경험한 이들은 마성화의 단계로 넘어가게 된다. 이 집단 무의식의 이미지들이 나타날 때, 이 상징의 힘이 의식을 사로잡아서 마성적인 힘과 인격을 가져온다. 이 누미노제적 무의식의 원형들은 의식에 범람하여 사람들을 온통 휘저어 놓고, 수많은 상상과 영감이 떠오르게 하고, 정신 구조를 손상시키며, 자신의 한계를 넘어서는 가공할만한 힘과 더불어 인격의 팽창을 가져온다. 어쩌면 이것은 페르소나를 벗기고 그림자를 수용하는 쉽지 않은 이들에게 찾아오는 보상과 선물이기도 하며, 니체의 초인[26]이 탄생하는 순간이기도 하다. 그러나 여기서 자기 부정이 꼭 필요하다. 융은 자아 팽창이라는 함정에 빠지지 않기 위해서 언제나 이 마성적인 인격과 자기 자신을 동일시하지 않고, 마음 깊은 곳에 존재하는 절대적인 속성을 가진 존재, 또는 이 세상 너머에 존재하는 절대적인 존재 앞에서 경외감과 겸손의 태도를 잃지 말아야 한다고 말한다. 의식과 무의식은 한쪽 편의 일방적인 질주가 아니라 상호 간의 동화 작용이 필요하다. 먼저 자율성을 가진 무의식이 말을 걸 수 있도록 겸손하게 경청하고 참여하고, 다른 한편으로는 의식의 참여를 통해 무의식의 내용을 겸허하게 판단하는 것이다.

이때 세계를 넘어선 존재에 대해 겸허하게 경청할 힘을 가진 진정한 자기가 탄생한다. 자신의 내면 깊숙이 숨어있는 '자기'에 대한 각성과 그 이후의 자아 팽창을 극복하면 비로소 개인은 욕망의 소리에 사로잡히지 않고 마음의 중심에서 오는 메시지를 들을 수 있게 된다. 자신의 내면에 있는 잡다한 정신적인 요소들에 사로잡히지 않고, 편협한 자아에 매달리지도 않으며, 비로소 집단적 무의식 속에서 모든 것을 통합시키는 자기를 따라서 살게 되는 것이다. 사람들이 이러한 통합된 자신에 관해서 더 많이 의식하게 될수록, 그는 무의식의 압력으로부터 더 자유로워진다. 그가 그 자신의 본래성을 되찾고 '진정한 자기The Self'가 되는 것이다. 이러한 자기는 인간의 정신 요소들 가운데서 가장 높은 가치를 지니고 있다. 그런데 융은 자기가 되는 것, 즉 자기를 실현시키는 것이 인격 발달의 마지막 지점이 아니라 오히려 새로운 출발점에 해당된다는 사실을 강조하였다. 왜냐하면 개성화 과정에는 종착점이 있을 수 없고, 평생 동안 추구해야 하는 작업이기 때문이다.

자기 부정과 자기 초월의 역설 지점

페르소나와 집단 무의식의 광기를 넘어서 나다움에 이르는 과정은 자기 초월과 자기 부정을 통해 이루어지며, 영적이고 동시에 심리적인 안내가 필요하다. 이 둘의 차이는 매개적 지각과 비매개적 지각의 차이다. 십자가의 요한은 외부 대상에 대한 지각이 궁극적으로 오감을 매개로 하는 지각인가 아닌가에 따라 감각적 능력들sense-faculties 과 영적 능력들spiritual-faculties로 분류한다. 감각 능력들은 다시금 내적 지각internal sense을 수행하는 부분과 외적 지각external sense을 수행하는 부분으로 나누어진다.[27] 내적 지각을 수행하는 부분은 상상과 환상 및 감각 기억sense memory이다. 외적 지각은 외부세계를 향해 있는 다섯 감각에 각각 상응하는 시각, 청각, 후각, 미각, 촉각이다. 내적 지각은 외적 지각으로부터 들어온 감각적 질료들을 가지고 상상이나 환상을 만들어 내거나, 아니면 감각 기억의 형태로 저장하고 있다가 이것들을 지성 안에 나타내어 보여준다. 특별히 자아 부정과 함께 네 가지 열정의 균형은 현대적인 삶에 있어서도 매우 유용하다. 요한의 분별에 따르면 자기애와 생명력 있는 자기다움은 다른데, 이 활력은 기억과 의지의 정화를 중심으로 '네 가지 열정들인 기쁨, 희망, 고통, 두려움의 균형'과 연관된다. 요한은 욕구들과 애착들, 그리고 무질서한 작용이 나오는 무질서한 열정(정서)들이 관계와 계기들에 의해 긍정적으로 변화되는 것과 부정적으로 변화되는 것이 있다고 보았다. 요한은 특별히 이 열정들이 질서 안에서 신적 가치를 향해야 한다고 강조했으며, 네 개의 열정들은 서로 긴밀하게 연결되어 상호 의존적이라고 보았다. 그러므로 자기애를 해방하는 중요한 초점은 질서와 조화이다. 여기서 믿음, 소망, 사랑의 대신덕對神德이 중요한 역할을 한다. 마지막 과정에 이르면, 영혼이 활력을 찾아 진정한 자신으로서 살아가게 된다고 말한다.

그런 의미에서 정화는 어떤 윤리적 순응이나 순수를 말하는 것이 아니다. 오히려 개인 무의식과 집단 무의식을 담은 전체로서의 진정한 자신으로 가는 데 있어서 장애가 되는 탐욕과 애착으로 인해 무질서하게 결합하고 있는 방식의 문제라고 보았다.

정화는 정화보다도 차라리 애착에 대한 견제나 분명한 개혁

이라고 불러야 마땅할 것이다. 그 이유는 감각적 부분의 모
든 무질서와 결함들이 좋고 나쁜 모든 습관들을 붙들고 있
는 영성에 그 뿌리와 힘을 두고 있기 때문이다. 이런 나쁜 습
관들이 다 정화될 때까지는 감각의 반란이나 나쁜 것들이
제대로 잘 정화될 수가 없다.[28]

보이는 세계와 보이지 않는 세계, 온전히 자율적 생명으로 움직
이는 세계와 의식화되고 표상화된 룰과 고착화된 욕망체계로 움직
이는 세계—이 두 세계는 모두 우리 삶에 영향을 미치지만, 특히 무
의식의 세계는 감각이나 이성의 활동만으로는 그 본질을 파악할 수
없다. 오히려 전체를 보기 위해 하늘로 날아오르는 초월의 힘과 안
팎으로 자아를 부정하여 참에 이르는 무지無知를 체험해야 한다. 동
일시와 추론으로는 알 수 없는 존재요 세계가 있음을 인정하면서,
우주보다 더 큰 자신의 안으로 들어갈 준비를 할 때 겸손은 그저 자
기를 비하하고 낮추는 행동이 아니라 더 큰 세계에 몸을 맡기며 유
영하거나 날 준비를 하는 한 마리의 고래, 한 마리의 새와 같은 동화
의 조건임을 이해할 것이다.

결국 이 '자기'는 하나님의 나라가 이루어지는 대우주에 심어진
작은 겨자씨와 같으며, 개인과 집단을 포함하여 인간의 무의식이라

는 큰 바다 속에 감추어져 있는 보석이라 할 수 있다. 이것은 용기 있는 자, 갈망하는 자만이 얻을 수 있는 보물이며, '숨어 계시는 하나님'Deus Absconditus[29]을 찾아 숨바꼭질하는 놀이 안에서만 발견된다. 카를 라너Karl Rahner의 말처럼 하나님을 체험하는 것은 곧 자기를 체험하는 것이다.[30] 페르소나를 벗기고 그림자와 함께 춤추는 과정은 결국 십자가에 달리신 참 하나님을 찾아나서는 길이며, 이기적 욕심과 결탁된 의지를 포기하는 주체의 결단 과정이자 쓰라린 희생 제의의 과정이기도 하다.

믿음으로 지성이 해방되고 직관과 통합되다

지성은 비질료적immaterial 방식으로 활동하는 인식 능력인데, 상상, 환상 및 내적 감각 기억들은 지성에게 나타내 보여주는 이미지들에 관여한다. 라캉은 무의식이 언어 구조를 갖고 있다고 주장하며 인간의 정신적 삶을 상상계, 상징계, 실재계의 기호학적 체계로 풀어내었다.[31] 라캉의 말대로 무의식이 언어적인 구조를 갖고 있다고 한다면, 영혼을 다루는 영성 역시 내면의 기호들이 조직되는 규칙에 대한 언어학적 탐구가 필요하다. 즉 믿음이나 영적 성장 역시 인간이 언어를 사용할 수밖에 없는 한, 기표를 조직해내는 규칙을 존중하며 대화할 수밖에 없다는 것이다. 믿음은 보이지 않은 실상을 보는 힘이다. 믿음은 보이는 상징계를 중심으로 한 세계관과 전혀 다른 타자적 상징 언어를 풀어헤치는 전략이며 다양성과 타자성, 복합성과 유동성을 중심으로 한 상상계the imaginary와 연결된 원초적 상징 언어, 새로운 언어 만들기를 위한 과정이다. 이 과정은 기존의 세계관을 지배하는 상징계에 종속되지 않으며, 스스로 자율적이고 광활하며 원초적인 힘을 가지고 있기에 저항이나 개혁처럼 느껴진다.

진정한 자기는 모든 대극을 넘어서 신적 메시지를 듣게 된다. 영적 성장의 과정에서 조명의 차원에 이르면, 믿음은 의식-무의식, 영-육, 성-속, 이성-감정 등의 모든 대립을 넘어 영성적 직관으로 세계를 이해한다. 그리스 신화에 나오는 코레Kore는 의식과 무의식의 두 대립된 세계를 잇는 다리 역할을 담당한 인물이다. 코레는 눈의 동공을 뜻하며, 영혼의 불꽃The Spark of Soul으로, 이성과 의식을 통한 상징계와 대립하지만, 또한 연결된다. 그녀는 깊고 은밀한 심연의 세계에 대한 통찰력을 지녔기에 죽음과 불가분의 관계에 있기도 하다. 코레는 로고스로 상징되는 아니무스의 세계와 무의식, 초의식의 심연의 세계를 상징하는 아니마의 세계를 모두 넘나들면서 두 세계를 잇는 통합의 상징이다.

십자가의 요한에게 집단 무의식을 만나고 통합하는 과정은 의식이 진정한 자기 부정과 전체를 보는 직관에 순응하는 영혼의 순례 과정이다. 페르소나와 그림자에 결합된 외적 감각에서 빠져나옴으로써 영혼은 이제 감각을 무의식의 영역인 영혼에 순응시킬 수 있게 되고, 훨씬 맑고 자유롭게 된다. 그리고 지성은 믿음에 의해 초자연적 사물에 눈을 뜨게 된다. 신성 안에 깃든 자신의 잠재력에 눈 떠 초월성을 파악할 수 있게 된 것이다. 십자가의 요한은 능동적인 정화의 길을 걸어 갈 때 영과 덕德은 서로 깊은 관계가 있다고 주장한다. 그가 말하는 영은 지성과 기억, 의지의 세 가지인데, 믿음으로 지성을, 희망으로 기억을, 사랑으로 의지를 통제하고 무의식의 역동과 힘을 제어하여 다스릴 수 있게 된다. 세 가지 덕들은 영혼의 능력을 비워버린다. 신앙은 지성 안에서 이해하는 것을 어둡게 하고 비워버린다. 희망은 기억 안에서 모든 애착과 소유를 비워버린다. 사랑은 하나님이 아닌 모든 것에 대한 모든 기쁨과 애착을 벗겨내고 의지를 비워버린다.[32] 그러니 이 믿음과 소망, 사랑은 집단 무의식의 깊은 원형의 중심에서 발현된 신적 관계 속에서 형성되어, 더욱 깊은 내적 자율성과 직관이 발전하게 된다.

특별히 십자가의 요한의 조명의 단계에서 신적 빛은 모든 이성을 초월하는 것이다. 요한에게 어둔 밤은 역할극을 하느라 기를 쓰고 이성의 빛을 밝혀 분주하게 용도에 맞게 써온 페르소나가 수선 불가능하게 되는 밤이다. 처절하게 그림자를 나의 것으로 수용하고 받아들이고 밖을 향해 투사하거나 탓을 하며 원망하고 불평하던 시선을 거두어들이는 일이다. 그것은 지난한 자기 성찰의 일이다. 믿음은 의식의 밤에 예측가능하지 않은 길을 가야 하는 이들에게 등불이 된다. 그러나 습관화된 믿음은 이 시기에 힘을 발휘하지 못하는데, 그렇기에 진정한 겸손과 통합적인 역설이 필요하다. 하나님께 이르기 위해서는 알기를 원하기보다는 알지 못하면서 가야 하고, 거룩한 빛에 바싹 가까이 가려면 눈을 뜨고 가기보다는 캄캄한 암흑 속에 들어가면서, 그리고 장님이 되면서 가야 한다.

메마르고 어두운 관상의 밤이 빚어내는 첫 번째 중요한 이익은 '자기와 자기 비참에 대한 지성의 발견'이다. 스스로 주체 노릇을 해왔던 생각하는 힘의 무능과 비참을 알게 된다. 이 시기에는 자아 인식의 탁월함과 덕스러움이 빛을 지니게 되어 자기애적 만족이 아니라 있는 그대로의 진실한 내면을 겸손하게 들여다보게 된다.

구원의 희망으로 기억이 개방되다

희망은 '기억'의 치유이다. 희망의 기억은 과거의 모든 체험을 수용하고 저장할 뿐만 아니라 특별히 미래에 일어날 수 있는 모든 잠재적 경험들에 대해 기대한다. 이 시간의 의미에서 기억의 비非매개적 특징이 나타난다. 기억의 재구성은 과거에 붙잡히는 것이 아니라 어떤 신성의 주입으로 인해 새로운 미래를 향하여 풀어져 나가기 위한 것이다.

희망의 기억은 먼저 과거의 경험을 관찰하면서 임재와 부재, 어떤 기운들의 움직임을 확인하고 성찰하는 일로부터 시작된다. 또한 초월적 경험을 기억하고 해석하는 과정을 통해 하나님과 관계를 맺는 신앙의 패턴과 삶의 패러다임이 연결되어 있음을 깨닫는다. 이 과정에서, 능동적 상상으로 명상하는 동안 불현듯 성령은 수많은 삶의 사건들 중에서 의미있는 것들을 떠오르게 하시고 기억하게 하실요 14:26 뿐만 아니라 과거의 시간 속에서 그 의미를 찾도록 도와준다.

이제 신적 조명을 통해 그동안의 삶을 구성하는 왜곡된 패러다임과 관계들이 스스로 드러나기 시작한다. 중요한 것은 단순히 드러날 뿐만 아니라 통찰 아래에서 질서 있는 배치도가 생겨나는 것이다. 이때 내용과 체계가 서로 관련 있는 의미의 범주에 따라 기억이 분류되고 실천을 통해 통찰력이 더욱 강화된다. 삶에서 일어나는 모든 경험과 사건은 무의식이 통찰적으로 제공하는 원형적 구성이 내재된 이해 안에서, 어느 순간 꿰어진다. 통찰적 직관은 삶에 창조적 변화를 일으키고 세계를 향해 새로운 비전을 제시하도록 돕는다.

이때 기억의 재구성을 위한 영성 지도가 중요하다. 멘토는 민감한 주의력과 수용적 사랑을 가지고 삶이 비전을 향해 재구성되도록 도와주어야 한다. 특별히 애착과 사랑의 기억 유형들을 유의해 살펴보아야 한다. 가면과 투사가 벗겨진 감정과 열망은 의식의 베일을 벗기고 상처와 남 탓으로 보였던 세계를 다시 보는 눈을 가지게 되고, 견고하게만 보이던 철옹성이 실은 불안의 아성이었음을 깨닫게 된다. 다양한 돌부리와 가시들이 실은 빛나는 보석과 아름다운 장미에 붙은 가시였음을 알아차린다. 이제 가면과 투사의 벽이 사라진 투명한 의지는 비합리적 계기들을 자극하고 순수한 영적 갈망, 욕망이나 이데올로기에서 벗어난 역동적 에너지를 제공한다. 사랑은 지향성을 지니고 있어 영적 조명에 따른 민감한 지성을 바탕으로 영혼 깊이 숨어 있는 사랑의 불꽃을 끌어 올린다.

특별히 단순한 윤리나 도덕적 차원을 넘은 지고지순한 하나님의 사랑이 나머지 여정을 이끌어가며 기억을 순화시킨다. 그것은 나로부터 시작되지 않은 태고의 사랑이 밀려들어 오는 것infusion이며, 그것이 일어나는 동안 의식의 성찰은 작동되지 않는다. 아니 감히 작동될 수 없다. 의식은 피조물적 무의 그 장대함과 경외감 앞에서 엎드려진다. 그렇다. 중요한 것은 삶을 주도적으로 끌어가는 이 사랑이다. 믿음과 희망이 서로 자극하고 연결하며 삶을 주도적으로 이끌어간다. 하나님을 향한 사랑의 감정은 상상을 활발하게 만들고 미래를 향한 기억을 불러 일으킨다. 비전이 확장된다. 이 놀라운 신비가 그저 사적인 경건성으로 간주되고 전체를 향한 영감이 되지 않도록 만드는 것에는 분명 어둠의 교묘한 전략이 있다. 그것은 그어떤 타인도 이 놀라운 경외감의 세계로 들여놓고 싶어하지 않는 개인적 이기심과 새로운 개혁의 원동력이 깨어나지 않기를 바라는 집단 이기심의 발로다. 종교적 체험이야말로 집단 무의식이 전체와 인류 역사를 향한 보물창고이다. 그것은 개인을 넘어서는 상징과 원형들을 통해 우리 내면 깊숙한 차원을 자극하며, 세대를 넘어 공유되는 진실과 통찰을 담고 있다. 다만 이러한 체험이 기껏 개인적 위안이나 상처의 위로에 머물지 않아야 한다. 하나의 사적이고 입에 담기에도 황송한 일인 양 해석하면서 기껏해야 심리적인 위안에 그치는 것으로 만들면 안 될 것이다. 진정한 종교란 진정한 자신을 발견케 하고 진정한 전체성을 향한 운동을 만들어 내는 역동성을 가지고 있기 때문이다.

기억의 재구성에서 신적 사랑이 유입되는 기도는 가장 중요한 요소이며 통합적 직관과 지혜가 생겨나는 중요한 통로이다. 자기 초월과 자기 부정의 통합적 직관은 고통과 사랑의 양가적 관계에 대한 깨달음이 그 핵심이다. 총체적인 존재에 영향을 끼치는 것은 나를 해방하고 내 삶의 중심을 옮기게 만드는 '진정한 사랑' 뿐이다. 무질서하고 얕은 감정들은 삶에 부분적으로만 영향을 끼치지만, 사랑은 사람의 존재 방식에 영향을 끼친다. 또한 이 기억의 재구성 과정에서 상상적 자아[33]는 이성적 자아에 비해 보다 불연속적이고 명암이 반복되는 우로보로적uroboric[34] 과정으로 진행되며 인과적인 과거만큼 동시적인 현재에 의해서 인도된다. 상상적 자아는 아래로의 전환, 억압, 후퇴, 인식으로부터의 침강 등을 포함한다. 상상적 자아의 발달 양식은 계단식이라기보다는 나선형으로 반복되며 상승하는 움직임의 양식이다.[35] 발달과 성취의 모형으로 자신을 스스로 인식하는 자아는 이러한 순환 속에서 자신이 열등하거나 혹은 비난받는다고 느끼게 되는데, 이 때 옛 자아는 재구성의 과정을 통해 스스로를 포기하고 망각하며 회개함으로써 새로운 희망의 기억의 순환 과정에 참여할 수 있다. 영혼은 근본적으로 거룩한 상상 세계imaginal world에 대해 적응한다. 옛 자아의 이성, 감정, 의지가 현실을 통제하고 이해하기 위한 것으로 인식될 때, 믿음으로 상상하는 자아는 새로운 세계를 창조하고 구체화한다.

제임스 힐만J. Hillman은 상상적 자아를 위한 중요한 방법으로서 영혼의 엄밀함과 기억의 기술, 정신 질환의 신호를 주목해야 한다고 말한다. 그의 방법을 정리하여 서술하면 다음과 같다. 힐만은 영혼에 기초한 정밀함과 종합적 통찰력, 자아를 움직이는 동력을 파악한다. 그는 영혼이 과학적 객관성과 검증의 방식으로 서술할 수 없는 모호함을 선호함에도 불구하고 영혼을 탐구하는 것이 엄격한 정밀함과 정확도에 반대되지는 않는다고 말한다. 영혼이 창출하는 이미지는 정밀해야 하므로 집중과 통찰성 있는 안목이 요구된다. 이러한 정밀함은 예술 작품, 역사적 사실, 제식 과정에서 요구되는 고도의 정밀함이다. 영혼을 조명하는 새로운 방법론과 기억memoria의 기술 개발이 필요하다.[36]

> 영혼이 무의식의 상을 포착한 후에는, 원하기만 하면 기억할 수 있는 것으로 형태를 바꾸어서 영적이며 형상적인 영상과 지식과 형상을 통해서 혹은 빚어질 결과를 통해서 기억한다."[37] 이러한 지식들은 그 지식들에 머물러 있기 위한 것이 아니라 하나님께 대한 사랑과 지식을 생생하게 만들기 위해 기억할 수 있는 것이다. 그러므로 자기 안에서 빛, 사랑, 달콤함, 영적인 쇄신 등으로 인해 얻어지는 효과들을 통해 기억을 살려내야 한다.[38]

이제 기억은 과거에 일어났던 일들의 저장소일 뿐만 아니라 현재와 미래에 영향을 미치는 환상적 측면도 포함한다. 힐만은 이러한 메모리아memoria의 개념을 영혼의 분석에 새롭게 활용한다. 그는 기억을 심층적으로 파고들면 내부 세계와 무의식의 세계로 들어가는 입구를 발견하게 된다고 말한다. 즉 아우구스티누스가 "수많은 종류의 것들이 이미지나 관념으로 존재하며 … 내 마음의 영역은 이러한 모든 것을 아우른다. 나는 이곳저곳을 빠르게 이동하며 최대한 깊게 침투한다. 하지만 그 끝을 찾을 수 없다."[39]고 한 공간에 도달하게 된다는 것이다. 이 공간은 오늘날 '무의식'이라고 공간적 은유와 상징으로 묘사되는 곳이며 시간과 공간의 제약을 받지 않는 곳이다. 이곳은 우리가 콤플렉스라고 불리는 부정적 감정과 이미지, 인물 등을 포함하고 있다. 또한, 개인이 가진 비역사적 원형의 내용뿐 아니라 집단적 무의식이 가진 역사적 측면도 포함된 놀라운 영토이다.

부어진 사랑을 통해 의지의 방향이 바뀌다

'의지'는 지성에 의해 파악된 선善을 향한 경향성으로서의 영적 능력이며, 이것은 우리 영혼 활동의 정감적인 분야 전체에 관여한다. 우리의 영혼이 감각적인 이미지나 형상을 매개로 어떤 사물을 인식할 때에는, 자신의 능력에 한정된 인식 활동만을 수행한다. 그러나 감각적인 이미지나 형상을 매개로 하지 않는 인식은 외적 지각능력을 통해 자신이 관여할 수 있는 대상이 없기 때문에 활동이 억제되는 반면, 무의식으로부터 발현된 누미노제의 능력들이 활동한다. 이 감각의 충돌을 융화시키는 과정에서 지성이 페르소나에 집착하거나 애착하는 것을 포기하는 자기 부정이 요구된다. 자기 부정의 의미는 단순하다. 잘못된 집착 및 애착의 욕구를 분별하고 투사를 멈추며 아니마와 아니무스의 소리에도 귀를 기울여야 한다. 이 과정에 깊은 믿음이 필요한데, 자아가 아니마와 아니무스를 의식화하고 주도권을 더 깊은 목소리에 넘겨주어 낯선 음성에 귀기울이며 해석하는 과정을 통해 의지의 지향성이 바뀌기 때문이다.

> 나는 네가 생각하는 내가 아니다. 나는 네가 생각하지 않는
> 곳에 있다.[40]

의식이 생각할 수 없는 나를 찾는 여행에서는 새로운 삶으로 발 디딜 의지를 위한 에너지가 필요하다. 십자가의 요한이 말한 네 가지 열정인 기쁨, 희망, 고통, 두려움 속에서도 신적 가치를 지향하며 성숙과 일치의 마지막 단계에 이르면, 영혼은 진정한 자신으로서 살

아가게 된다. 그렇다. 타자로 인해 흔들리는 세상은 나의 내면과 삶의 보석을 찾아 떠나는 축복의 계기이며 상처의 틈새로 햇빛을 발견하는 여행이 되리라. 그 길에서 우리는 통찰을 지닌 겸허한 지성을 만나고, 왜곡되고 뒤틀어진 기억을 치유하는 따뜻한 환상을 만나며, 마침내 완고한 의지가 무릎을 꿇고 어떤 신성한 빛을 따라 방향을 돌리는 기적을 발견하게 될 것이다.

의지는 흔히 생각하는 자기 확신이나 성취가 아니다. 오히려 지성이 맞아들인 신적 메시지를 좋은 것으로 인식하고 사랑으로 행동하는 능력이다. 의지는 지성과 기억과 상호 관계에 있으며, 자기애를 벗어나는 사랑과 연결하는 능력이다. 이 의지는 사랑을 가능케 하는 동력을 다스리는 과정과 연관된다. 즉 자연적 열정들을 다스리고 통제하고 질서 있게 하는 과정으로서, 이 과정이 초월적 자기 부정과 연관된 것은 우리에게 사랑을 선택할 자유 의지가 있기 때문이다. 또한 의지 없이 지성과 기억은 아무것도 할 수 없기에 영혼의 모든 행위를 지배하는 힘으로써의 의지는 중요하다. 이 의지의 방향은 한 주체가 어떤 대상을 사랑할 때 그 대상과 실제로 일치되려고 하는 것, 또한 자유 의지를 들여서 영혼이 사랑하는 대상과 일치하는 것을 방해하는 애고착의 습관과 감각들을 정화하는 것이다.

이 의지가 정화되고 신적 빛에 자주 노출되어야 하는 것은 페르소나에 대한 의존과 투사로 인한 애착을 벗겨내기 위함이다. 자유의지가 표면적인 것들에 더 매달려 있다면 그는 하나님께 일치하지 못한다. 외적 감각에 매달린 감정들은 영혼을 지배하고 영혼과 투쟁하면서 영혼이 기쁘지도 않는 것들에 아주 쉽게 기뻐하게 되고, 아무런 보탬이 되지 않는 것을 기다리고, 기뻐해야 할 것에 오히려 슬퍼하고, 두려워하지 말아야 할 것에 두려움과 걱정을 싣는다. 깊고 큰 사랑은 서로를 바꿔놓으면서 닮게 하는데, 사랑을 통해 둘은 하나가 되기 때문이다. 사랑에 의한 일치와 변화 안에서 하나가 다른 이에게 자신을 소유하도록 주고, 내놓고, 다른 이로 바뀐다. 이들은 사랑에 의한 자신들의 변화 과정을 통하여 하나가 된다. 그렇다. 더 큰 사랑이 협소한 애착에서 우리를 끌어내고 바다로 인도한다. 그곳은 우리를 고통스런 집착의 수렁에서 끌어내고 통제하고 다스리며 모든 열정과 감각이 가장 달콤하고 깊은 신적인 덕 안에서 질서 있게 이끌어 평화로 이끈다.

욕구란 의지의 입과도 같은 것인데, '있는 무엇으로' 꽉 막아놓지 않는 한 언제나 열려 있다는 것을 알아야 합니다. 왜냐하면 욕구가 무엇인가에 관심을 둘 때는 그 행위 자체로 욕구는 좁아지고 맙니다. 사실 하나님 이외의 모든 것들은 다

좁은 것들입니다. 그래서 하나님께로 나아가고 그분과 일치하는 데에 성공하려면, 욕구가 좋아하는 모든 것들을 다 뱉어버리고 의지의 입을 완전히 비우고, 하나님께서 당신 사랑과 감미로움으로 그 입을 가득 채워 주시도록, 하나님께로만 활짝 열려 있어야 합니다. 그리고 다른 어떤 것으로도 만족하려하지 말고, 오로지 하나님께 대한 열망과 갈증만을 가져야 합니다. 이 세상에서는 하나님을 존재하시는 그대로 맛볼 수 없기 때문입니다. 그리고 하나님께 대해 맛볼 수 있는 어떤 부분조차도, 만일 욕구가 남아 있다면, 욕구가 그것마저도 방해하기 때문입니다.[41]

여기서 자기 부정의 지향성이 어디로 향해 있어야 할지가 결정된다. 그/그녀는 이제 나약하지 않다. 방향을 알았으니까. 자기 부정은 절대로 단순한 금욕이 아니다. 항상 왼쪽을 선택하거나 오른쪽을 선택하는 이분법적 진영 논리도 아니다. 그것은 관계이며 더 큰 잉여의 불꽃이 계속 생성되는 난로 앞에서 노래하고 춤추는 일이다. 불이 날 염려가 있다고 난로를 꺼뜨려버리는 것이 능사가 아니다. 삶은 끊임없는 욕망과 경계, 경고, 분출과 징계로 이루어진 게임과 같지만, 어떤 큰 전체를 향한 상생하는 선택 앞에서 자신을 낮추고 순응하면서 그 불꽃을 바르게 방향 짓는 일이다. 그리고 때로 거리를 떼어놓고 과도한 불길로 인해 타버린 재들과 영향을 성찰하는 일이다. 사용하지도 않으면서 쟁여둔 쓸모없는 것들, 말할 때, 생각할 때, 애를 쓸 때 나타나는 애착, 허세, 공치사, 아첨, 체면, 교태, 으시댐, 과시, 아집, 시기, 탐욕 같은 것이 그것들이다. 대청소의 기간에는 탈출의 비상구를 첩첩이 틀어막고 누르고 있던 힘을 끊어내야 한다. 온 영혼의 힘으로 각 열정들의 퍼즐이 제자리를 찾아가도록 상처를 마주하고 존재를 할퀴는 발톱의 세례를 견뎌야 한다. 신뢰와 사랑의 힘으로 날아가서 하늘 위에서 땅에서 일어나는 일의 전체를 정확히 바라보아야 한다. 그 해방의 눈이 내면의 영혼 안에 있다.

한 마리 새가 가늘거나 굵은 줄에 묶여 있다고 하자. 아무리 가는 줄이라 할지라도 단단히 묶여 있다면 마치 굵은 줄에 묶여 있는 것처럼 날아갈 수 없을 것이다. 물론 가는 줄을 끊기가 더 쉽다. 그러나 아무리 쉽다고 할지라도 끊어지지 않는다면 날아갈 수 없을 것이다. 마찬가지로 영혼이 제아무리 덕을 많이 쌓았다 할지라도 어떤 것에 집착하고 있다면 거룩한 일치에 이르는 자유를 얻지 못할 것이다. 영혼이 지니고 있는 욕구와 집착은 빨판상어가 배를 멈추게 한다는 특성을 지니고 있다. 아주 작은 물고기지만 만일 배에 제대로 붙기만 한다면 철저하게 붙어 있어서 배가 항구에 도달하거나 항해할 수 없게 한다. 마찬가지로 하나님께서 베풀어주신 은총과 많은 덕들을 쌓았고, 많은 영성 수련을 했고, 선행을 한 나머지 풍요로운 보화들을 잔뜩 실은 배처럼 된 영혼이 약간의 뒷맛이나 집착, 혹은 매력을—결국 이런 것들이 모두 하나인데—끊어버릴 생각이 없기 때문에 절대로 앞으로 나아가지도 못하고, 완덕의 항구에 도달하지도 못하는 것을 보면 매우 슬프다. 이것은 바로 한 번 훌쩍 뛰어넘으려 하지 않았기 때문에 그런 것이고, 욕구의 빨판상어가 붙어있는 것을 없애려하거나 집착의 줄을 끊어 버리려는 결단을 내리지 않았기 때문이다.[42]

이와 같이 철두철미하게 욕구를 끊어내는 시기를 요한은 '어둔 밤'과 같다고 보았다. 왜냐하면 모든 것에서 욕구의 맛을 앗아가는 것은 마치 자신이 어두컴컴하고 아무것도 아닌 것인양 여겨지는 상태와 비슷하기 때문이다. 그렇기에 그 시간을 위해 좌절감과 무력감을 넘어서는 경외감과 전율이 흐르는 사랑의 유입이 필요하다. 종교가 그 신적 사랑과 지혜가 유입되고 흐르는 장을 지속적으로 제공할 수 있다면, 진정한 나와 세계를 위해 주어진 힘과 에너지를 절제하고 질서 있게 봉헌할 수 있다면, 사람에게도 종교에도 희망이 있으리라. 최초의 유토피아는 조화로웠고 생명과 경계는 질서가 있고 안전했으며, 쾌락과 판단은 언제나 생명의 근원 앞에서 겸손을 유지했다.

전적 의탁과 위대한 사랑, 종교가 선 자리

융에게 자아의 인식, 구별, 변형, 통합 과정을 거친 페르소나로부터의 분화가 가능한 이유는 위대한 정신이 있기 때문이다.[43] 그렇다면 융에게 종교는 위대한 정신의 영역인가? 사람의 마음을 이루는 요소인 지성·기억·의지를 변형시키는 주체는 무의식을 의식화하는 정신인가? 융은 이 가면을 벗는 자기 부정과 의식이 무의식을 만나는 과정을 통해 본래성을 회복한다고 말한다. 여기서 주체는 위대한 정신이다. 그러나 실제로 주체는 결정적인 경우에 의식과 대립한다. 사실, 신적 타자의 개입에 의한 본래성의 회복은 자연스러운 성찰과 융합의 결과라기보다는 의식의 완전한 죽음을 포함한 변증법적 과정에 더 가깝다. 이 과정은 십자가의 요한이 말하는 정화의 밤보다 조명의 밤, 모든 의식과 심리적 인플레이션으로 팽창된 자아가 무력해지는 밤에 더욱 선명해진다.

모든 장애와 벽이 사라지고 무의식의 광대한 힘 앞에 섰을 때, 그 절대 타자의 힘이 자신 안에서 발견될 때, 인간은 그 힘 앞에서의 겸허와 동시에 그동안 의존하거나 억압당했던 바깥세계를 향한 자기 고양의 역설을 발견한다. 바로 이 지점에서 인간은 악마와 거래할 것인지, 그 마성을 초월하여 위대한 자기 부정의 길로 들어설 것인가를 결정해야 한다. 악마에게 동일시하여 그 영혼을 팔 것인가? 십자가에 달린 하나님의 아들을 동일시하여 자기 부정과 신뢰를 통해 생명의 부활을 통한 구원의 일치를 이룰 것인가? 낡은 인간을 장사지내고 새로운 인간이 부활하는 것은, 가장 깊은 곳에서 하나님과 일치를 이루는 기쁨에 자유 의지를 드리는 자에게 일어나는 일이다. 이 일치를 위한 순명이야말로 육체에게도 전율과 황홀을 가져다주는 일이다.

　　이 마지막 지점에서 우리는 자신보다 더 아픈 타자들을 만난다. 전체로서의 우리는 진정한 나다움과 소명을 위한 가장 빛나는 자리이다. 살아 돌아올지 알 수 없는 길을 떠나면서 우리는 그 길에서 인생에서 한 번도 만나보지 못했을 타자들을 만난다. 우리 안의 더 깊은 원형들을 발견하는 길은 가장 깊은 상처 속에서, 원수들을 만나러 가는 길목에서, 삶의 잔인함 속에서 발견되는 십자가의 부정의 길이기에 말이다. 그 모든 상처들에 대해 어떤 큰 목소리가 내 안에 있어 통찰과 미래를 열어주는 비전과 사랑으로 부를 때, '그럼에도 불구하고' "네." 하고 대답할 때, 이기심으로 갇혀있던 나는 해방되고, 내 안에 숨겨놓은 우주적 에너지가 인류의 역사를 위해 발현되는 크고 은밀한 출발점이 될 것이다.

3부

사랑의 완전은 어디서 올까?
: 인문학이 지시하는 숭고미

지각의 문이 정화된다면,
모든 것은 본래 그러하듯 무한하게 보일 것이다.
그러나 인간은 자신을 가두어,
동굴의 좁은 틈을 통해서만 사물을 바라본다.

- 윌리엄 블레이크

서양 문화는 근본적으로 종교, 특히 기독교에 의해 규정되어 왔으나, 17세기에 이르러 중세적 통일성이 파괴되기 시작하면서 인간을 중심으로 삼는 새로운 가치관이 등장하고 사람들은 점차 종교에 등을 돌리게 되었다. 신의 존재에 회의감을 느꼈을 뿐 아니라 신 개념의 내용 자체도 불분명해진 것이다. 즉 전통적인 '신'이라는 개념이 가지고 있었던 기능이 퇴색되면서 현대적인 삶의 세계 안의 의미가 상실되었고 인간의 삶과 구체적으로 연결하여 진술하려는 노력이 필요하게 되었다.

　　"인간은 신 없이 살 수 있는가?" 이 질문은 이제 다음의 질문으로 바꿔야 한다. "신과 함께 살아가는 인간의 모습과 신 없이 살아가는 인간의 차이는 무엇일까?" 이 작업은 근대 계몽주의 이후 생겨난 종교의 쇠락 현상에 대한 고민과 맞물린다. 한스 큉Hans Küng은 "한때 여왕 같은 세도를 누렸던 종교가 이제 하녀, 별 권리 없는 국외자"[1]가 됨으로써 18세기 낭만주의에 의해 새로운 방식으로 부활했다고 본다. 권위적이고 표면적인 신앙 중심에서 세속에 내재되어 있지만 생생하게 살아있는 방식으로 새롭게 깨어났다는 것이다.

　　문학이나 예술은 교리나 신학적 서술보다 훨씬 다이내믹하게 인간의 본질과 삶의 면모를 드러낸다는 점에서 의미가 있다. 완성되어 있지 않고 욕망에 사로잡혀 있으며, 자기 자신을 뛰어넘을 수도 있고 동물보다 못할 수도 있고 악마로 변할 수도 있는 인간. 오늘은 신이었다가 내일은 악마가 될 수 있는, 야누스처럼 양면적이고 풍부한 대립을 안고 있는 인간. 그러한 다양한 면모를 지닌 인간들이 경외심을 가지고 감동받을 때는 언제일까? 여기서 이 장에서 다루는 문학적 '숭고미崇高美'가 곧바로 현시할 수 없는 신성에 대한 상징의 의미가 아니라는 것을 먼저 밝힐 필요가 있다. 그 의미를 명확하게 이해하기 위해서는 보다 구조적인 시각이 필요한데, 이를 위해 근대 이후에 '숭고'를 하나의 독립적인 학문의 대상으로 정초한 칸트와 현대 이후의 리오타르의 숭고미에 관한 이론을 살펴본다. 그 후 이 관점으로 『레 미제라블』이라는 작품 속에 숭고미를 분석하고 머튼의 자유와 사랑의 일치 체험과 연결하여 볼 것이다. 좀 더 구체적으로 말하자면, 이 장의 목적은 무한과의 관계에서 나타나는 다양한 숭고미가 어떤 공통 구조로 나타나는지, 그것이 현대 이후를 살아가는 이들에게 어떤 방식으로 체험되는지를 밝히는 데 있다. 그 길은 가장 숭고한 아름다움이 기쁨과 고통의 역설을 통과하면서 어떤 영원의 빛을 제공하는 길을 밝히는 것과 연결되며 구원의 요소와 연결된다. 이 과정을 통해 믿음이 자기 확신이 아니라 경외감에 깃든 황홀한 체험, 고통을 넘어선 자유와 사랑의 능력임을 밝히고 문학과 영성가와의 대화를 통해 믿음의 새로운 성품을 새롭게 조명하고자 한다.

종교와 숭고미의 관계

오늘날의 종교는 신중하면서도 생기를 찾을 필요가 있다. 사실
이 과제는 조금 난감한 일이긴 하다. 무심과 불확실성의 시간 속에
서 무한을 향해 치솟은 수직과 땅을 향한 수평으로 이루어진 역설
의 십자가가 이러한 종교적 과제를 보여주는지도 모른다. 볼프하르
트 판넨베르크Wolfhart Pannenberg는 오늘날 세계가 종교에 무관심
해지는 흐름 안에서 "하나님의 현존재가 회의적인 것이 되었을 뿐
아니라 하나님 개념의 내용 자체도 불분명해졌다"[2]고 말한다. 세계
의 통일성과 전체성의 주제는 상실되었고, 인간적 현존재의 전체성
은 대답이 불가능한 질문이 되어버렸다고 진단한다.[3] '하나님'이라
는 단어는 이제 '말할 수 없는 것', '제시 불가능한 것'이 되어 버렸고
"현대와는 더 이상 어울리지 않는 주문처럼 되었다"고 말한다.

이러한 시대적 흐름 속에서 우리는 하나님의 현존재를 지시할
수 있는 다양한 상징의 구조를 찾아 나서야 한다. 궁극적 의미 앞에
서 합리적 논증은 힘을 잃게 된다. 그것을 넘어서면서도 포함하는
무언가가 필요하다. 손쉬운 대답을 찾으려 하면 항상 침묵과 기도가
사라진다. 빌라도라는 대심문관 앞에서 그리스도는 논쟁을 택하지

않는다.

나의 나라는 이 세상에 속한 것이 아니다 요 18:36

반박이 필요한 게 아니다. 존재 방식을 제시하는 것이 필요하다. 그것은 무한과 유한의 간극을 표현하는 삶의 역설과 얽힘, 새로운 차원으로 이끌어 내는 다른 방식이다. 그것은 또한 세계 속에 숨어있는 다양한 신의 형상들과 패턴을 찾아 복원하는 과정이기도 하다. 그런 의미에서 종교적 경험 그 자체에서 출발하는 현대적인 접근 방식들을 유념할 필요가 있다. 그것은 인식적일 뿐 아니라 감정적이고, 개인적일 뿐 아니라 공공적인 인간 경험의 전 영역에 걸쳐 있다. 또한 그 영역은 삶의 전반에 걸친 종교적 경험을 강조하는 추세로 인하여 광범위한 분야encompassing field가 되었다. 즉 살아있는 종교에 관한 연구는 바로 자기 초월적 경험과 한 인간이 관계되는 궁극적 가치 혹은 한 인간이 인식하는 최고의 가치로서의 개인적 통합에 관계되기 때문에, 인간 삶의 모든 범위를 포함해야 한다.[4] 보편적인 '인간 그 자신의 경험'으로부터 출발하는 이 방법은 인간적 경험의 모든 영역에 대한 관심이 필수적이며, 여러 문화, 종교, 학문 사이의 경계를 넘어서는 인간 경험 자체에 대한 연구가 필요하다

고 본다. 즉 가능한 가장 폭넓은 성찰과 관점이 이 접근법에서 필요한 것이다.[5]

필립 쉘드레이크Philip Sheldrake는 포스트모던 시대의 가장 결정적인 특징은 성속에 대한 이원적 접근에 대한 거부라고 본다. 그는 리차드 니버H. Richard Niebuhr의 말을 빌어서 '문화 속의 그리스도동화주의자: assimilationist'와 '문화에 저항하는 그리스도근본주의자: fundamentalist'라는 양극단적인 비유는 올바르지 않다고 주장한다.[6] 즉 경계를 넘어서고자 하며 서로 완벽하게 영역을 분리하는 것을 거부하고 궁극적인 선한 의지에 대한 모든 사람들의 공통된 근거를 찾으려고 한다. 즉 신의 형상을 닮은 신성을 신과 함께 살아가는 인간, 신을 마주한 인간의 모습과 현상에서 찾고자 하는 것이다.

오토가 말했듯이 인간의 종교성은 자연이나 신처럼 언어로 표현할 수 없는 무한하고 거대한 대상이나 존재와 마주하면서 누미노제 감각을 불러 일으키며 형성된다.[7] 전혀 다른 낯선 세계와 부딪힐 때 느끼는 초조함, 공포, 불안, 두려움 등의 감정과, 동시에 가장 극적 매력과 경이로운 사랑의 거룩한 감정 말이다. 숭고미는 경외감과 황홀감을 가장 잘 표현하고 있는 것이라 할 수 있다. 숭고미가 이렇듯이 누미노제 감각의 역설과 연결되어 있으니, 전통적인 의미의 아름다움인 조화와 질서, 균형, 정형적인 아름다움이라기보다는, 숭고는 일반적으로 부조화, 부정형, 혼돈 또는 파격과 관련되는 차원 다른 역설의 아름다움이라고 볼 수 있다.

숭고는 '제시 불가능한 것'에 대한 하나의 '제시'로서 종교가 가진 원모습을 실현 가능하게 하는 역할을 감당하는 하나의 방법론이 될 것이다. 문제는 숭고는 '현시할 수 없는 것'에 대한 현시, '부정을 통한 제시'라는 역설적 차원을 다룬다는 것이다. 사실 모든 종교체험을 개념어나 교리가 아닌 방식으로 표현하고자 한다면, 이 딜레마는 언제나 풀어야 할 숙제일 것이다. 특히 문화적 관점에서의 숭고미를 탐색하는 과정은 전형적인 윤리적, 종교적 언어로 깨울 수 없는 영역들, 어쩌면 보편적 삶의 대부분을 차지하고 있는 영역들에서 하나님과 함께 그분의 형상으로 살아가야 할 우리들에게는 삶에 녹아진 영성을 찾아가는 지난한 과정인지도 모른다. 전율과 황홀의 깊은 체험, 저항을 통과하여 일상을 생생하게 하기, 현상적 일상을 낯설게 하여 물의 지평에 갇힌 세계에서 구출하기, 현실의 모순과 딜레마를 깨고 영혼의 세계를 드러내기. 이것이 내재된 하나님의 얼굴을 찾아내고 드러내는 이 시대 종교의 과제가 아닐까. 칸트와 리오타르는 이러한 역설을 철학적 사색 속에서 정초한 인물들이다.

칸트의 숭고미: 초월 영역과 개념을 넘어선 아름다움

칸트는 숭고미에 대해 『판단력 비판』의 제1부 미적 판단력의 비판에서 다루며 보편적 아름다움과 숭고미를 구별해서 말한다.[8] "아름다운 것과 숭고한 것은 모두 그 자체로 만족과 즐거움을 주며 '반성적 판단'을 전제로 한다. 숭고에 관한 만족도 미美에 관한 만족과 마찬가지로 반성적 판단에 따른 판단이다."[9] 그러나 칸트는 아름다움의 영역은 자연의 영역과 자유의 영역을 매개하는 것으로 충분하다고 본 반면,[10] 숭고미는 관습과 형식을 초월한 타자와 관련된 무엇, 인과적이지 않은 어떤 '타자성의 개입'과 연관된다고 보았다.

아름다움을 느끼는 감각은 대상적이다. 대상적이라는 것은 바라보는 대상이 쾌를 주는지 불쾌를 주는지에 따라 아름다움에 대한 판단을 내린다는 뜻이다. 칸트에게 있어서 쾌의 상태는 그 대상이 "나의 감각 기관에 흡족하게 느껴지는 것"을 말한다.[11] 예를 들어서 길거리를 걷다가 어떤 사람을 만났을 때, '저 사람은 아름답다'라고 느끼는 미감적 판단은 '이 사람'대상에게서 내가 얼마나 흡족을 느끼는가에 달려있다는 것이다. 결과적으로 이 흡족을 주는 쾌는 단순히 그 대상과만 관계된 것이 아니라 '나의 감각 기관이 느끼는 주관적 상태'에 의해 촉발된 것이다. 물론 이 주관이 판단의 사회적 개념이나 타당성에서 떨어질 수 없기 때문에 혼자 일어나는 것은 아니다. 그러나 어떤 사람에게는 혐오스럽게 느껴진 것이 다른 사람들에게는 기쁨이 되거나, 다른 사람들은 개의치 않는 것이 어떤 사람에게는 지독한 혐오의 대상이 되기도 하므로 주관적인 상태가 더 중요한 역할을 하는 것이다.

여기서 대상은 계기가 될 뿐이다. 그/그녀를 아름답다고 판정하는 것은 인식 주체의 미학적인 상상력과 오성悟性의 자유로운 소통과 놀이를 통해서 가능하다. 비록 세계 안에 갇혀 전체적인 흐름에 영향을 받을지라도 아름다움의 감흥이 개념들과 객관적인 규칙에 한정될 수는 없다. 그러나 여기에 딜레마가 있다. 다만 주관적인 것에만 국한된다면 다른 사람들과 소통하지 못하고 고립될 것이다. 즉, 이 아름다움을 느끼는 마음은 총체적 인식이다. 최고의 의식과 직관의 경계에서, 이성과 감정이 하나로 만나지는 그곳에서 이 주관성도 공통의 근거를 가지고 동의를 얻고 통용될 수 있을 것이다. 이 공통 감각에는 시대적인 분위기나 가치관 등도 한몫할 수 있는데, 예를 들어서 그리스 미학과 중세 미학에서의 아름다움에 대한 정의는 조화와 비례, 균형과 같은 개념들과 관련을 맺고 있었는데, 이러한 것들은 미적 판단의 대상이 지닌 물리적인 조건과 밀접한 연관을 가지고 있는 특징들이었다. 그 시대가 가진 공통 감각이 아름다움에 대한 감각에 영향을 주고 있다는 것이다.

모순은 언제나 있지만, 그 중심과 간극 사이의 균형을 맞추려는 과제가 우리를 나아가게 한다. 결론적으로 보자면 아름다움은 객관이라는 인식적 제한을 어느 정도 뛰어 넘을 수 있는 인식의 자유와 가능성으로 구성되지만, 주관적 객관성을 어느 정도 담지해서 간극의 충돌을 극복해야 한다는 것이다. 예를 들어 누군가 무엇인가를 아름답다고 내세우면, 그는 다른 사람에게도 똑같은 흡족을 기대하면서 그것이 마치 사물의 속성인 것처럼 말한다. 그 주관이 객관과 차이가 벌어질수록 충돌이 일어나겠지만 말이다. 그러나 기억하자. 그렇다고 해서 이 객관이 개념적인 객관은 아니다. 아름다움을 느끼는 공통 감각의 보편성이다. 그러므로 아름다움에 대한 인식에는 직관의 잡다함을 합성하는 상상력과, 표상들을 하나로 만드는 개념의 통일 작용을 하는 통전적 지성이 필요하다. 여기서의 보편성은 개념으로부터 출발한 논리적인 것이 아니라 미감적인 것으로, 공통적으로 아름다움을 느끼는 시대적, 환경적, 관계적 감각처럼 특수하지만 통전적인 것이다.

　　종교의 출발점 역시 미감적인 쾌가 개념보다 중요한 계기가 된다. 아름다움의 감동을 일으키는 쾌의 감정에 의해, 그러면서도 보편타당하게 무엇이 적의하고 무엇이 부적의한가를 규정하는 공통 감각의 일치로 인해 어떤 감흥을 만들어 내는 것이다. 그렇다고 해서 이것도 저것도 다 옳다고 말하는 식의 우유부단한 양비론이 옳다고 말하는 것이 아니다. 오히려 어떤 근원에 도달하기 위해 어느 핵심 지점에 도달하기까지 역설과 모호함을 조율하고 견디는 차원 다른 통합의 힘과 같은 것이 필요하다는 것이다. 여기에 이 쾌를 끌어가는 '판단력'의 역할이 있다. 칸트에 의하면 판단력은 "특수한 것을 보편적인 것 아래에 포함된 것으로 사고하는 능력이다."[12] 중요한 것은 이 판단력은 쾌의 감정이라는 것이다. 즉, 쾌의 감정은 주관적인 것인데, 그럼에도 불구하고 보편성을 요구한다는 점과 흔히 객관적이라고 할 때 생각하는 개념이 아니라는 점이 독특한 점이다. 즉 보편적 감정과 주관적 쾌의 감정이 만날 때, 보편적으로 큰 감동 아래 부분적인 것이 질서 있게 포함될 때, 전체와 부분의 질서의 조화가 개념적 판단 아래 존재한다고 느껴질 때 아름다움의 감동으로 이행된다는 것이다.

아름다움의 판단에서 숭고미로 이행하다

아름다움과 숭고미의 차이는 대상의 차이이자 대상과 관계하는 방식의 차이다. 예를 들어서 자연의 아름다움은 보이는 대상과 관계하며 이 대상의 형식은 한정되어 있다. 즉 자연미의 근거는 인간의 외부에서 찾을 수 있다. 반면에 숭고미는 몰형식적이고 타자적이고 초월적인 대상에서 찾아볼 수 있으며 바로 여기서 무한성이 표상된다. 칸트의 주장에 따르면 숭고는 내면 깊은 곳으로부터 나오는 감탄이나 경외의 감정을 내포하고 있다.[13] 그리고 그것은 도덕적 선, 단순한 윤리규범이나 도덕이 아닌, 지고한 선을 완성시키는 초월적인 어떤 도덕적 감정이다. 칸트는 "숭고의 감정이란 본질적으로 도덕적 의식의 산물이다. 숭고에 대한 우리의 체험 밑바탕에는 도덕성이 암시되고 있다."고 말한다.[14] 여기서 말한 도덕성이 칸트가 말한 '미의 판정 능력으로부터 숭고의 판정 능력으로의 이행'이 일어나는 계기를 만든다. 가장 아름다운 황홀감과 전율이 숭고미로 이해할 수 있는 지점이 지고의 선을 향한 자기 반성의 영역이라는 것이다.

칸트에 의하면 인간은 이성적 도덕 주체이다. 그러나 이성과 감성, 이 양자의 한계를 넘어 초월적 신성과 소통함으로써 진정한 도덕의 주체로서 존재하게 되는데 이 영역이 다름 아닌 아름다움과 숭고함의 판단력이다. 즉 인간이 아름다움과 숭고의 경험을 하는 순간, 진정한 이성적 도덕 주체로서의 자신을 경험하는 것이다.[15] 주의할 것은 이 도덕성과 자기 반성이 단순히 율법적이거나 관습적인 선이 아니라는 점이다. 숭고는 '인간성 이념의 부정적 제시'라는 역설을 포함한다.[16]

우리는 감성적인 것에 관해서 부정적이고 추상적인 제시 방식 때문에 숭고의 감정이 상실되지 않을까 염려할 필요는 없다. 상상력은 감성적인 것을 초월할 때, 더 이상 자신을 지탱할 수 있는 구체적인 대상을 발견하지 못한다. 그러나 바로 그 한계를 직면하고 자신을 제한하던 조건들을 제거함으로써, 상상력은 오히려 무한함을 감지하고 이를 응시하게 된다. 따라서 그러한 분리는 무한함의 제시이며, 이 제시는 비록 부정적일 수밖에 없지만, 그럼에도 정신을 확장시키는 계기가 된다.[17]

칸트가 숭고에 관한 논의에서 강조한 점은, 상상력이 감각적 대상에서 오는 감성의 제한을 제거함으로써 무한한 것처럼 감지한다는 것이다. 실제로는 아무것도 아니면서 잠재적으로는 모든 것인 인간은 보이는 형상과 반응하는 미적 감지력을 제한하고 제거함으로써 종교와 자신 안에 자리잡은 우상성을 제거하고 무한으로 가는 길을 얻는다. 그 무한의 길목에는 자기 부정을 통한 숭고미가 자리한다.

> 너를 위하여 새긴 우상을 만들지 말고 또 위로 하늘에 있는
> 것이나 아래로 땅에 있는 것이나 땅 아래 물 속에 있는 것의
> 어떤 형상도 만들지 말며 출 20:4

보이는 형상으로 새겨진 우상을 금지하는 구약성서의 명령은 보이는 대상을 시각적으로 제한하는 금지야말로 부정적 제시에서 가장 중심 주제임을 알게 해 준다.[18] 여기에서 부정적 제시는 '보이는 대상 속에서 한계를 뛰어넘어 그 어떤 것을 보려고 하는 망상과 욕망'으로부터 지켜주는 경계선이다. 숭고미는 형식적이고 대상적인 미와는 대조적으로 몰형식에서도 발견된다. 아름다움은 대상과 유비적인 긍정의 길에 서 있지만 숭고는 미와는 달리 공허한 형식으로 인해 무한의 표상이 시들지 않도록 하는 부정의 길에도 서 있다. 이 무한은 '없음'이 아니라 차원 다른 총체성Totality의 속성이 있는 것이다. 따라서 숭고는 미의 표상적 한계를 뛰어넘고 그것을 다시 편입시킨 만큼의 잉여가 있고 그렇기에 전체를 살리는 역할을 가능하게 한다.

이 숭고미의 인식은 이성이 무한 정성의 경험과 밀접한 연관을 가질 때 나타난다. 이를테면 파도가 치솟는 대양 자체는 숭고하다 부를 수 없다. 그것을 보고 있노라면 오히려 두렵고 끔찍하다. 그러나 그 보이는 대상이 높은 정신과 경험에 관계하도록 자극을 주고 다양한 생각과 경험으로 채울 때 그것이 숭고미의 계기를 만드는 것이다. 예를 들어서 파도가 치솟는 대양 앞에서 그 보이는 시각적 한계를 넘어 홍해와 요단강을 갈라서 도강하는 장엄한 신앙의 스토리

를 기억할 때, 또 자신의 삶의 무한성의 경험과 연결시킬 때, 대상의
두려움을 넘어서 언약 속에 나타난 초월적 존재에 반응하게 되는데,
그 때 숭고미가 나타난다.

> 높이 솟아올라 금방이라도 붕괴할 것 같은 절벽, 번개와 우
> 레를 동반해 하늘 위에 층을 이루는 먹구름, 엄청난 파괴력
> 의 화산, 황폐를 남기고 가는 태풍, 파도가 치솟는 대양, 힘
> 차게 흘러내리는 높은 폭포와 같은 것들은 우리의 저항하는
> 능력을 그러한 것들과 비교하여 보잘 것 없이 작은 것으로
> 만든다.[19]

　우주 만물의 장엄함, 지극히 높은 산봉우리와 소용돌이치는 안
개, 그 가운데 홀로 서 있는 인간. 그러나 칸트가 궁극적으로 숭고
미를 찾은 곳은 하늘, 태양, 사막, 숲, 별 등의 보이는 대상이 아닌 주
체가 된 인간의 안, 자신의 내면이었다. 칸트에게 있어서 안으로부터
형성된 숭고는 아름다움에 경계를 지워 절제하게 하는 역할을 하고
역설적으로 그 제한이 초월로 나가게 하는 동력이 된다.
　칸트에게 숭고미가 아름다움과 비교해 더욱 심각하고 엄숙하게
느껴지는 것은 그것이 '사람의 생명을 위험에 처하는 요소'를 포함

하기 때문이다. 아름다움이 생명을 촉진시키는 직접적 감정을 조장한다면 숭고는 이와 같은 감정을 간접적으로 강화시키는데, 그것은 구체적으로 생명력을 순간 정지시켜, 결과적으로는 한층 더 증가된 활력이 생겨난다. 일종의 생명을 위한 이 꺾임이 십자가에서 죽었다가 무덤에서 부활한 것 같은 생명력을 부여하게 된다. 그리고 바로 이러한 순간적 정지는 감성적 주체에게 시각적 제한을 제시해 준다. 다시 말하자면 감성적 주체로부터 엄숙한 도덕적 주체로의 전환은 숭고를 아름다움과 구분 짓는 또 다른 경계가 된다고 할 수 있다.

숭고미는 대상이 아니라 영혼의 능력으로부터

칸트에 의하면 "자연에 있어서 숭고한 것에 대한 감정은 우리들 자신의 사명에 대한 경외감이다."[20] 우리가 우리 내부에 있는 인간 본성human nature이 우리 외부에 있는 대상으로서의 자연nature보다 더 우월하다는 사실을 지각할 수 있는 한, "숭고성이란 자연의 대상이 아니라, 우리의 내적인 마음의 능력에 기인한다. 우리 내면에 있는 어떤 주관적 태도와 감정을 유발시키는 것이 숭고하다고 불릴 만한 것이다."[21] 다시 말해서 인간은 자연의 위력 이상으로 생각되는 어떤 무한의 능력에 의해 자신의 내부에 진실한 두려움을 품되 동시에 경외심이 불러일으켜지는 것이다.

너희가 내 안에 있고 내 말이 너희 안에 있으면 무엇이든지

구하라, 그러하면 이루리라 요 15:7

숭고는 이러한 조화와 균형이 깨진 '압도적인 큰 것'과의 관계 속에서 성립한다. 우리는 조화와 균형을 갖춘 것에서는 쾌감을 느끼지만, 이것이 깨진 곳에서는 불쾌감을 느낀다. 그런데 이 압도적 두려움이나 불쾌감이 내면의 어떤 요소를 건드릴 때 숭고를 느끼는 계기가 된다. 칸트는 '숭고'와 '아름다움'을 어떤 의미에서는 다소 단순한 구도 '장엄의 크기와 단순함'이라는 기준 아래 대립시킨다.

숭고한 것은 언제나 반드시 거대한 것이고, 아름다운 것은 작은 것이라고 할 수 있다. 숭고한 것은 단순한 것이 틀림없고, 아름다운 것은 장식적이고 치장된 것일 수 있다.[22]

'아름다움'은 인간을 매료시키지만 '숭고'는 인간을 감동시킨다. 아름다움은 편안함과 조화 등의 긍정적 길에 기인하지만 숭고는 공포와 두려움을 넘어선 부정적 초월의 영역과 연결된다. 아름다움의 영역은 꽃들로 가득한 들녘이나, 시냇물이 굽이쳐 흐르고 풀을 뜯는 가축들로 뒤덮인 계곡의 풍경, 또는 비너스의 허리띠에 관한 호

메로스의 묘사 같이 기분 좋은 느낌을 불러오고, 즐거움과 미소를 자아낸다. 반면 신성한 숲 속의 키 큰 너도밤나무와 쓸쓸한 그림자는 숭고하며, 구름 위로 솟아오른 눈 덮인 봉우리의 산악 풍경이나, 성난 폭풍에 관한 묘사, 혹은 밀턴의 지옥에 대한 묘사는 만족스러운 것이지만, 동시에 소름 끼치는 공포의 전율도 불러온다.[23] 즉, 아름다움과 숭고의 차이는 둘 다 쾌를 동반하는 것이지만 아름다움의 판단은 규정적 대상을 전제로 하고, 숭고의 판단은 비합리적, 역설적이며 양가적이라는 것이다.

또한 아름다움은 쾌의 감정과만 관련되지만 숭고미는 쾌를 산출하기 위해 고통이 전제되어야 한다. 숭고의 감정은 인간의 인식 범위를 뛰어넘는 크기를 가지고 있는 존재로부터 발생하는 것으로 두려움과 더불어 경탄을 불러일으키며 인간을 아주 작은 존재로 인식하게 만든다. 숭고는 큰 것 앞에서 작아지는 인간의 겸손한 모습이 계기가 되어 출현한다. 그러나 여기서 말하는 '단적으로 큰 것', '모든 비교를 뛰어 넘어 큰 것'의 실제적 의미는 그저 크기의 문제가 아니라 '무한성'을 환기시켜줄 수 있는 '대상의 전적 차이'에 따른 특성을 상징하는 것이다.

그렇다. 숭고는 객관적인 크기를 지닌 대상으로부터 유래하는 것이 아니다. 숭고의 관념은 대상을 대면하고 있는 인간의 '마음의 능력'에서 찾아지는 것이다. 즉 "대상 자체보다도 오히려 대상을 대하는 마음의 정조情調를 숭고하게 하는 것이다."[24] 여기서 대상은 숭고를 환기시키는 역할만을 담당할 뿐이다. 칸트는 "그것을 단지 생각할 수 있다는 것만으로도 감관感官의 모든 자를 뛰어넘는 마음의 능력을 증명"[25]하는 것이라고 말한다. 숭고한 것은 눈에 보이지 않고 예측할 수 없는 특성을 가진 무형식적인 대상에 대한 개념으로 칸트에게 있어서는 신, 무한자, 초월자, 세계와 같은 것들이다.

이 무한과의 만남에서 생겨나는 숭고의 원천source은 고통을 촉발한다. 고통은 자기 보존의 욕구를 위태롭게 하는 공포감에서 생긴다. 자기를 넘어선 존재 혹은 죽음처럼 자기를 더 이상 보존할 수 없다는 공포감이 고통을 야기하며, 고통은 저항할 수 없는 엄청난 힘이 인간을 사로잡을 때 생겨나는 무아지경과 같은 감정을 뜻한다.[26] 즉 '무한성'과 '자기 보존'의 갈등, 신의 힘을 느끼게 하는 장엄한 대상을 보는 순간 저절로 위축되고 압도되어 버리듯이 전율을 느끼게 되고 그에 수반하는 두려움을 가장 친밀한 것으로서 자기 안에 느낄 때, 역설적으로 숭고미가 탄생하는 것이다. 그러므로 아름다움은 즐거움과 사랑스러움에 근거한 감정이지만 숭고는 고통에 근거한 무한과의 관계 속에서 나타나는 신-인 관계에서 나타나는 인간의 고유한 감정이라 할 수 있다.

할 수 없음이 할 수 있게 하는 오묘한 역설

그런 의미에서 숭고란 '보이지 않는 무한의 존재와 세계'를 지고의 선으로 눈에 보이도록 할 때 생겨나는 아름다움의 감정이다. 인간의 상상력으로는 이 대상을 포착할 수 없지만 인간은 그것을 포착하고 재현하고 싶어 하는 자유와 갈망을 안에 가지고 있다. 초월적 존재에 대한 갈망과 탐색의 가능성을 포기하지 않고 자기 제한을 통해 만나는 과정을 통해 숭고의 감정이 솟아오르게 된다. 모순의 대립과 균열, 그리고 어느 순간 솟아오르는 환희, 굴절되었지만 낯설고 생생한 생명력이 넘치는 도덕이 바로 숭고한 아름다움과 무한이 만나는 지점인 것이다.

신, 그리고 인간이 지닌 가장 고귀한 것에 대한

성스러운 접근

이 정지와 제한, 그리고 이 제한의 자기 부정을 통과한 생명의 아름다운 솟아오름. 칸트에게 숭고는 생명력이 한 순간 저지되었다가 더 강력하게 넘쳐나게 됨으로써 발생하는 즐거움, 즉 '부정적 쾌'의 감정이다. 불쾌가 쾌로 전환되는 중요한 국면인 '고양'은 대상을 통해 제시된 이념이 상상력으로 대상을 '포착'할 수 없을 때 발생한다. 칸트에게 상상력이란 믿음으로 부분들을 포착하고 그것을 하나의 전체로 총괄하여 표상을 만들어내는 능력, 즉 마음의 능력으로 전체를 표현하는 '구상력'이다. 숭고의 경험은 무규정적인 대상에 대한 경험이라는 점에서 상상력의 위상이 전자[27]보다 더 중요하게 다루어진다고 할 수 있다.

이러한 상상력의 한계점에서 고통은 궁극적으로 쾌로 환기된다. 칸트에 의하면 구상력의 한계를 느끼게 하는 대상 앞에서 상상력의 주체는 고통을 느끼지만, 자신의 무능과 상관없이 대상이 전체성을 지닌 것임을 부정할 수 없을 때, 이러한 모순으로부터 상상력은 일종의 방향 전환dislocation을 하게 된다.[28] 즉 상상력이 자신의 무능에 주목하는 것이 아니라 표상할 수 없는 전체성을 생각하게끔 하는 그 무엇에 대해 집중함으로써 그 안에서 비로소 진정한 자신을 긍정하게 된다는 것이다.[29] 칸트는 이에 대해 "주어진 무한한 것을 모순 없이 생각만이라도 할 수 있기 위해서는 초감성적인 능력이 인간의 마음에 있을 것이 요구된다"[30]고 설명한다. 숭고의 감정은 구상력 자신이 '현시할 수 없는 것'을 현시하도록 시도하는 가운데, 오히려 구상력의 무기력함이 드러나는 차원 다른 역설에서 오는 쾌인 것이다.

여기서 상상력은 대상을 나타내지 못하는 무능에 직면하지만 동시에 상상력의 능력을 넘어서는 무한이 있다는 역설이 부정적으로 지시되는 셈이다. 다시 말해 숭고의 감정이란 이념의 광대한 힘에 대한 '부정적 제시'negative presentation를 통해 마음의 능력이 더욱 확장됨으로써 생성되는 것이다.[31] 그러므로 숭고의 감정은 우리 안의 '유한한 것'과 '무한한 것', '현시 불가능한 것' 사이의 갈등을 통해, 할 수 있음에 대한 갈망과 할 수 없음의 자기 제한적 '부정적 역설'이 어떤 큰 힘 안에서 통합될 때 생겨나는 것이다.

보이지 않는 무한의 존재와 보이는 현실의 좌절 사이에서 겸손과 자기 한계 인식은 단순히 무능력과 좌절이 아니라 숭고로 가는 참여의 문이다. 그것은 꺾인 정신과 상상력이 무한에 참여하고 무한으로 고양되는 길이자 무한과 유한의 사이 공간에서 발생하는 숭고한 아름다움에 참여하는 길이다. 부정적 제시는 단순한 부정이 아니라 "절대적인 것의 현전의 기호"[32]가 된다. 이 부정의 고통을 동반한 즐거움 혹은 고통으로부터 생겨나는 즐거움이라는 역설적 감정이 단순히 대상적 아름다움과 대조되는 '숭고미'다. 그것은 정형화되지 않았다는 측면에서 우상적이지 않으며, 가장 아무 것도 아닌 존재이지만 모든 것인 인간의 역설을 담아내는 소우주, 인간의 내면에 빛나는 지고한 도덕률이었던 것이다.

선취와 비결정성의 틈에 주목하다
: 리오타르, 자기 내러티브에 빠진 숭고미

리오타르는 『포스트모던의 조건La Condition postmoderne』에서 메타 내러티브meta-narrative[33]를 비판하며 해체주의 담론의 문을 연 학자다. 그는 또한 '숭고'에 대한 새로운 시각을 제시하며, 무한성과 초월성을 환기시키는 비합리적 접속면을 통해 실재에 대한 인식의 가능성을 모색한다. 신神 담론을 포함하여 근대적 모든 메타 내러티브가 해체된 세계 속에서, 리오타르의 숭고미는 실재와의 단절을 꿰뚫고 감각 너머를 지시하는 관점으로 기능할 수 있다. 리오타르의 숭고는 예측 불가능성과 비결정성, 포착 불가능한 것들의 은밀한 포착을 통해 기계적이고 비인간적인 세계에 균열을 낼 가능성을 제시한다. 그의 사유는 실재와 가상을 포함하여 더 이상 공간의 논리가 아닌, 시간과 사건의 층위에서 작동하는 인식의 전환을 요구한다.

메타 내러티브 해체 시대의 공헌과 숭고미의 잠재성

리오타르는 거대 서사가 더 이상 윤리적, 신학적, 역사적 총체성을 담보하지 못한다고 본다. 그는 계몽주의, 변증법적 유물론, 기독교 구원론, 실증주의, 과학주의 등을 대표적인 메타 내러티브로 지목하며, 이들이 보편적 의미 체계를 구성하고 지식을 정당화하는 방식을 비판한다. 이러한 메타 내러티브는 실제로는 특정 이데올로기나 가치 체계를 보편화시키는 데 기여했고, 결국 권력과 결합하여 억압적 구조를 형성해왔다. 이후 거대 서사의 자리는 기술–과학의 언어로 대체되고, 이를 통해 차이와 타자성을 억압하며 복잡성은 제거되고 단순화되었다. 그 결과 인간은 기계화되고, 존재의 감각은 축소되었다. 리오타르가 주목한 숭고는 이와 같은 억압적 구조속에서 차이와 이질성을 부각시키며, 국지적 내러티브local narratives와 언어 게임language games의 다양성을 강조하며, 루트비히 비트겐슈타인Ludwig Wittgenstein의 언어 게임 개념을 확장하여 사회적 담론의 유동성과 복수성을 드러낸다. 그에게 있어 숭고는 비정형적 감각의 구조이자, 무한한 것과의 대면에서 발생하는 역설의 감정이다. 칸트가 말한 무한과의 관계 속에서 발생하는 양가적 감정—기쁨과 고통이 공존하는—그 모호하고 강렬한 감정은 리오타르에게 와서 재조명된다. 그의 숭고는 변화와 복잡성, 무경계성의 시대 속에서 살아가는 우리에게 실재와 현상 사이의 틈을 감지하게 하는 미학적 구조로 작용한다.

리오타르는 일회적인 삶의 '사건'을 주목한다.[34] 그에 따르면 진리는 예술적 사건이다. 이 정의는 보이지 않고 잡히지 않는 모든 것을 개념으로 파악하려는 능력을 근본적으로 포기하는 것이며 그 시도

자체를 무장해제시키는 것이다. 그는 전통적인 형이상학 체계의 거대 담론 체계가 무너지면서 나타난 우연성과 다원성에서 비결정성이 나타나는 것을 주목한다.

그 지점은 거대 담론에 의존하여 막연하게 밀려가지 않고 정직하게 실재와 연결된 현상을 이루고 있는 내 삶의 격차 지점들을 바라보는 시선이다. 종교 역시 나타낼 수 없는 것에 대한 느낌을 전달하려는 본능적인 충동을 가지고 있으며, 그런 면에서 종교의 예전과 예식, 음악 등은 예술의 영역과 가장 근접하다. 수도원 전통이나 사막교부들, 이상적인 공동체들에서 발견되는 제자들을 깨우치는 영적 지도나 선문답의 방식 역시 개념에 근거하지 않고 차이와 틈을 벌려 경계선을 가로지르며 빛이 드러나게 한다. 그러므로 형식의 표현이 명료성이라는 목적을 가지고 개념 전달의 역할만을 감당하는 방식으로는 이 무한성과의 교류를 제한하는 것이 아닌지 다시금 질문해야 한다. 즉, 표현할 수 없는 무한의 표현 가능성의 지점을 구체적으로 살아 움직이는 지금-여기의 사건들 속에서 발견해야 한다는 것이다.

숭고미가 지금 여기에서 불쾌/쾌의 사건이 되다

그렇다면 숭고미는 어떻게 사건이 되고 사건으로 드러나는가?

리오타르에게 숭고는 '사건과 시간'이다. "숭고의 감정에서 본질적인 것은 보일 수 없는 것 혹 표현될 수 없는 것을 암시하는 것"[35]이기 때문에 '무한이 사건이 되는 시간'으로 드러난다. 그 가능성은 '보일 수 없는 것이 존재한다는 것을 보여주는 역설'에 있다. 그러므로 이 사건은 겪은 이의 표현을 통해 드러나는데, '상상력이 무한한 것, 또 다른 현시할 수 없는 것을 표현하고자 할 때 공허한 추상화'를 벗겨내는 고통이 수반된다.[36] 이렇듯 숭고가 관념이나 지나간 경험 속의 일반화가 되지 않으려면 지금-여기라는 시간과 공간 안에서 벌어지는 현재적 사건성이 있어야 한다.

이렇듯 칸트의 숭고미가 보편성에 대한 향수를 불러일으키고 있는 반면, 리오타르가 주목하는 것은 '낡은 것의 파괴와 새로운 것의 도래에서 오는 삶의 긴장'이다.[37] 아무런 규칙도 없이 그리고 만들어질 것의 규칙을 만들기 위해 삶을 걸고 작업하는 이들에 의해 숭고미는 재현된다. 그 재현 자체로 새로운 것, 미지의 것을 창안하는 '하나의 사건'이 되는 것이다.

그 사건은 '지금-여기'라는 시간의 균열 속에서 돌연 발생한다. 이는 예측 가능하거나 조작 가능하지 않다. 그것은 과거의 재현으로서가 아니라, 모든 동일성의 가능성을 중지시키는 하나의 비결정적 발생이기 때문이다. 사건은 인과적 이해를 선행하며, 인식 주체는 그것을 '무엇인가 일어나고 있다'는 감각으로 먼저 맞닥뜨려 선취한다. '무엇이 일어나는가'는 오직 그 이후에야 물을 수 있는 두 번째 질문이다. 리오타르는 숭고를 이 발생의 지점에서 사유한다. 숭고란 무엇인가 일어나고 있음에 대한 감응이며, 그것이 도래하는 방식은 어떤 구체적 내용보다 앞선, 표현 불가능성 그 자체의 현재성이다. 표현 불가능한 것은 저 멀리 도피한 것이 아니라, 오히려 지금-여기에서 일어난다. 그러나 이 발생은 곧 '더 이상 일어나지 않을 수도 있음'이라는 가능성을 내포하며, 그 가능성이 체험자를 불안 속으로 이끈다.

이 불안은 인식이 도달하지 못하는 사유의 외부, 형식 없는 사유에 직면할 때 발생한다. 그는 아무것도 일어나지 않을 것이라는 공포 앞에 놓이며, 이 박탈의 상태 속에서 고통을 경험한다. 그러나 리오타르가 보기에, 숭고는 바로 이 박탈의 직면에서 비롯된다. 공포가 더 이상 실질적 위협이 아님을 인식할 때, 그는 비로소 안도하며 쾌를 경험하고 환희에 도달한다.[38] 이는 단순한 안도가 아니라, 부정성의 긴장을 통과해 도달한 존재론적 미감이다. 숭고란 결국, 사유의 형식이 붕괴되는 그 자리에 출현하는 진동이며, 시간의 외부로부터 오는 도래다. 즉 숭고미는 어떤 힘이 폭발하는 계기와 연결되는데, 이때 불쾌에서 쾌로 옮겨지는 것이다.[39] 이 폭발적 감정은 상상력과 오성 사이에서 성립하는 감동으로, 생명력들이 일순간 정지되었다가 한층 더 강력하게 분출되는 감정으로 인해 발생한다. 즉, 숭고의 감정의 본질은 능력 간의 갈등과 상쟁을 통한 표현할 수 없는 것의 표현에서 발생하는 엄청난 공포불쾌와 희열쾌이 교차하는 양가감정에서 비롯된 것이다.

숭고미가 가진 이러한 긴장적 갈등은 철저하게 삶과 연결되어 있다. 이것은 "인간 한계와 그것을 넘어서서 무한에 이르려는 탈 한계적 기투 사이의 갈등"이다.[40] 인간이 단지 유한한 세계에만 머물러 있는 존재라면, 다시 말해 유한한 세계 안에서 무한을 한정지으며 그 안의 아름다움에만 머물러 있는 존재로서 단지 범신론적 한계 안에서만 신을 믿는다면, 인간에게 가능한 것은 오직 아름다움의 감정으로만 사물을 보는 것뿐이다. 그러나 인간은 유한한 세계에 머물러 있으면서도 그것을 넘어서 무한으로 나가려고 한다. 숭고가 말하고 있는 긴장은 바로 무한과 유한의 차이와 그것을 넘어서려는 인간 본성에서 오는 갈등이다. 이것은 인간의 삶이 지닌 근원이며 도달할 수 없고 현시할 수 없지만, 우리 안에 놓인 무한의 크기를 확인하려는 본성에 기인한 것이다.

칸트에게 있어, 무한의 존재를 아름다움의 대상으로 삼을 때 가장 큰 수혜를 입는 것은 정신력이다. 무한과의 관계와 긴장이 정신을 일상적인 범용 이상도로 높여주며, 인간의 내면에서 전혀 다른 종류의 저항 능력이 솟아나서, 용기를 일으켜 준다는 것[41]이다. 이성과 실천을 통해 무한 앞에서의 한계를 통하여 한계를 초월하는 모습이 칸트 숭고미의 본질이라 할 수 있다. 한편 리오타르에게 숭고한 존재는 내가 어떻게 할 수 없는, 나와 거리를 두고 있는 타자적 대상으로서의 예지적 존재[42]다. 그러므로 숭고감은 차이가 클수록 또 차이가 차이 자체로 느껴질 때 존재한다. 숭고는 '현시할 수 없는 것'에 대한 현시, '부정을 통한 제시'의 문제를 다룬다. 이러한 숭고가 부정의 길에 서 있는 이유는 이것이 전형적인 사고와 지각을 중심으로 이루어지는 사유가 아니라, '두려움'과 '경이'를 포함한 감각적이고 감성적인 직관이기 때문이다. '무한성'과 '비결정성'과 관계한다는 점에서 숭고는 인과에 갇힐 수 없는 자유와 '영혼을 전율케 하는 기쁨[43]에 근거한다. 숭고란 영혼을 뒤흔드는 강력한 동요의 감정이다. 숭고가 우리의 영혼을 뒤흔드는 강력한 감정일 수 있는 이유는 그것이 모든 형상을 파괴하고 모든 종류의 재현을 포기함으로써 미지의 것이 있다는 것을 느끼도록 해주기 때문이다.

리오타르는, 이 숭고미를 미래를 향한 새로운 혁신novatio에 가깝다고 말한다. 그것은 '신에 관한 향수'나 '절대'라는 이름 안에 갇힌 우아한 표상이 아니다. 오히려 삶의 사건 속에서 유연한 실험의 무한성을 향해 매일매일 열린 개방성에 더 가깝다.[44] 매일 새롭게! 이 생명력의 깨어있음이야말로 현시할 수 없는 것이 존재한다는 것을 더욱 예민하게 느끼게 하는 계기로 작동한다.

한계의 지점에서 비결정성 그대로 무한을 받아들이다

다만 바라보고 삶이 그대로 있게 하라. 그리고 무엇이 일어나고 있는지 두려워하지 말고 민감하게 알아차리고 그것을 포착하라. 리오타르와 칸트의 다른 지점은 사건이 일어나는 삶 그 자체이다. 더 나아가 리오타르는 두려움과 한계 앞에서 그 범위를 넘어서기 위해 상상력의 자기 전개 과정을 적극적으로 계속해 나가는 칸트적 방식을 지양한다. 그는 가능한 변증적으로 더 높은 목적과 지향 아래 전망을 획득하기보다 이성의 황금시대에 과감하게 종말을 고하고 그 한계에서 맞이하고자 한다. 리오타르는 칸트의 숭고 개념이 "상상력이 자신이 더 이상 제시할 수 없는 것을 제시하기 위해 그 자신에게 폭력을 행사"[45]하는 과정이라고 비판한다. 리오타르가 보기에 이 무한성에 대한 칸트의 욕망이야말로 상상력의 능력에 대한 무절제한 '초월적 환영transcendental illusion'에 불과하다.

오히려 리오타르의 숭고에는 칸트가 말하고 싶었던 '도덕적인 가치'가 아니라 무한과의 차이와 이질성을 그대로 노출시키는 무한에 대한 승복과 연관성이 있다. 어떤 의미에서 그의 진술은 차이를 있는 그대로 존재하게 하는 무한 앞에서의 완전히 용기 있는 놓아버림이라고도 할 수 있다. 리오타르에 따르면 칸트는 상상력의 가능성에 대해 무제한적인 권력을 부과함으로써 사유가 그 한도를 넘어서도록 부추긴다.[46] 칸트의 숭고 개념에 있어 상상력은 고양감의 근원이 된다는 점에서 중요한 위치를 가지고 있지만, 리오타르는 바로 이 지점에서 이 상상력을 제한하고자 한다. "숭고가 가진 '폭력성'은 마치 섬광과도 같기 때문이다. 숭고는 그 자체로 사유를 중단시키는 경향이 있다."[47] 그 결과 상상력은 대상을 포착하고 총괄할 뿐만 아니라, 무한이 자리할 자리를 자기義의 이름으로 차지하고 대체한다.

보이지 않는 것을 붙들려고 하지 말라

그것이 이성이든 상상력이든

다만 갈망을 가지고 기다리라

다만 그것이 우리를 사건들 속에서

섬광같이 붙들게 하라

리오타르는 '결정성'과 '비결정성'의 특징으로 숭고미를 정의한다.[48] 그는 근대과학이 실증주의와의 관계에서 결정론을 발전시켰는데, 양자역학과 원자 물리학이 등장하면서 통제와 예측이 가능하다고 믿는 결정론에 본격적인 의문을 일으켰다고 말한다. 여기서 '비결정성'의 개념은 결정성을 유보시키면서 불확실성의 의미에 주목하게 한다. '비결정성'은 결정이 불가능한 상태, 통제적 정확성이 정확하지 않은 상태, 불완전한 정보들이 야기하는 갈등 상황 등을 의미한다. 통제되고 획일화되지 않는다는 점에서 비결정성은 불일치로 이해된 차이difference의 모델이라고 설명하고 있다.[49]

무한을 포획하여 자기 통제 하에 두기 전에 일단은 무한과의 차이를 있는 그대로 인식하라. 리오타르는 쾌와 불쾌에 관련된 주관이 '기준이 정해지지 않은 인과적이지 않은 판단'이라는 점에서 비결정성에서 출발하는 사유라고 말한다. 그에 따르면 숭고는 '비결정적'이다. 왜냐하면, 숭고는 원리상 자기가 아는 기준에 일치하는 대상을 상상력이 제시하지 못할 때 발생하기 때문이다. 또한, 숭고의 경험이 거대함에서 오는 공간의 전능과 전율에 대한 감정만이 아니라 구체적인 삶의 '시간성temporality'과 관련되어 있음도 중요한 차이다.[50] '지금'은 과거와 미래 사이에서 그 어떤 연속성이나 공간도 확보하지 못하는 '비결정성의 순간'이다. 단순히 무엇인가가 일어나고 있다는 감각에서 오는 숭고는 '지금-여기'라는 구체적인 시간성 속에서 무언가가 막 일어나는 '순간적 사건'을 그대로 감지하고 드러내는 것이다. 이 사건은 완결된 것이 아니라 이미 일어나고 있음, 발생하고 있음을 의미하는 감탄사 자체이다. 여기서 중요한 것은 '일어남' 그 자체로서 내용이 무엇인지 파악되지 않는 경이로움, 무엇인지 알 수는 없으나 지금 무엇인가 '일어나고 있다'는 '사건성'이다.[51] 만일 파악될 수 있다면 그것은 이미 판단력의 '대상'이 되기 때문이다. 무한의 존재는 판단과 상상의 대상이 될 수 없다. 아무것도 자신의 힘으로 포착할 수 없지만 무엇인가 일어나고 있다는 것에 선 겸허 앞에서 인간은 숭고를 경험한다.

현재의 삶은 순간적이고 파편적인 경험들의 연속이지만, 그저 '지금', '여기'에 '있음'이라는 깨달음을 통해 공포로 위축되었던 불쾌의 정신이 쾌로 환기된다. 그가 상상력에 대해 괄호를 쳤던 것은 상상력 그 자체를 부정적인 것으로 보았기 때문이 아니다. 상상력의 과도한 집중에서 오는 그릇된 환상이 자기중심적 거대 서사를 만들어 내고, 그것에 의해 인간의 구체적인 삶이 억압된다고 보았기 때문이다.[52] 칸트와 리오타르에 의해 숭고는 현대 미학의 핵심적인 개념으로 정립된다. 양자 사이에서 발생하는 차이는 종교의 지향성, 한편으로는 시간의 무분별한 유희를 넘어서 지속 가능한 종교적 제의와 교리, 제도적 아름다움과 선의 지향, 사회 속에서의 선한 역할을 지속해서 유지해야 한다는 측면에서 칸트적 숭고미를, 다른 한편으로 매 순간 깨어서 숭고가 가진 역동성과 다의성, 사건 속에서 일어나는 비결정성을 통해 생생한 본질을 드러내는 측면에서 리오타르의 숭고미를 대변한 것이다.

결국, 칸트와 리오타르의 숭고미가 말하는 것은 무한과의 관계에서 나타나는 양가적 감정의 체험이 나타나는 구조와 방식에 대한 것이다. 단순히 쾌와 불쾌의 대비가 아닌 무한의 관계에서 나타나는 '부정적 불쾌감에 대비되는 만족한 쾌감'의 체험! 바로 이 역설의 통합지점이 상상력과 이성이 '일치'하는 순간이다. 칸트나 파스칼Blaise Pascal을 포함하여 근대를 여는 대표주자들이 가진 공통 화두가 모순이나 역설, 실존적인 대극, 아니면 역설이나 실존적인 두 대극인데, 이성이냐 쾌냐 불쾌냐, 유한이냐 무한이냐 하는 이원론적 구도가 아니라 두 지점이 연결되고 통합될 수 있는 구조가 생긴 것이다. 이 두 측면이 모순이 아니라 역설적 층위임을 인식한다면, 엄밀성과 열정이 아무 거리낌 없이 함께 공존하게 하는 방향이 생길 것이다.

출구 없는 소小서사, 자기도취와 허무로 빠지다

그러나 리오타르의 숭고미는 뭔가 아쉬움이 남는다. 숭고미가 단순히 개인의 경험과 자기 소서사로 머물 가능성이 크기 때문이다.

리오타르는 메타 내러티브를 해체하고 다원성을 강조하지만, 어떤 사회적, 정치적 실천이 가능할지에 대한 명확한 기준과 대안을 제시하지 않는다. 국지적 내러티브와 언어 게임의 다양성이 강조되면서도, 어떤 기준으로 올바른 담론을 선택할 것인가에 대한 지침이 부족하다. 소통 행위가 일정한 공통된 가치와 목표의 공유 혹은 그 보편성이 두꺼운 담론성이 있어 각자의 내러티브들이 안전하게 자리할 단계적 공간을 마련해 주지 않는다면, 오히려 소서사들은 소통의 가능성을 약화시키고 아주 작은 일이나 논의할 필요조차 없는 흔들리지 않을 진리의 영역까지 약화시킨다. 또한, 아이러니하게도 메타 내러티브 비판은 지배적 담론에 저항하는 방식으로서 효과적일 수 있지만, 도리어 자신들의 실천 근거를 약화시킬 수 있다. 예를 들어, 페미니즘, 탈식민주의, 노동운동 등의 사회운동이 일정한 공통된 가치와 목표(어느 정도의 내러티브)를 필요로 한다는 점에서, 리오타르의 이론은 현실적인 한계를 가진다.

또한 숭고미가 개인적 체험으로만 집중되거나 소비될 경우, 감각적 충격을 즐기는 자기도취narcissism나 숭고미를 파는 시장 소비자로 변질될 수 있다. 본래 숭고미는 인간이 표현할 수 없는 것과 마주하며 기존의 틀을 벗어나는 생명의 경험이지만, 오늘날의 포스트모던 환경에서는 숭고한 경험이 단순한 감각적 쾌락이나 자극으로 소비될 가능성이 크다. 이러한 자기도취적 숭고미의 특징은 단순한 시각적, 감각적 충격에 빠지는 태도, 지금-여기 무한에 접속된 경험을 통해 자기 자신을 특별하게 여기는 경향, 사회·정치, 경제적 현실의 의미보다 개인의 체험을 절대화하는 태도로 나타난다.

이러한 태도는 불가피하게 허무주의로 빠질 우려를 불러온다. 이는 결코 사소한 문제가 아니다. 공통적으로 삶의 각 층위에서 드러내는 공공선을 간과함으로써 단순한 무한 접속의 찰나적, 감각적 경험만 추구하게 된다. 전통적으로 숭고는 영원성, 거룩함, 보편적 가치와 내용적으로 연결되었으며, 인간은 이 경험을 통해 실재의 경계를 넘어서는 차원을 감각적으로 경험할 수 있었다. 그러나 리오타르의 숭고는 단순한 의미 부재나 해체가 아니라, 거룩의 의미를 무한의 접속으로 환원했다는 문제가 있다. 무한성이 신-인 관계와 결합되어 나타나는 숭고함은 보다 보편적이고 층위가 있는 두꺼운 내용을 담고 있지만, 선험성은 개인의 경험에 따라 상대적이며 천차만별의 내용과 층위를 가지고 있기 때문에 숭고미가 소서사에 머물게 되면 반드시 허무를 경험하게 된다. 장 보드리야르Jean Baudrillard의 논리에 따르자면 리오타르의 숭고 개념은 현대 자본주의 사회에서 단순한 시뮬라크르[53]의 일부로 전락할 가능성이 높다. 그 결과 숭고는 자본주의적 질서를 강화하는 데 기여하고 단순한 숭고의 초과 이미지와 감각적 충격의 반복으로 변질된다. 영화, 광고, 예술 작품, 문화계에서 이 구조를 장치화해야 하는 이들은 '난해함'과 '모호함'만을 강조하면서, 숭고의 무한 접속 감각을 소비하는 방식으로 이용한다.

　본래 리오타르에게 숭고란 '제시 불가능성' 그 자체를 드러내는 사건이다. 그러나 예술이 그 불가능성의 충격을 반복적으로 매개하는 순간, 박탈은 익숙함으로 전락하고, 숭고는 무한으로부터 온 자기 전위를 상실한다. 전위는 반복을 통해 형식이 되고, 형식은 더 이상 사건이 아니다. 충격의 정지가 일어나면 숭고는 더 이상 파토스 pathos를 동반하지 않으며 더욱 자극적인 박탈과 절망의 괴로움을 의도적으로 기획해야 한다.

　리오타르는 이처럼 익숙함 속에 소실되는 숭고의 역동성을 지적하지만, 그가 제시한 숭고는 진정한 잉여가 샘솟는 생명의 공간에서 단절되어 있다. 결국, 강렬한 파토스의 분출은 고양의 잉여 없이 불쾌/쾌만 남게 되고, 숭고는 그 본래의 운동성을 상실한 채 결국 본디 가지고 있는 아름다움과의 경계마저 모호해진다. 리오타르가 '제시 불가능한 것 너머의 무엇'을 언급하기를 거부하는 것은 그 순간, 다시 총체성의 욕망이 개입하기 때문이다. 하지만 그 결과, 리오타르의 숭고는 초월, 무한, 신성이라는 근원적 지평과 단절되고, 그 파토스는 점차 감각 자극으로 경도된다. 이는 현대 예술에서 외설, 폭력, 사체, 자살 등과 같은 극단적 이미지들과 삶의 모습들이 독창성의 이름으로 유통되는 현상과 무관하지 않다.

신과 인간이 만나는 접속면의 특징

테리 이글턴Terry Eagleton은 근대가 신의 빈자리를 채우기 위해 '이성, 예술, 민족, 존재' 등 다양한 대리자를 불러냈음을 지적하며, 결국 숭고조차 '고결하지 않은 신의 대용품'이 되었다고 비판한다.[54] 오토는 "개념으로 파악된 신은 신이 아니다"라는 게르하르트 테르스테겐Gerhard Tersteegen의 말을 인용하며, 진정한 신성은 낯섦, 두려움, 그리고 경이의 감정에서 도래한다고 본다. '저 너머beyond'는 모든 종교가 내포한 초이성적 긴장, 곧 근원적 타자의 출현이다.[55] 성서의 숭고는 이러한 맥락에서 다시 읽힐 수 있다. 야곱이 벧엘에서 느낀 두려움, 떨기나무 속 하나님을 만난 모세의 경외감, 천사의 현현 앞에 선 이들의 경이로운 전율은 모두 단순한 공포의 감정이 아니라, '표상 불가능한 것의 거룩한 도래'에 대한 감격스러운 감응이다. 히브리어 '히크디쉬שדקה', 헬라어 '포보스φόβος'가 표현하는 것은 숭고의 본질—실재의 차원과 연결되어 도약하는 그 틈새에서 발생하는 잉여—이다. 이 두려움은 경외감을 가진 전율과 황홀의 동시성이며, 상위 차원이 일상의 삶으로 틈입하면서 발생한 인식적 파열, 즉 접속면이 열릴 때 발생하는 숭고의 정동情動이다. 진정한 숭고는 '현시할 수 없는 것'을 '현시하려는 역설적 시도' 안에 있지만, 무한의 잠재성과 그것을 잃을까 두려워하는 공포만이 아니라 신-인 관계의 발생한 은총으로부터 허무의 나락으로 떨어지지 않는 긍정이 존재한다. 그러니 진정한 숭고는 실재The Real와 만나서 깨어나는 충만한 순간이어야 하며, 전율과 황홀의 순간은 공포와 만족의 불쾌/쾌의 감각이 아니다. 이때 나타나는 두려움은 경외감과 감격을 수반한 것으로서 정의와 사랑으로 현실을 변혁하는 힘을 내포한다. 즉 진정한 의미의 숭고는 인간의 깊은 내면에서부터 변화를 일으킬 수 있는 거룩함으로서의 변혁을 수반한다.

리오타르의 숭고는 처음에는 강렬한 충격으로 인식의 틀을 깨뜨리지만, 그것이 반복되고 익숙해지는 순간, 더 이상 차원을 흔들지 못한다. 그때 숭고는 사건이 아니라 근원을 잃은 구조가 된다. 이때 문제는 단지 감각적 자극의 소진이 아니라, 더 이상 상위 차원과 접속하지 못하는 고갈과 상실이다. 숭고는 '잉여'를 발생시키는 전이의 계기, 즉 고정된 차원에서 벗어나 더 높은 차원과 연결되는 접속면이어야 한다.

그러나 리오타르의 숭고는 상위 차원의 관계와 연속성을 철저히 기각한다. 과거와의 연결, 미래에 대한 어떤 일련의 연속성이 보장되지 않아도, 반대로 말하자면 과거에 매이거나 오지도 않을 미래로 인해 불안하지 않아도, 매 순간 무한과 연결된 그 영원이 '지금', '여기'에 충만히 몰입하고 '존재'하는 그것만 포착하기 때문이다. 이 초점이 중요하다. 그는 초월, 무한, 신성이라는 표현이 다시 총체화의 욕망으로 귀결될 것을 우려했고, 그 결과 숭고는 상상력의 고양이 일어나는 '근원이 없이' 고착된다. 그는 차이에 절대성을 부여하고, 이질성을 유지함으로써 상위 차원의 재귀를 거부한다. 하지만 이러한 전략은 결국 잉여를 생성하는 구조를 차단하고, 숭고의 운동성을 상실하게 한다. 이때 숭고는 더 이상 생성이 아닌 반복, 차원 이동이 아닌 표면 흔들림으로 퇴화한다. 근원 없는 파토스는 운동성을 잃고, 근원을 잃은 숭고는 차원 간 이동의 에너지를 잉여로 변환시키지 못한 채, 지각 자극에 머무는 폐쇄회로가 된다.

숭고란 원래, 상위 차원의 존재를 가리키거나, 적어도 그 도래가 선물하는 '충만한 생명력 있는 잉여의 조짐'이어야 한다. 그것은 지금-여기에서 이해 불가능한 낯섦, 감각과 사유를 가로지르는 '틈새'로 작동해야 하며, 이 틈을 통해 우리는 기존의 차원을 벗어나 상위 차원의 접속면과 연결된다. 이 '파토스의 분출'은 단순한 감정의 폭발이 아니라, 고정된 존재의 층위를 돌파하며 차원을 흔드는 탈코드적 진동이다.

이 지점에서 오토가 말한 '전혀 다른 타자Wholly Other의 출현'은 중요한 시사점을 제공한다. 오토는 신성의 감각을 두려움과 경이라는 상반된 정동의 진동으로 파악했다. 이는 단지 감정이 아니라, 근원적 차원이 접속되는 순간, 기존 인식의 틀이 붕괴되며 발생하는 창조적 진동이다. 여기서 두려움은 공포의 불쾌가 아니라, 초월적이고 무한한, 그러나 숭고의 근원인 생명을 창조하는 거룩한 존재 앞에 설 때 자신이 아무것도 아님을 깨닫는 피조물적 무이다. 이 감각은 겸손의 감정과 더불어 경외감을 불러일으키는 존재와의 만남으로 인해 세계를 향한 고양의 감정과 동시에 연결된다.

진정한 숭고란, 상위 차원의 낯섦과 조우함으로써 내재된 차원의 경계를 무너뜨리고, 거기서 발생하는 불안을 견디며 세계를 창조해 내는 능력이다. 그것은 단지 '무엇인가 일어나고 있다'는 감각을 넘어서, 그 '무엇'이 차원 간 틈새를 따라 상상력과 이성을 더 큰 직관으로 이끌어가는 방식이다. 숭고는 잉여적 감응의 구조이며, 초월만이 아니라 초월적 내재를 가능하게 하는 지속성 있는 사건이다.

숭고미는 영성공동체 문화에 어떻게 배치될 수 있을까?

리오타르의 숭고는 본질적으로 개인이 무한과 만나 감각-사유 구조 내에서 발생하는 미학적 파열이다. 그에게 숭고는 공동체를 구성하는 내러티브, 상징, 언어 게임을 무효화시키는 방식으로 작동한다. 그러나 메타 내러티브의 해체가 모든 공통 기반의 해체로 이어질 경우, 공동체를 구성하는 감각적, 정동적, 윤리적 기반이 무너지고 결과적으로 숭고는 공유되지 않는 감각, 번역되지 않는 파토스로 남게 된다. 이때 공동체는 숭고의 조건이 아니라, 오히려 사라져야 할 질서, 총체성, 내러티브로 간주된다. 메타 내러티브의 해체라는 리오타르의 사유는 공동의 가치나 이야기의 가능성을 불신하며, 숭고는 단지 개인 내면의 정동으로 환원된다. 즉 감정의 강도는 있지만, 공동의 윤리적 장면이나 연대는 실종된다. 숭고는 공동의 사건이 아니라, 고립된 내면의 진동으로 남는다.

리오타르는 폭력적 이미지, 충격적 예술, 전위적 실험이 숭고의 파토스를 유도할 수 있다고 해석될 여지를 열어두었다. 그러나 이로 인해 미학은 윤리와 분리되고, 숭고는 타자의 고통이나 절대적 타자성과의 만남이 아니라, 무한의 잠재성만을 취하는 이기적 소비화가 될 위험에 노출된다. 공동체는 다양한 관계들과 기쁨, 고통들이 한데 엮어 있으므로 자기 부정의 숭고미가 요청된다. 이것은 무한의 위대함과 간극에서 느껴지는 초월적 숭고미와는 또다른 의미의 내재적 숭고미의 얼굴로 더 큰 공동의 기쁨과 경외감에서 오는 부정이다. 사람들이 더 이상 '공통의 감각'을 공유하지 못하고, 개별적인 감각적 체험에 갇히게 되면, 공동체보다는 개인의 미감적 경험이 우선되면서, '연결된 정체성'이 아닌 '분리된 자기 영웅 정체성'이 강화되어 분열을 조장할 수 있다. 또한 사람들은 사회적 불평등, 환경 문제, 잘못된 세계관에 대한 분명한 구조적 분별과 대응을 하지 못하게 된다. 특히, 포스트모던 사회에서는 현실과 가상이 구별되지 않는 경향이 강해지기 때문에 숭고미를 '현실 바깥의 공간'에서만 감각적으로 경험하려고 하는 폐해가 생길 수도 있다.

리오타르의 숭고는 차원의 틈새를 보여주었지만, 그 틈을 통해 공동체가 함께 연결되거나 도약하는 구조를 설계하지 않았다. 숭고는 감각적 분열의 징후로 남았지, 잉여를 통해 새로운 공동체적 차원을 열어주는 접속면으로 작동하지 않았다. 결국 그의 숭고는 포스트모던의 깊은 무위 안에서, 공동체를 재구성할 수 있는 힘을 잃고 만다.

숭고의 전환: 개인적 파토스에서 공동의 생성으로

'공동의 숭고'는 공동체가 함께 경험하는 사건이다. 공동의 숭고란, 표상 불가능한 것이 하나의 존재에게 도래할 뿐만 아니라, 그 도래가 공동의 감각, 언어, 리듬, 공간을 통해 공유될 수 있을 때 발생하는 다차원적 접속 사건이다. 공동의 숭고는 단일 차원의 균형이나 질서 속에서 발생하지 않는다. 예배와 문화예술, 공동체적 의례, 언어가 멈추는 기도의 장, 차원 다른 정보의 파동이 일어나는 축제 등을 통한 절대적 타자와의 조우 속에서 오는 경외감과 기쁨을 함께 경험하는 시간에서 발생한다. 이때 발생하는 감정, 이미지, 파토스는 단순히 반응이 아니다. 지금-여기의 시간을 함께 경험하면서 고통과 실패, 희생과 축제의 기억, 틈과 갈등 위에 새로운 리듬, 상징, 언어, 장소, 실천을 형성해 나갈 때 생긴다. 이때 숭고는 개인을 초월하여 공동체적 사건이 된다.

공동의 숭고는 생물학적 동일성 기반의 형제애가 아니라, 절대 타자와의 차이와 층위 다른 차이를 품을 수 있는 근원, 피조물적 무의 시간을 기반으로 한 연대다. 이 연대는 단순히 동일한 감정이나 사상을 공유하는 것이 아니라, 각자의 틈을 가지고 근원적 현재 앞에서 함께 떨고 멈추는 접속의 공동체이다. 따라서 공동의 숭고는 단지 감정의 분출이 아니라, 차원 전환의 사유적 가능성을 여는 통로이다. 감각과 언어, 침묵과 리듬, 긍정과 부정을 통해 공동체 전체가 현시할 수 없는 것을 함께 사유하고 실천하는 사건과 시간을 공유하는 공동체이다.

공동체적 숭고미의 배치와 실천

숭고의 미학적 경험을 공동체에 배치한다는 것은, 절대 타자와의 만남 사건을 공동의 사건으로 만들고, 그 사건이 지속적으로 상위 차원과 연결되는 접속면이 되도록 문화의 리듬과 구조를 설계하는 일이다. 이것은 단순한 감성적 체험의 차원을 넘어, 현대 공동체론이 직면한 실존적, 윤리적, 문화적 화두를 재구성하는 과제와도 연결된다.

현대는 전통적 유기체적 공동체가 해체된 이후, 서로의 고통과 죽음, 타자의 타자성에 노출된 존재들의 간극적 공존을 중심으로 공동체를 이해한다. 여기서 숭고의 경험은, 단순히 고통만이 아니라 전율과 황홀의 사건의 간극을 의례적으로, 감각적으로, 사유적으로 마주하는 방식으로 공동체를 결속시키는 주요인으로서 상위 차원과 연결될 수 있는 초압축된 작은 공동체의 접속면으로 기능할 수 있다. 공동체는 바로 이 틈, 즉 잉여가 생성되는 접속면의 작은 틈들에서 '사건이 일어날 수 있는 시간'을 허용할 수 있어야 한다.

시장 논리의 시간은 효율, 생산, 결과 중심의 기능적 리듬을 강요하지만 숭고의 시간은 예측 불가능하고 반복 불가능한 사건의 공동 경험이 축적된 시간이다. 무 앞에 서는 이 시간은 잠재성과 만나는 시간으로 조르조 아감벤Giorgio Agamben의 '무위의 시간', 혹은 '잠재성의 시간' 개념과 연결될 수 있다. 공동체는 이 사건이 일어나는 충만한 잉여의 시간을 공동의 삶 안에 어떻게 조직할 것인가의 과제를 안고 있다. 정기적인 리듬 속에서 '중단의 의례', 즉 낯설고, 무정형적이며, 불확실한 시간의 틈이 공동체 안에 구석구석 제시되어야 한다. 침묵이나 금식하는 날, 형식적 반복이 없는 우발적 의례, 개인이 경험한 지금 여기의 사건을 공동체가 함께 공유하는 시간 등 '작동하지 않는 상태'를 보호하는 문화적 틀은 무위의 선취와 비결정성을 제공한다. 이는 비생산성이나 비효율성이 아니라, 도리어 잉여의 차원으로 가는 사유의 전환 지점이며, 공동체 안에 '의미 없음의 의미'와 '예측가능하지 않은 방식'을 수용할 사유의 여백과 공간이 필요하다.

때로 반복되는 삶의 구조에서 빠져나와 잉여의 시간과 공간을 허용하는 문화 리듬 설계를 통해 무위와 반복 불가능성에 익숙한 내적 힘의 훈련도 있어야 할 것이다. 슬픔, 공포, 놀람을 공적인 감각으로 함께 울고 웃는 장이 있어야 하며, 차원 이동의 계기를 담는 상징 언어와 의례, 예술적 상징의 장소가 필요하다. 이것은 단지 인테리어나 장식의 문제가 아니라, 기도가 쌓이는 공간, 희로애락의 감정이 폭발하는 시간과 공간. 침묵과 절제의 시간, 일상으로 묻혀버린 감각을 조율하는 예술 등 숭고의 접속면을 생성하고 유지시키는 실천이 될 수 있다.

또한 예식이나 훈련의 설계도 근원적인 내용과 흐름은 반복되더라도 맥락에 맞게, 다르게 구성되어야 한다. 지금 여기의 구체적인 상황과 맥락 속에서 반복 불가능한 충격을 담는 형식 없이는 숭고미가 작동되지 않기 때문이다. 이는 단순히 비예측성에서 오는 두려움이나 힘듦이 아니다. 이 잉여는 낭비가 아니라 차원 전환의 에너지이며, 정해진 결과를 답습하기 위한 활동이 아니라, 끝이 정해지지 않은 비결정성을 가진 사유의 시간, 의미 없는 것처럼 보이는 반복, 실패가 허용된 공간이기도 하다. 또한 언어의 사용과 담론이 익숙해져 있을수록, 새로운 언어와 비유, 질문이 투입되어야 한다. 공동체에서 선포되고 사용하는 언어 자체가 접속면이 되어서 때로 비정기적이고 예기치 않지만 의도된 넘치는 파열과 잉여를 일으키고 숭고의 사건이 일어나는 시간과 공간이 되기도 해야 한다.

특별히 숭고는 감당할 수 없는 것, 그러나 도망칠 수 없는 것과 마주할 때 발생하므로 공동체에는 이를 견디고 견뎌주는 내면의 힘이 있는 리더들이 반드시 필요하다. 공동체 내에서 경외를 느끼는 경험—자연, 침묵, 타자의 고통, 자신의 삶에 느끼는 간극 등—을 훈련 가능한 감각으로 회복시키는 시간과 낯섦과 파열을 수용하고 환대하는 힘도 필요하다. 낯선 의견, 예상치 못한 관계, 타자의 침입에 대하여 '조율해야 할 문제'인지, 상위 차원의 통로의 잠재성인지를 잘 알아차리는 조심스런 분별의 감각 역시 필요하다.

이 모든 과정에서 숭고는 공동체가 겪는 파토스의 분출―어떤 실패, 고통, 죽음, 위대함, 기이함, 탁월함, 기적 등―을 공동 경험으로 전환하는 데 매우 중요한 역할을 한다. 그 가장 중심에는 '표상 불가능한 것'과 접속할 수 있는 언어 이전의 진동을 담아내는 전율과 황홀의 사건과 시간의 공유가 있다. 이 차원 다른 시간을 함께 경험하는 공동체는 함께 다른 차원으로 이동할 수 있는 구원의 연대가 되리라. 또한 각자와 공동체의 삶에서 경험하는 출애굽과 도강 등 사건이 일어날 수 있는 '틈'의 시간을 함께 누리며 균열과 접속의 장이 지속적으로 일어나는 그 자체로 작품이 될 것이다.

문학에 나타난 숭고미: 레 미제라블Les Misérables

숭고미를 인식하는 마음의 중심은 어떤 구조로 되어있을까? 슬라보예 지젝Slavoj Zizek[56] 역시 숭고미에 대해서 얘기하는 대표 주자라고 할 수 있는데, 특별히 그는 현실의 문화가 인간 욕망에 존재론적인 무한성을 추구하는 숭고와 구조적 유비 관계에 있다고 보았다.

그는 특별히 자본주의가 "무한의 근원적인 결여를 메우기 위해 환상과 이데올로기를 연결시키고 있다."고 본다.[57] 그의 초점은 "극단적 불일치, 절대적 틈새가 '절대적 부정성'에 실린 신성한 힘이다. 유대교와 기독교 모두는 신성함과, 감각적 표상 영역의 절대적 불일치를 주장한다."[58] 그 불일치와 차이, 간격을 어떻게 메꿔내느냐, 혹은 틈새를 극복해내느냐가 바로 숭고미와 연결되는 지점이다. 여기서 강조점은 불쾌와 쾌, 공포와 안도감, 아름다움과 추함, 큰 것과 작은 것, 이런 모든 대극들이 일치되기 위해 변증법적 운동 과정을 거쳐야 된다는 것이다.

『레 미제라블Les Misérables』은 이러한 의미에서 숭고미가 가진 변증법적 리듬이 잘 드러나 있는 작품이다. 모순의 두 대극이 첨예하게 드러나는 시대적 사건 속에서 각 인물들과의 관계 구도를 통해 변증적 운동이 나타나고 있는데, 특별히 휘몰아치는 시대적 사건의 한복판에서 부정과 부재, 즉 숨어있는 신의 숭고미를 표현하는 인물들이 이성에 갇힌 율법적인 인물과의 관계 속에서 생겨나는 모순을 극복해가면서 이 섬세한 숭고의 정신을 표현해나가고 있다. 여기에는 장발장을 비롯해서 장발장에게 숭고미의 충격을 전해주는 미리엘 신부, 율법을 넘어선 불확실함의 세계를 견디지 못하는 자베르 형사가 있다. 역사 속 저항의 주체가 되었던 젊은이들의 이야기는, 인간에게 존재하는 '근본적으로 상반된 감정'을 통해 숭고미가 출현하고 전개되는 과정을 드러낸다.

이 소설의 주인공 장발장의 삶은 매우 극단적으로 더럽고 끔찍하고 비참한 불쾌의 상황으로 몰린다. 그러나 거기에는 숭고미가 가진 역설의 싹이 보이는데, 예를 들면 그의 행위는 빵을 훔쳤다는 절도죄이지만, 그 빵을 훔친 상황과 동기는 어쩔 수 없는 가난한 현실과 동생을 위하는 더 큰 사랑의 모순이 있다. 여기에 옥살이는 작은 범죄에 비해 너무 잔인하고 길다. 그러나 이러한 좌절감과 비참한 상황과 '대비적으로' 그의 삶이 선택하는 어떤 방향성에 존재하는 지고함으로 말미암아 우리는 숭고미가 가진 역설에 머물게 된다.

그 감정은 천편일률적이지 않다. 예를 들어서 그런 무겁고 불평등한 상황에 처해졌을 때 화가 나서 사람을 죽인다든지 끝없이 미워하는 감정을 느낄 수 있는데, 장발장의 삶은 그런 단편적인 일관성으로는 다 풀이할 수 없다. 그의 숭고미가 발전되어 가는 과정은 그 구조 자체가 가진 대극성과 모순의 상황에 내재되어 있다. 그래서 비참하고 불쾌한 상황일수록, 아무런 인과적 관계가 없이 오직 사랑에 근거한 행동으로 인해 그의 삶은 위험에 빠지며 동시에 숭고미는 더욱 강화된다.

『레 미제라블』의 구조 자체는 대극을 통합하는 숭고미의 구조를 보여주고 있는데, 장발장이 숭고미가 발전하는 출발은 처음 미리엘 신부와의 만남에서 시작된다. 미리엘 신부는 아무 일도 없었다는 듯 장발장의 죄를 면제해 주는 사람이다. 그뿐 아니라 미리엘 신부의 가치관은 작품 전체를 숭고미로 감싸며 이야기의 서막을 여는 역할을 한다. 그의 숭고미는 장엄한 서사시와 같고 장발장은 이 때 충격을 받는다.

> 장발장은 사지를 와들와들 떨었다. 그는 얼빠진 사람처럼
> 그저 기계적으로 그 두 자루의 촛대를 받았다.[59]

이렇듯 조건 없는 숭고의 충격은 코제트를 구제하는 소명을 깨닫는 과정으로도 이어진다. 김응교는 이 순간을 바울이 예수를 만난 사건, '진리-사건'[60]과 연결지어 말한다. 바울은 스데반이 자기를 죽이려는 공포 앞에서도 기쁨과 평화에 가득 차서 황홀한 신앙고백을 하는 장면을 보며 충격을 받는다. 살의의 광기와 죽음의 공포 앞에서 보인 스데반의 압도적인 아름다움은 율법적 판단에 근거해서 사람까지 죽일 정도로 자기 의에 빠져있던 바울에게, 비록 그 순간조차도 자신은 자각할 수 없었을지라도 다메섹의 도상에서 무한의 공간이 열리는 계기를 맞게 된다. 추상적인 신이 아니라, 보이지 않

지만 '아브라함과 이삭과 야곱의 하나님, 살아계신 사랑의 하나님'을 알게 되는 충격적 계기를 만나게 된 것이다. 우리는 미리엘 신부로부터 시작되는 숭고미에서 무한으로 가는 길목에 있는 불쾌와 위협을 넘어선 개방성을 발견한다.

> 의사의 집 문은 결코 닫혀 있으면 안 되고, 목자의 집 문은
> 늘 열려있지 않으면 안 된다.[61]

여기서 '목자의 집'은 미리엘 신부가 있는 성소다. 그가 문을 열어놓았기 때문에 도둑이 들어오고 거룩함과 환희가 존재해야 할 이곳은 공포와 두려움의 가능성이 존재하게 된다. 면역학적 패러다임 아래에서는 성과 속을 엄격하게 구분하고 그것이 섞이는 것에 대한 두려움이 있으며 성-속 이분법을 견지하는 종교의 문턱은 높아진다. 이 숭고를 향한 모순된 개방에 사람들의 인정과 환호만 있으면 좋겠지만, 현실적으로 다가오는 것은 도둑의 위험과 두려움인데, 아이러니하지만 바로 이 지점에서 숭고미가 발생한다. 한편으로는 두려움이 있지만, 그 두려움에도 불구하고 자유 의지로 환대와 사랑의 포용이 일어날 때, 바로 그 압도적인 차이에서 숭고미가 발생하는 것이다.

도둑이나 살인자를 결코 두려워해서는 안 돼. 그건 외부의

위험이고 작은 위험이야. 우리들 자신을 두려워하자.[62]

두려워해야 하는 대상은 바로 우리 자신 안에 있다. 편견이야말로 도둑이고, 악덕이야말로 살인자라는 말은 도둑이나 살인자가 따로 있는 것, 또 외부에서 오는 것이 아니라 무한의 문을 활짝 열고 환대와 사랑을 하지 못하는 우리의 내부에 있다고 말하는 것이다.

당신은 당신 누구인지를 내게 말하지 않아도 좋았소. 여기

는 내 집이 아니라 예수 그리스도의 집이오. 이 집의 문은

들어오는 사람에게 이름을 묻지 않고, 다만 그에게 고통이

있는가 없는가를 물을 뿐이오.[63]

숭고미를 담지한 사람들은 공포와 두려움과 삶의 극단이 있는 곳, 좌절이 있는 곳으로 들어가서 무한의 문을 열고 기쁨과 환대에 초대하는 사람들이다. 그러한 숭고미가, 어떻게 보편적인 관념과 차이가 나게 해줄 수 있는가? 끝없는 위협 속에서, 끝없는 삶의 좌절 속에서, 비참 속에서 말이다. 그래서 "이 집의 문은 들어온 사람에게 이름도 묻지 않는다." 여기서 사회가 낙인 찍은 장발장이라는 이

름의 정체성은 그냥 단지 도둑이라는 것을 상징하는 것이다.

> 여기는 피신처를 필요로 하는 사람 외에는 아무에게도 자기
> 집이 아니오.[64]
> 여기는 피신처가 없는 사람들의 집이오. 고통을 당하는 사
> 람들의 집이오. 당신에게, 지나가는 당신에게 이 말을 하겠
> 는데, 여기는 나의 집이라기보다는 당신의 집이오.[65]
> 여기 있는 것은 모두 당신 것이오.[66]

반면 경감 자베르는 '법 질서'를 담당한 인물이다. 자베르는 양심
이나 도덕, 법 등 이성적 질서의 측면을 담당한다. 이러한 자베르와
대비되는 숭고미가 있는데, 『레 미제라블』에서는 장발장과 자베르
의 대결이 이러한 대극 구도를 나타낸다. 자베르는 나중에 스스로
목숨을 끊는데, 어쩌면 자기가 평생을 지켜왔던 정의에 대한 자존
심이 더 극적인 사랑 앞에서 무너지는 경험을 하게 되었는지도 모른
다.

숭고미가 가진 역설은 무한으로 도약 가능한 갈망과 함께, 도약
을 가능케 하는, 제한하는 고통 때문이다. 『레 미제라블』이 한국인
의 정서에 많은 감동을 주는 이유는 고통이라는 역사적 맥락 때문

이 아닐까? 큰 고난의 시대가 없다면 숭고미의 기반이 되는 대극이 나타나기 어려울지도 모른다. 혹 그 이유는 종교가 안정과 편안함을 누릴수록 숭고미를 발현할 만한 불쾌의 요소가 사라지기 때문인지도 모른다. 우리는 이 시대 앞에 서서 물음을 던져야 할 것이다. 오늘 이 시대의 가장 큰 두려움은 뭘까? 이 시대의 가장 중요한 좌절은 뭘까? 하나님의 위대함과 함께 대립과 비참함을 넘어서 모든 피조물에 대한 사랑의 개방성으로 나갈 수 있을까?

이 시점에서 칸트적 크기의 장엄함은 사실 숭고미로 이어지는 연결점이 자기 제한이라는 점을 상기해 줄 필요가 있다. "누더기를 걸친 피조물 속에서의 장엄한 신의 체현"이 바로 숭고미의 체현이라면, 디트리히 본회퍼Dietrich Bonhoeffer의 말을 빌자면 신의 형상을 닮은 인간은 비범하지만, 그 비범성은 삶의 나침판이 가리키는 방향과는 전혀 다른 것이다. 원수까지도 사랑하는 행동이며 예수의 뜻에 단순하게 행동하는 실로 황당한 비범성이다. 원수를 그리스도와 함께하는 공동체 안으로 끌어들여 이웃으로 만나는 창조적 사랑이 실천된다.

> 비범성은 참으로 경건한 사람의 마음에서 우러나오는, 절대
> 적인 자발적인 행위였다. 그것은 하나님의 계명에 대한 단순

한 순종에 저항하는 인간의 자유의 승리였다.[67]

여기서 비범은 예수 그리스도와 연합한 열매이지 스스로 자기에게서 발현된 특성이 아니다. 본회퍼의 말처럼, 이 연합은 자기 안에 자리한 하나님의 형상의 발현이다.

> 만약 제자가 비범성을 비범성으로 중요하게 여긴다면, 이것은 자신의 힘으로, 자신의 육신으로 열광적으로 행동한 것이다. 그러나 예수의 제자는 주님을 단순히 섬기면서 행동하기 때문에 비범성을 오직 당연한 순종의 행위로 여길 따름이다. 예수의 말씀에 따르면, 예수의 제자는 참으로 세상의 빛을 비추는 등불일 따름이다. 빛을 비추기 위해 그가 할 수 있는 일은 전혀 없다. 그는 오직 주님만을 바라는 가운데서 주님을 따름으로써만 빛이 된다.[68]

숨어있는 신의 세계는 종교가 빛을 잃은 마당에 우리에게 주는 질문과 탐구의 과제이다. 그것은 '언제나 현존하며 언제나 부재하는 숨은 신'에 관한 숨바꼭질 이야기다. 자신과 삶의 모순을 끌어안고 방황하면서도 진실하고 참된 인간적 종교를 향한 길 없는 동경을 멈추지 않는 것, 겸허하게 지금 여기의 삶에 순간에 나타나는 무한의 빛을 기다리고 표현하는 것, 그것이 이 지옥같은 삶에서도 숭고의 합창이 울려퍼지는 비결이리라.

수도자의 관상에 나타난 숭고미: 머튼의 고독과 연대의 일치

이제 리오타르 이후, 다음 과제는 자기의 모든 내러티브가 공동체나 실재를 담는 내러티브가 되기 위해 영성 경험과 연결되는 것이다. 한 시대의 진정한 문제는 본질적으로 종교적이고 영적인 것이며 길 잃은 삶에서 우리의 미래의 새로운 위치를 찾기 위해 위험을 감수하는 이들이 있다. 무한의 의미는 어떻게 삶에 연결되며 숭고는 어떤 방식으로 구체적인 삶에 뿌리내릴까? 머튼의 삶과 사상에서 가장 중심적인 위치를 차지하고 있는 것은 기도를 통해 거짓 세계로부터 자유하는 법을 배우고, 그 자유를 가지고 세계와 일치하는 사랑의 역설이다. 이 고독한 수도자에게 숭고미는 일치의 삶에서 오는데, 하나님과 연합하는 삶이 곧 역설적으로 자신의 참자아와 일치하는 삶이요, 더 나아가 이웃과 세계와 연합하는 길임을 제시하고 있다.

미래의 종교는 고독과 연대의 역설 가운데 있다. 고독과 연대는 반대가 아니다. 진짜 고독과 거짓 고독이 대립되며, 진짜 연대와 가짜 연대가 대립되는데, 숭고는 참 자유와 진실한 사랑의 연결 같은 것이다. 오히려 고독과 연대의 변증법적 운동을 통해 숭고를 가로막는 거짓 자기애적 고독과 거짓 연대에서 벗어나게 된다. 머튼은 1949년 12월 29일 일기에서 "우리 삶에 있는 영적인 자기애의 가능성"에 대해서 정직하게 고발한다. 자기애적인 고독이란 "사람들과 함께 살아가야하는 책임을 대체하기 위한" 거짓 고독이다. 그는 '고독을 향한 나의 열정 속에 얼마나 많은 영적 자기애가 있을까?'라고 스스로에게 질문한다.[69] 그것은 진정한 기도 속에 숨어있는 진정한 고독, 모든 보이는 것과 관계로부터 신상神像을 만들려는 우상적 시도로부터 벗어나려는 부르심이다.

> 이제 나는 처음으로 홀로 있는다는 것이 무엇을 의미하는지
> 깨닫게 되었다. 나는 수도자로의 부르심a solitary vocation의
> 본질은 볼 수 없는 하나님 안에서의 두려움, 무력함, 고립으
> 로의 부르심인 것을 발견했다.[70]

그는 진정한 고독이란 다른 사람들로부터 분리되는 것이 아니라, 보이지 않지만 "모든 것 속에 계신 하나님의 고독함에 동참"하는 것이며, "하나님의 고독은 장소적인 부재가 아니라 형이상학적

초월"이며 "그분의 존재 자체"라고 본다.[71] 그는 하나님의 고독에 동참함으로써 "인위적이고 허구적인 차원으로부터 물러나서"[72] 본질적이고 참된 존재의 깊은 차원으로 진입하게 된다고 말한다. 이것은 역설적으로 그로 하여금 자신이 삶을 공유하는 세상 사람들에게 빚진 자이며, 인류의 한 사람인 것을 깨닫게 하였다.

그리고 이제 나는 세상의 모든 사람들에게 삶을 공유하는 빚을 지고 있다. 나의 첫 번째 임무는 있는 그대로의 나 자신, 그 이상도 그 이하도 아닌 인류의 한 사람으로 살아가는 것이다.[73]

그는 고독 속에서 고립을 넘어서 보이는 세계를 넘어 영적인 사회의 차원, 진정한 이들의 세계 속에서 자신을 발견하게 된다. 그것은 차이를 있는 그대로 관조하고 인정하며 각 사람 안에 있는 존재 자체를 받아들이는 것으로부터 생겨난다.

내가 형제들을 진심으로 사랑할 수 있는 관대함을 발견할 수 있는 것은 깊은 고독 속에서이다. 내가 고독하면 고독할수록 그들을 향한 더욱 큰 애정이 생긴다. 그것은 다른 이들의 고독에 대한 존중으로 채워진 순수한 애정이다. 고독과 침묵은 내 형제들의 말이 아니라 그들의 존재로 인해 사랑하라고 나를 가르친다. 은자는 보다 완전하고 영적인 사회의 차원에서 곧, 죽음을 거슬러 생명이신 하나님을 고백하고 영화롭게 하기에 충분히 진정한 이들의 도시의 차원에서 자신을 발견하게 된다.[74]

이것은 '거짓 자기애'를 투사하여 다른 사람들로부터 자신을 분리시키는 것이 아니라, 역설적으로 자기 제한과 죽음을 거슬러 연합의 지점을 발견하는 것이다.

나는 내가 사악한 세상을 다시 한 번 직접 만날 때 어떻게 반응해야 할까 생각했다. 나는 세상과 만났지만 더 이상 그것이 그렇게 사악하지 않다는 것을 마침내 깨달았다. 아마도 내가 세상을 떠났을 때, 세상에 대해 분개했던 것들은 내가 세상에 투사했던 내 자신의 결점들이었다. 지금은 대조적으로, 모든 것들이 내 안에 깊고 말로 다 할 수 없는 동정심을 일으키고 있다는 것을 알았다.[75]

그가 바깥을 향해 메스꺼워 했던 것들은 대상이 사악해서가 아니라 바로 자신의 내부에 있는 어두움 때문이라는 것을 알았다. 인물-사건-환경으로 구성된 바깥의 것들은 진실을 이해할 수 없었다. 그 투사가 사라지자 그의 내면에는 세상의 모든 것에 대한 깊은 동정심과 연결되고 싶은 마음이 채워지고 있음을 보았다. 그는 자신의 주변에 걸어 다니는 사람들이 지금까지 그 어느 때보다 아름답게 보였으며, "훨씬 진정하게, 보다 공감할 가치가 있는 이들로 보였다"고 고백한다.[76] 그리고 루이빌에서의 경험은 여기서 끝나지 않고 약 9년 후에 다시 일어난다. 1958년 3월 18일, 머튼은 겟세마니 수도원 지원자 안내서 출판과 관련하여 지역의 출판업자를 만나기 위하여 루이빌에 갔다. 그는 상점들이 밀집되어 있던 4번가와 월넛가의 코너에서 서서, 사람들이 쇼핑을 위해 가게에 드나드는 것을 보았다. 그때 그는 자신이 그 사람들을 사랑하고 있고, 그들이 머튼 자신에게 또 머튼이 그들에게 서로 속해 있다는 놀라운 깨달음에 휩싸였다.

기도는 강력한 연합의 경험과 연결된 것이었다. 그는 "내가 홀로 있을 때 그들은 '그들'이 아니라 내 자신이다. 따라서 이방인이란 없다!"고 말하며[77] 실제적으로 전혀 모르는 사람들과의 깊은 일치와 연대감을 경험하는 감격을 누렸다. 그것은 예기치 않은 하나의 사건이었으며 거룩한 충격이었다.

우리 존재의 중심은 죄와 환상이 접촉할 수 없는 무nothingness의 지점point이다. 순수한 믿음의 지점이며, 전적으로 하나님께 속해 있는 지점 또는 불꽃spark이다. … 그것은 천국의 보이지 않는 빛으로 타오르는 순수한 다이아몬드와 같다. 그것은 모든 이들 안에 있으며, 만약 우리가 그것을 볼 수 있다면, 우리는 모든 어둠과 삶의 잔인함을 완전히 사라지게 할 태양의 얼굴과 광채 속에서 빛이 모이는 수십억 개의 점들을 볼 수 있을 것이다.[78]

우리 기도의 깊은 중심, 순수한 믿음의 지점에는 나와 세상을 분리케 하는 헛된 환상이 접근하지 못한다. 이러한 차원은 '모든 이들 안에 있으며' 자신의 중심에 이른 이는 다른 이들이 가진 중심, 곧 순수한 다이아몬드와 같은 '수십억 개의 점들'을 볼 수 있다. 비록 그들도, 다른 이들도 그 점들을 분명하게 인지하고 있지 못한다 할지라도 말이다.

탈 벗은 지혜와 함께 기도로 깨어있기

이제 그가 홀로 있는 수도원에서 써내는 저술들은 자신이 구체적인 역사와 시간 속에서 세상에 연루되어 있음을 표현하는 것이었다. 기도는 변형의 시간이다. 기도 속에서는 이기적이고 피상적인 모든 것이 죽어가며 알려준다. 기도가 말없이 향해야 할 방향을. 한번쯤 살아봐야 할 지점을. 늘 하던대로 카메라 렌즈처럼 정확히 원하는 대상을 포착하여 확대시키는 것이 아니라 오히려 희미한 빛 속에서 통찰을 확대시켜 연결시켜야 할 무엇을. 홀로 있는 동안 드리는 기도는 은혜의 노동으로서, 무감각에서 깨어나 숨어있는 숭고한 의지와 욕구를 건드린다. 비로소 "제한적이고 불완전한 집단의 개인이 물려받은 유산인 피상적이고 이기적인 자아"가 건드려진다.[79] 종교가 이 집단주의와 이기적 개인주의에서 해방시키는 길은 거짓 자아가 해체되는 것이다.[80]

우리의 좁은 시야를 가로막는 장애를 이겨내는 높은 정신과 힘, 혹은 자기 안에 숨어있는 이상과 즐거움이 발견될 때 기도는 숭고의 씨를 일구어내는 즐거운 일이 된다. 이 즐거움은 자기 부정과 거짓 자아의 무덤에서 발견되는 일이다. 기도는 광신과 율법적 의무, 망상을 잠재우고 자연의 저 미미한 생물체로부터 숭고한 인격까지 모두 다 함께 살고 살려내려는 꿈을 꾸게 한다. 그것은 작은 일상 속에서 무한의 세계의 틈을 벌려 함께 살아가고자 하는 작은 영웅들의 유연한 놀이, 진리와 일리가 만나는 어울림의 축제같은 것이다. 저마다 어떤 진영에든 숨어있는 거짓 가면들이 탈을 벗는 곳이다. 거대 담론 뒤에 숨은 망상과 과시욕도, 일상의 소박함 뒤에 숨은 게으름과 나이브한 안주욕도, 신비의 출구를 막아버리고 효율과 편리만을 추구하며 기다림의 지혜조차 밀어내는 조급함도….

　　지혜는 깊은 기도로부터 자란다. 그리고 지혜는 공동체를 건설한다.[81]

　고독과 기도는 하나님 안에서 진정한 자신과 공동체를 체험하게 만든다. 공동체는 숭고를 자라게 하고 숭고는 공동체의 생명을 유지시킨다. 머튼은 "하나님의 발견이 일어나는 그 순간 그분과 우리의 접촉점이 터지고, 우리는 우리 마음의 중심을 뚫고 나가서, 비로소 영원에 진입하게 된다"고 말한다.[82] 기도는 신비 속에서 이기심 때문에 분리된 것들을 연결하고 무한의 크기로 깨워진 감각이 깊은 내면의 성 안에 숨어있는 아름다움과 숭고의 보고를 발견하게 돕는다. 이러한 일치로 나아가면, 이제 기도자는 더 이상 체험하지 않는다. 분리되고 한정된 피조물의 체험의 주체가 이미 하나로서 사라져 버렸기 때문이다. 그는 더 이상 경험의 주체도 객체도 아니고 '자신이 체험'이 된다. 그러므로 여기서 발견되는 자신의 정체성은 분리된 정체성이 아니다. 신과 사람 사이의 이중성은 사라져 버리고 하나된 연합이 정체성이다. 그것은 거짓 자아의 벽으로 분리된 모든 것으로부터 자유해져서 모든 것을 화복하게 연결하게 하는 사랑이다. 머튼은 이것을 다음과 같이 이야기한다.

> 분리된 실체는 갑자기 사라지고 무한한 자유와 구별할 수 없는 순수한 자유만이 남는다. 사랑과 같아진 사랑. 하나가 다른 하나를 기다리거나, 얻으려 애쓰거나, 찾아 헤매는 두 가지 사랑이 아니요, 오직 자유 안에서 사랑하는 하나된 사랑이다.[83]

이러한 연합에서 머튼은 우리의 정체성이 자유와 사랑이라고 말한다. 자유 안에서 사랑하는 사랑이다. 홀로된 기도 속에서 발견된 이 사랑의 정체성은 이웃의 발견으로 확대된다. 거짓된 자아를 죽이는 괴로움 속에서 분리된 자기라는 허상은 사라지고 참 하나님과 참 나의 정체성을 발견하는 '의존의 큰 점'에서 정체성의 확대가 이루어진다. 내가 매달려 있는 이 의존의 점에는 또한 다른 이들도 동일하게 매달려 있기 때문이다. 그러므로 우리는 반드시 우리의 정체성을 하나님 안에서만 찾을 것이 아니라 하나님 안에 있는 다른 사람들 안에서도 찾아야 한다.[84] 우리는 결코 따로 떨어져서 존재하도록 의도되지 않았기 때문이다. 오히려 하나님과 더 깊이 합일할수록 다른 이들과 더욱 같아지며, 그 안에서 자기를 발견하게 된다.

> 내가 (그 중심에서) 하나님과 같아질수록 나는 그분과 같아진 모든 다른 사람들과 같아질 것이다. 그의 사랑이 우리 모두 안에 살게 될 것이다. … 완전한 관상 생활은 사랑의 바다이다. … 우리가 하나님과 홀로 있으면 있을수록 다른 사람과 합일되어 있다. 관상의 깊고 부요하고 끝없는 침묵은 하나님과의 교제일 뿐 아니라 다른 사람들과의 교제이기도 하다.[85]

> 이 사랑의 바다에서 하나님과 나, 그리고 이웃은 모두 하나이다. 우리가 그분을 체험한다면, 우리만을 위해서가 우리와 남을 위해 체험하는 것이다.[86]

자유는 거짓 자아를 붙잡고 있는 애착에 지배되지 않고, 존재를 있는 그대로 보게 해준다. 머튼은 이 자유가 "이런 저런 방식으로 내 안에 사시는 하나님의 실재에 맞서는 거짓 환상"으로부터 나를 해방시킨다고 말한다.[87] 여기서의 환상은 외부 환경과 끊임없이 대상적으로 조우하는 판단으로 내 안에 계신 하나님을 있는 그대로 보지 못하게 한다. 따라서 모든 것을 사물화하고 소유하려는 이기적 감각으로부터 끊어지는 괴로움이 필요하다. 개인들의 상호 자유에 근거한 원동력으로부터 자유하되 이기적인 분리로 소외되지 않고 권리와 책임의 개방적인 리듬을 공유하는 역동적 연합으로서의 공동체를 만들어내며, 모든 만물과 우리 영혼의 본질 속에 거하시는 생명의 연합으로 들어가야 한다.

여기서 자유의 역설과 자기 부정의 의미가 발견된다. 자유란, 정말 좋은 것은 사랑하여 받아들이는 능동이지만, 한편으로 "나쁜 것을 선택할 수 없는 온전한 무능"이다.[88] 그러므로 이 자유는 온전히 굴복하는 괴로움이 함께 한다. 이 괴로움은 아름다움을 향한 의지에도 불구하고 인간의 본성이 이기심과 죄의 무질서로 왜곡되고, 훼손되어 자신의 노력이나 결심으로는 그것을 벗어날 수 없는 운명임을 깨달을 때 생겨나는 괴로움이다.[89] 기도는 이 참 고독의 자리에서 연합의 사건이 벌어지도록 기다린다. 바로 이 지점에서 리오타르의 온전한 '의존의 점'과 머튼이 만난다. 여기서 은밀히 숨겨져서 깨닫지 못하던 이기심이 벗겨지고 우리는 자유로워진다. 자유는 어둠과 포기에서부터 발현하여 순결하고 그 온전한 점 안에서 무한의 참여하는 지점을 발견한다.

돋보기로 작은 초점에 햇볕을 모아서 마른 잎이나 종이 조각에 불을 붙이듯이, 복음에 실린 그리스도의 신비는 하나님의 불과 빛을 한 점에 모아서 사람의 마음에 불을 지르신다. 인성人性, Humanity의 렌즈를 통하여 당신의 성령의 빛을 우리 위에 모아서, 불이 타는 것을 느끼게 하시고, 인간 그리스도를 통하여 영혼에도 모든 신비 경험을 쏟아 부으신다.[90]

그것은 이성의 남은 고양이 아니라 끝없는 자기 제한 안에서 영원을 이룬 피조물적 부정에서 일어나는 불꽃이다. 그 자리에서 우리는 인위적인 기쁨이 사라지고 새롭게 태어난 자신의 정체성과 함께 자유로운 사랑의 개인들과 함께 연합을 이루게 된다.

'공동체community'의 역설이 지시하는 숭고

공동체는 '인격'들이 자신의 참 정체성 안에서 살아가는 사회이며, '집단'collectivity은 '개인'들이 자신의 내면으로부터 벗어나서 비본질적인 환상과 욕망을 추구하는 가운데 살아가는 사회이다.[91] 공동체는 하나님의 마음으로부터 나오는 사랑의 꿈이며, 거짓 자아를 죽이고 부활한 생명이 좌절과 한계와 새로움과 믿음으로 이루어야 할 숲이다.

머튼은 그가 살아가는 세상이 '개체individuality'들의 집단화라는 환상을 가지고 있음을 주목하여 보았다. 그는 이제 깊은 고독 속에서 그것이 자신과 분리되어 있지 않다는 것을 바라본다. 진정한 자신이라는 정체성이 거짓 환상이 가득한 세상 한 가운데서 부단한 코나투스conatus[92]들의 역동적 그물망으로 이루어져 있음을 안다. 그는 많은 사람들이 외적 자아로 착각하며 살아가는 세상을 이제 '악'이나 '배척'의 시각이 아니라 자기와 비자기의 열린 관계 맺기를 통해 활력을 만들어 세상에 깊이 참여하게 하였다. 이제 그의 하나님과의 연합을 통한 자신은 더 이상 분리되지 않으며 또한 세상도 자신과 분리되지 않았다.

나는 세상이다.[93]

세상이 있는 곳은 바로 자신의 가장 깊은 곳에 있는 자신의 안이었다. 그곳은 괴로움도 기쁨도 모순 없이 자리하고 있고 세상도 존재하고 있다.

우리가 절대 볼 수 없는 깊은 심연 안에 있는, 모든 실재 아래에는 모든 모순된 것들이 일치를 이루고 모두가 '바르게'

되는 궁극적인 바탕이 있습니다. 그리스도인들에게 이 궁극적인 바탕이란 인격, 다시 말하자면 자유와 사랑의 바탕입니다.[94]

그곳은 '단어나 음절, 또는 형식'의 사용 없이 연합되어 있다. 이것은 "강함과 약함, 삶과 죽음"과 같은 모든 "이중성들"dualities을 초월한 일치이다.[95] 머튼에 의하면, 깊은 기도 중에는 주체와 객체의 구분이 없으므로 하나님이나 자기 자신에 대해서 어떤 말도 필요 없다. 그곳에는 세상도 나라는 분리된 주체도 없다. 이 같은 현실이 모든 것을 빨아들인다.

그것은 무언無言의 수준입니다. 그 수준은 단어를 넘어서고, 말을 넘어서고 개념을 넘어섭니다. 여기서 우리가 새로운 일치를 발견하는 것이 아닙니다. 우리는 더 오래된 일치를 발견합니다. 나의 친애하는 형제자매들이여, 우리는 이미 하나입니다. 그러나 우리는 하나가 아니라고 상상합니다. 그러므로 우리가 회복해야 하는 것은 우리의 원래적인 일치입니다. 우리가 되어야 하는 것은 우리의 현재 상태입니다.[96]

이 연합은 온 인류의 연합으로 확대된다. 그리스도께서 모든 인류가 되셨기 때문에 "신비 가운데 우리는 이 세상의 모든 이들 안에서 그리스도의 현존을 볼 수 있다."[97] 그리스도 현존 안에서 모든 차이를 넘어 온 인류가 하나가 된다.

씨줄과 날줄이 하나가 되어[98]

결론적으로 숭고미는 성과 속의 이원론적 사유와 정의적定意的이고 개념적인 방식으로는 제시될 수 없다. 새로운 시대는 새로운 종교의 방법론을 요구한다. 역설의 포용이 필요하다. 들숨과 날숨이 자연스럽게 흐르듯이 정반대의 것이 자연스럽게 뒤섞이면서 서로가 서로를 창조해야 한다. 들숨을 쉬고 날숨을 쉬지 않으면 신체에 결정적인 손상이 오듯, 살아 있는 역설을 분리하면 신과 맺는 관계도 생명력 없이 시들 수밖에 없다. 들숨과 날숨의 역설은 숭고의 사건이 일어나는 기본적인 몸통이다. 둘은 반대이지만 포용하여 전체를 이루고 무한을 끌어안는 고통을 감내하며 일치의 순간을 기다린다.

영성은 이원론적 나눔은 아니지만 둘의 종합totality도 아니다. 차라리 영성은 전혀 다른 차원과 타자들이 역설적으로 관계하면서 역동적으로 운동하는 전체이며 부분의 합을 넘는 불연속성의 결과로 잉여餘를 창조한다. 따라서 영적 세계는 그 안에서 무수한 타자적 존재들이 서로 관련 맺고 저항하고 살아가는 중층적 차원의 얽힌 장matrix이라고 할 수 있다. 이러한 전체성에 대한 역설적 진실은 모든 것이 하나님의 신성이라는 범신론적 발상과 굳건한 교의와 제도에 대한 맹목적 확신을 믿음과 등치시키는 안일한 사고를 해체시키며 새로운 변화에 대한 고민으로 나가게 한다.

등가적等價的 가치는 아니지만, 신을 찾는다는 것은 곧 나를 찾고 세상을 찾아 나서는 순례이다. 이것과 저것, 안과 밖은 전혀 다르지만 동시에 분리되지 않는다는 역설이야말로 보이지 않는 전체성을 드러내는 진실이다. 하나님의 심장으로 나를 바라보고 세상을 바라본다는 것은 매우 어려운 자기 부정과 투사의 베일을 거둬낸 자유의 수행이 이루어 낸 결과임을, 그전까지 만들어졌던 신상과 쌓이기만 했던 지식과 세계를 바라보는 기존의 관점을 버리는 여정을 통해 매 순간 하나님과 나 자신을, 세계를 변화하는 구체적인 삶에서 새롭게 알아가는 길임을 익혀야 한다.

이 순례 가운데 자신을 탐구하는 정직한 과정을 겪으며 함께 공동체를 이루어가고 끝없는 기쁨과 고통의 리듬을 통해 새로운 패러다임을 만들어간다. 그 지난한 과정 속에서 우리는 "네, 덧없이 흘러가는 시간 속에서도 소멸되지 않는 반짝이는 빛이 있었습니다."라고 고백할 수 있을지 모른다. 종교는 필연적으로 보이지 않는 세계와 보이는 세계 전체이자, 두 세계의 일치되지 않는 간격과 사이를 포함한다. 마르틴 부버M. Buber의 말처럼, 서로 다른 타자가 관계를 맺고 존재로 가는 이 여정에는, 존재론적 사이Ontological Between를 도강渡江하는 용기가 필요하다. 사이의 시간과 공간을 건너면서 전혀 다른 타자인 신을 만나고 전혀 다른 세계를 만나며 전혀 다른 자기를 만난다. 이 사이는 대상적 둘의 중간이 아니다. 둘을 나누는 경계 지표도 아니다. 굳이 말하자면 둘이 마주쳐서 그 둘이 함께 있으면서도 전혀 다른 새로운 차원이 생성되는 양가적兩極的 원형의 공간이다. 이 공간에 바람이 불면 성령의 춤이 펼쳐진다. 영성가들이란 이 사이의 공간에서 만난 타자 속에서 하나님의 얼을 발견한 사람들이었으리라.

4부

소외의 사회학적 시간을 넘어서
: 기도와 의미 탐색의 공동체

진리가 우리의 마음을 먼저 만져야
비로소 우리의 생각을 변화시킬 수 있다.

- 프란시스 쉐퍼

마음이 머물 집이 필요하다

세계는 이야기이다. 그 이야기 속에는 인간이 시간과 공간 속에서 자신이 누구인지를 인식하고 타자를 만나면서 점점 더 커다란 세계를 만들어 가는 역사가 들어있다. 종교 역시 이 거대한 이야기 속에서 시대와 구체적인 사회의 상황과 욕구를 조우하면서 형성된다. 한국의 종교는 1960년대 이후, 특히 1970년대에 이르러서 경제적 상승 욕구와 부응하여 형성되었다.[1] 사회 경제적으로 불안정했던 시기에 기독교는 안팎의 가난한 자와 궁핍한 자들을 도왔으며, 소망에 관한 메시지로 회심을 이끌었다.

그러나 1990년대 이후 가치 변화와 더불어 사람들은 자신과 의미에 대한 관심과 더불어 다른 이야기에 대한 욕구를 지니게 되었다. 그 이야기 속에는 인간이 과거와 현재, 미래를 아우르는 두꺼운 시간과 공간을 통해 새로운 사회적 변화 속에서 삶의 의미를 새롭게 형성해가는 과정이 들어있다. 구체적인 시간과 공간 안에서 만난 타자들을 통해 자기를 이해하고 세계를 이해하며 완성해 가는 것이다. 아쉬운 것은 코로나 이후의 세계와 종교는 비록 흔적을 더듬어가고는 있을지라도 아직 꼴을 갖추지 못했다는 것이다. 영혼이 쉴 곳, 안주할 고향 같은 집을 찾지 못한 채 종교는 옛 패러다임을 넘어선 이후의 이야기를 만들지 못했다.

우리는 집을 원한다. 영혼이 숨쉴 수 있고 삶의 이야기를 만들어 갈 집이 필요하다. 집은 다양한 통로와 경계를 지나고 문턱을 넘어 안주할 곳을 제공한다. 그 공간은 시간의 의미와 기쁨이 쌓인 곳이다. 하나님의 나라는 하나님의 집들이 모인 세계다. 그 집은 한 사람 한 사람의 영혼의 방에서부터 출발하여, 특정한 문화의 토대로서 하나님 나라의 집단 정체성을 형성하는 거대한 사회적 네트로서의 방들이다. 이 집이 자기 삶의 이야기를 만들어 가는 환대와 씨름의 장소가 되지 못한다면 그곳은 또 다른 소외와 절망을 만들어 내는 곳이 될 뿐이다.

가스통 바슐라르Gaston Bachelard는 "집이란 세계 안의 우리들의 구석이다. 집이란, 흔히들 말했지만 우리들의 최초의 세계이다. 그것은 정녕 하나의 우주이다. 우주라는 말의 모든 뜻의 우주이다."라고 정의한다.[2] 모든 인간은 집에서 태어나, 집이라는 장소에서 가족과 이웃과 더불어 정체성을 형성하고, 집을 둘러싼 환경과 교감하며 우주를 발견하고 성장한다. 이 시대의 비극은 집을 거래 가치로서 아파트나 상가, 공장 단지와 같이 경제적 이윤을 발생시키기 위한 장소로 만들어버렸다는 것이며, 하나님의 집인 공동체 역시 영혼이 거주하는 집이 아니라 빌딩과 대형 숫자의 이미지로 구성되어 왔다는 것이다.

집은 단지 공간만이 아니다. 집은 하나의 의미 있는 배열이며 관계다. 그들은 도상에서 수많은 새로운 공간과 타자를 만나는 동안 하나님 나라의 한 구석으로서의 자신의 집을 완성한다. 그 집에는 시원적 의미로서의 가족과 타자들을 끊임없이 맞아들이는 개방성이 존재한다. 어떤 의미에서 믿음의 선진들은 인류가 함께 사는 하나님의 집을 찾아 '시작하는 주체'이자, '떠나는 주체'이며, 죽음을 통과하여 '새로난 주체'이다. 그들은 이 집을 완성해 가는 동안 미성년으로부터 벗어나고, 고립으로부터 벗어나고, 옛사람과 결별하여 새사람으로 거듭나며, 고정관념과 우상성을 버리고 새로운 땅과 집을 찾아 새롭게 출발하는 주체가 된다. 그들은 옛 집으로부터 떠나 하나님의 집 안에 있는 자기의 집을 찾아 떠나며, 그 곳에서 자기의 목적, 정체성과 만난다.

이 시대의 종교도 이제 새로운 집이 필요하다. 이전에는 물질적 가치에 관심을 두고 그 목적을 이루기 위해 종교에서 만족을 얻었다면 이제 종교는 소외를 넘어 진정한 자신의 정체성은 만나게 하고 인생의 의미와 관련된 대답을 제공해야 한다. 또 폐쇄적이고 경쟁적인 자기중심적 공간이 아니라 의미 있는 새로운 사회학적 공간인 공동체를 구현해야 하는 과제도 남아 있다. 즉 은폐되고 견고하며 경쟁적인 옛날 집은 부서지고, 새로운 집에는 존재의 빛이 들어오는 넓은 창과 거리끼는 타자들이 함께 머무는 너그러운 방들이 필요하다. 이 지난한 재건축의 과정은 일종의 성장통과 비슷하다. 물론 우리에게 집은 세계이며, 하이데거가 말했듯이 집은 의미의 총체이며 존재자의 존재이기에 옛 집을 무너뜨리는 과정은 쉽지 않을 것이다. 인간은 이미 세계 안에 존재하고 있으며, 언제나 그 세계를 지탱하기 위해 끊임없이 배려와 심려로 노심초사하며 살아가기 때문이다. 좌초하여 무너지는 옛 집에도 함께 울고 웃으며 살았던 가족과 친구들이 함께 있기에 새 집은 우리 모두를 함께 살리는 '거룩하고 넉넉한' 집이어야 하리라.

이제 종교는 시대적 욕구의 변화를 인식하고 문턱으로 들어가는 입구와 그 이후 깊은 방의 다면적인 모습을 살펴야 한다. 새로운 집을 만들어가는 과정에서 특히 사회학적 관점이 중요한 이유는 우리 일상에서 발생하는 일련의 사건들 또는 보이지 않는 인간 사회의 작동 원리들을 다양한 시각을 통해 분석하고 해석하고 이해함으로써, 종교가 사회와 어떠한 영향을 주고받는지 탐색할 수 있기 때문이다. 이 접근은 자칫 종교적인 접근에서 간과하기 쉬운 영역을 설명하고 삶이 가지고 있는 통전성의 관점을 가지고 볼 수 있도록 도와준다.

집으로 돌이켜 돌아가기, 사회학적 의미

영광스러운 과거와 '이게 아닌데' 하는 현재의 머뭇거림 사이에서 제2의 회심이 필요하다. 본디 믿음이란 타인과 공존하며 '늘 새로운 사건을 불러 일으키는' 주체여야 하지만, 본디 오르막 길을 오르는 것보다 내리막 길이 더 어려운 법이다. 우리는 신의 부르심이 늘 새롭게 갱신되어야 한다는 것을 어렴풋이 알지만 인정하고 싶지 않은지도 모른다. 회심이란 간단히 정의하자면 돌이켜turn from~ 돌아가는 것turn to~이다. 회심을 나타내는 대표적인 헬라어 단어는 '에피스트레포'epistrepo와 '메타노에오'metanoeo로서 "마음을 바꾸다, 되돌아오다, 회개하다" 등의 의미를 가지고 있다.[3] 이는 이전의 삶의 패러다임의 연속성에서 멈춰서는 것불쾌과 동시에 새로운 방향으로 나아감쾌을 동시에 의미한다. 여기서 구원을 이루는 공동체의 인식 변화와 참여도 매우 중요한 요소이다. 혁신은 '세계의 기관차'가 아니라 '이 기차를 타고 여행하는 사람들이 잡아 당기는 비상 브레이크'일 것이라는 발터 벤야민Walter Benjamin[4]의 말에 비추어 보면, 현재의 전 지구적 다중 위기 속에서 종교가 새롭게 변신하기 위해서는 공동체의 인식 변화가 먼저 일어나야 한다는 것을 알 수 있다.

이 변화를 모색함에 있어서 단지 종교적인 접근만이 아니라 사회학적 접근이 필요하다. 사회학에서 말하는 회심이란 새로운 종교

집단으로의 가입을 의미하기보다는, 그 가입을 통해 새로운 형태의 사회적 상호 작용과 영적인 친교를 경험하고, 그 과정에서 점진적인 인지·정서·행동 사이의 변화를 이루는 특정 경험이라고 말할 수 있다.[5] 이러한 사회학적인 접근은 회심에 있어서 사회의 역할과 그에 따른 개인에 반응에 관해 이해할 수 있도록 도와준다.

특별히 오늘의 시대 상황은 거대한 축의 전환기이다. 팬데믹 pandemic은 바이러스 혼자 만든 것이 아니라 정치·사회·경제적 상황과 입체적으로 맞물려 있다. 신자유주의적인 불평등과 자원과 에너지의 무차별 남용으로 거대한 바벨탑을 구축하면서 환경오염과 폐기물 등으로 야기시킨 생태계 교란과 위기, 빠르게 변화하는 인공지능 시대의 도래, 대형 이단의 등장 등이 미래에 대한 불안과 공포를 사회 전반에 걸쳐 만들어 내고 있다. 이러한 시점에서 일상의 삶에서 벌어지는 일련의 사건들 또는 보이지 않는 인간 사회의 작동 원리들을 다양한 시각을 통해 분석하고 해석하고 이해해야 한다. 인간의 삶과 종교가 사회와 어떠한 영향을 주고받는지 사회학적 관점을 통해 이해하는 것은 한 개인의 주관적 아름다움이 객관적 공통 정서와 맞물려 있다는 측면에서 매우 중요한 초점이 될 것이다.

긴장이 변화의 요소라니

종교를 바라보는 사회학적 관점은 시대에 따라 많은 변화를 겪어 왔다. 특별히 사회학적 종교 연구는 종교사회학으로 발전되었는데, 종교사회학에서 회심은 "종교적 실재들을 더욱 확고하게 붙잡은 결과, 지금까지 분리되고 의식적으로 빗나간 방향으로 나아갔던 열등하고 불행했던 자아가 통합되고 의식적으로 올바르고 우월하고 행복한 존재로 변모[6]"하는 것이다. 즉, 종교적 실재인 절대자와의 대면을 통해서 그의 삶이 사회적으로도 전격적으로 변화된다는 것이다.

여기에서 변화는 무한과의 관계 속에서 두 가지의 역설적 현상에 의해 나타난다.[7] 먼저 무한한 존재와의 관계를 통해 개인은 새로운 형태의 도덕적이고 아름다운 삶을 향한 갈망을 가진다. 이것은 다른 한편으로 과거에 형성했던 죄와 욕망에 근거한 자아를 포기하려는 양가적 욕구에서 출발한다. 이 숭고한 방향으로의 갈망과 이전의 삶에 대한 포기와 자기 제한은 삶의 전환점이 되어 새로운 삶을 재탄생시킨다. 또한 이 변화의 과정에는 공동체의 역할이 상당히 중요시된다.

사회적 상황 속에서 종교의 전이 지점을 살펴보려고 할 때 긴장 이론[8]strain theory과 사회 정체성 이론[9]social influence theory은 사회적 상호 작용과 교제를 통한 변화 양식을 살펴본다는 의미가 있다. 특별히 긴장 이론에 따르면 인간은 개인 혹은 집단적인 박탈을 경험한 후 종교에 귀의하는 경향이 많다. 사회적 관계 가운데 살아가는 사람들은 타인이나 다른 집단과의 비교를 통해 상대적인 박탈감을 경험하는 경우가 있는데, 이는 개인이나 그 개인이 속한 집단이 객관성 있는 기준으로 다른 집단보다 나쁜 처지에 당면하게 되었을 때 경험하게 되는 감정이다.[10] 이 박탈감은 다른 위치에 있는 누군가는 소유하고 있는 어떤 것의 결핍을 겪는 것으로서, 대체로 주관적 기준에 의해서 결정되고 자신보다 나은 타인과 비교함으로써 유발된다고 가정한다. 다른 한편 절대적 박탈감으로 고통 받는 사람은 객관적으로 필요한 어떤 것이 부족한 사람이다. 상대적 박탈감으로 괴로운 사람에게 더욱 근본적인 회심의 발생 요인은 절대적 박탈감일 수 있는데, 이는 인간의 한계를 경험하게 되면서 느끼는 박탈감이다.[11]

이 박탈감이 새로운 물리적 정신적 시공간 안에서 재배치되어 새로운 회심의 삶으로 변화되기 위해서는 밀도 높은 풍요로움과 평등한 상호 작용 관계를 경험하는 것이 필요하다. 무엇보다 이전의 박탈감을 느꼈던 고통의 경험의 패턴이 종교생활에서도 느껴지지 않도록 사회 전반에 흐르는 부정적 악순환의 고리가 공동체 안에서 긍정적으로 바뀌는 경험이 필요하다. 또한 현실의 압박과 관계에 시달리면서 내면이 빈곤해진 영역이 새로운 차원으로 다시 풍요롭게 되어 창조적 상상력이 일어나는 반전의 요소도 큰 몫을 하리라. 이 과정은 조작 가능한 정태적 과정이 아니라 무질서 같으나 우발적 비결정성으로부터 기쁨의 요소가 들어와서 이전의 고통스러웠던 기억을 바꾸면서 새로운 질서를 창출해 가는 과정이다. 예배와 기도, 가르침을 통해 끝없이 열리는 역동적 과정을 거치면서 긍정적이고 창조적 상상의 공간과 관계를 통해 다음 단계로 이동하게 된다. 특별히 경제 성장 논리에 매이고 겉으로 보이는 현상에 매몰되어 빈곤해진 박탈감의 영역을 내적 힘을 통해 딛고 일어설 수 있도록 활기를 불어넣어야 한다. 진짜가 아닌 가짜들이 가득 찬 마음과 삶의 공간에서, 돈-상품-더 많은 돈-더 많은 상품화의 고리 속에서 지칠 대로 지친 이들이 있다. 우리의 지각은 '공간-행동'의 상호 순환 구조이다. 우리가 세상을 인식하는 방식, 즉 지각이 곧 우리가 머무는 삶의 공간을 형성하고, 그 공간은 다시 우리의 일상적 행동을 규정하는 반복적 구조 속에 갇혀 있다는 것을 인지할 필요가 있다. 이러한 구조를 깨기 위해서는 비울 것은 비우고 채울 것은 새롭게 채우는 전인적이고 전면적인 역량을 길러야 한다.

　박탈감과 상실을 경험을 통해 종교로 귀의하는 과정은 모든 유기체가 상호 작용에 문제가 생겼을 때 환경과 자신의 내적 역동과 조우하면서 문제를 해결하고 회복하는 과정과 유사하다. 변화를 위해서는 새로운 상황에 대처하기 위해 어려운 시기를 견뎌낼 여력과 자원과 최악의 상황을 최소화 할 수 있는 통찰력을 가진 집단을 소망하기 때문이다. 그러므로 박탈감을 해소할 풍부한 영적 자원, 보이지 않는 세계의 새로운 평등, 지지, 존중, 애정, 경제적 지원, 기대 등은 모두 종교가 갖추어야 할 중요한 무형 가치이다.

특별히 환대와, 이기적인 가치가 아닌 온 생명을 향한 가치는 밀림 사회의 경쟁에서 박탈감을 경험한 이들에게 경이로운 세계를 제공해 줄 것이다. 낱생명 중심의 관점에서는 낱생명 그 자체가 생명의 의의를 지니는 최종적 존재자이므로 낱생명의 생존에만 절대적 가치를 부여해왔고, 이러한 생존을 지켜나가려는 낱생명 단위의 투쟁을 생존의 본질적 양상으로 파악해 왔다. 그러므로 생존은 곧 생존 투쟁이었으며 약육강식이라는 이해에 집착하게 되었다.[12] 그러나 이러한 약육강식의 경쟁 사회에서 삭제당하며 박탈의 경험을 가진 이들이 낱생명과 온생명의 살아있는 흥을 키우려면 사랑, 영원, 무한, 순수한 기쁨 등을 존재론적 평등 안에서 누리는 공동체적 경험이 필요하다. 저마다 자유를 누리면서도 경계와 벽이 없이 서로 넘나들며 사회적 기준이 아닌 은사대로 각 지체들이 전체와 연결된 경험,

더 많이 가진 자, 더 큰 힘을 가진 자가 더 많이 섬기면서 박탈당한 누군가의 힘, 누군가의 존엄성, 누군가의 자유, 누군가의 사랑, 누군가의 꿈을 위해 섬겨 본 경험은 밀림의 법칙이 아닌 온 생명으로서 함께 살아간다는 것의 의미를 새롭게 해 줄 것이다.

소속감이 문턱을 넘어서게

통제 이론control theory에 의하면 사람들은 사회 안에서 일정한 법규와 통제 아래에 사는데, 사회적 통제는 전체 집단이 지금까지의 방식을 유지하기 위하여 구성원을 순응하고 복종하게 하는 과정을 의미하는 것으로, 그 집단의 항상성 기제이다.[13] 때문에 집단이 질서 있게 기능하기 위해서는 구성원들로 하여금 일정한 방식을 따르도록 하는 과정에서 통제력을 사용하게 되는데, 만약 집단 규칙의 일관성과 순응이 없으면 집단의 상호 작용은 혼란스러워지고 효과적으로 기능하지 못하게 된다.[14] 즉, 집단의 통제력이 약화되고 개인이 그 집단으로부터 분리될 수 있게 되는 것이다.

현대 한국사회는 초고속 성장을 통해 빠른 속도로 변화했기에 다른 나라에 비해 사회적 세대 분화 속도도 역시 빨랐다. 해방세대, 전후세대, 419세대, 유신세대, 386세대, IMF세대, 촛불세대, Z세대와 같이 시간적 간격은 짧아지고 내용과 경험의 차이는 증가하는 방향으로 세대 분화가 나타났다. 보편적인 세대 차이에 특수한 세대 차이까지 빠르게 겹쳐지면서 세대 간 경험과 지식의 격차가 증폭되고 일종의 문명사적 장벽이 형성되었다. 노인 연령층은 유교적이고 봉건적이고 권위주의적인 관성에 아직 젖어있지만, 사람과 정보와 사물의 교류가 급격해지고 코스모폴리탄Cosmopolitan적 지평이 확대되는 신세대와의 차이도 확대되고 있다. 특정한 연령대에 한정되었던 학습과 교육이 모든 연령대로 확장되었고 사회적으로 노인 세대의 역할이 증가되고 장기간에 걸친 노인의 삶이라는 신대륙을 스스로 개척해 나가야 하는 유례없는 실존적 과제를 떠안게 되었다. 그러나 이러한 문명사적 간격을 세대 간 충돌에서 오는 박탈감으로 이해해서는 안 된다. 더 깊은 지혜와 개방적인 마음의 힘을 기르고 긴밀한 세대 소통과 공동체적 협업 시스템으로 전환하는 소그룹 형태의 연대가 필요하다. 또한 격변기를 겪고 있는 젊은 세대의 잠재성을 인정하고 평등하게 배우려고 해야 하며, 신앙 교육에서도 역시 평생 교육을 기반으로 다양한 고난과 경험을 통해 형성된 지혜들을 공유하는 연결망이 있어야 한다. 이 유대감은 다른 개인에 대한 애착과 전통적인 활동에 대한 지속적 참여, 그리고 사회 질서의 정확함에 대한 신뢰 등으로 형성된다.

　시대적으로 우리는 과거에 대한 회의와 철저한 단절을 경험하고 있다. 이제 낡은 종교적 틀로나 시대착오적인 규범으로는 다양한 사회적 세대 차이를 아우르기 힘들다. 기존의 세대 구분이 낡은 틀을 깨고 각자의 세대가 지닌 개성을 자기 안으로 수용해서 새롭고 조화로운 상호 작용의 기회를 만들어가는 능동적 새 부대를 만들어야 한다. 그 공간에서는 다른 세대들의 장점을 서로 배우면서 과거-현재-미래를 아우르는 일치를 향한 열린 개방성을 가진 공동체적 연결망 자체가 소속감을 만들어내게 될 것이다. 사회적 간극을 해결하는 공동체의 친밀감은 교회 밖의 사람들이 교회로 들어올 수 있도록 하는 촉매제 역할을 하기도 하지만 공동체 안의 사람들이 떨어져 나가지 않도록 하는 윤활유 역할도 하게 된다.

문화인류학적 접근 방식에 따라 과정으로서의 회심을 연구한 알렌 티펫Alan R. Tippett은 박탈감과 소속감에서의 이탈에서 풍요와 유대감을 찾아 문턱을 넘은 이들이 어떻게 오래된 환경과 분리되고, 분리된 이후 새로운 상황에 어떻게 적응하는지에 대한 탐색로를 보여주는데,[15] 개인적인 과제에서 집단적인 과제로 전이되는 현상을 보여준다. 그는 '집단적 차원의 회심group conversion', 즉 외부 환경의 변화와 관계없이 특정 종교 지도자에 의해 새로운 상황으로 들어가는 다차원적 개인적 경험과 집단적 행동의 상호 과정을 주목한다. 티펫은 이 과정을 '의식의 시기', '결정의 시기', '합의의 시기'로 구분한다.[16] 의식의 시기에서 공통적으로 발견되는 현상은 생래적으로 생겨나는 의식, 정치·경제적 위기에서 생겨난 외부적 압력에 의한 의식, 위기 상황에서 생겨나는 내적 의식, 계획된 프로그램에 의한 의식이 있다.[17] 회심이 한쪽 방향으로 이동성을 가지고 진행될 때의 경험은 인식될 수 있는 특정한 지점을 통과하여 한 요소에서 다음 요소로 지나가게 되는데, 자각의 시기와 대면의 시기가 바로 그것이다.[18] 의식의 시기와 결정의 시기 사이에 자각의 시기가 있고, 결정의 시기와 합의의 시기 사이에는 대면의 시기가 있다.

종교에 귀의하는 과정도 이 의식의 시기, 합의의 시기가 없이는 불가능하다. 그 기간이 길거나 짧을 수 있고, 강렬함이 감소되거나 가속될 수 있고, 불규칙적일 수 있다. 그러나 어떻게 해서든 개인이나 집단이 기존의 삶의 방식, 행동양식, 전통적 배경에서 벗어나 새로운 가치들을 의식하고 새길 수 있어야 한다.[19] 첫 번째 의식은 교육, 경험, 상호 작용, 협력, 또한 경쟁의 과정 속에서 발견을 통해 자연적으로 이루어 질 수 있다. 두 번째 의식은 외부로부터의 압력을 통한 것으로, 강압적인 방식이다. 세 번째 의식은 개인적 긴장, 전염병, 재해의 경험, 이민과 환경적응을 인한 긴장 등 위기 상황들로 인한 내적인 압력으로 인한 것이다. 마지막 의식은 직접적 옹호 또는 지지에 의한 것이다. 이것은 지지자들의 계획된 광고 캠페인, 기독교적 사명의 복음주의적 프로그램, 정부 조직의 교육, 위생, 농업 개선 5개년 계획에서 보여진다.[20] 자각의 시기는 분명히 의식적이다. 자각의 시기가 지나야 전환을 결정할 시기가 온다. 이때가 과거의 맥락을 단절하고 전환의 계기가 분명해지는 지점이다. 성경에 나타난 돌아온 탕자는 자신의 비참한 현실을 '자각'하고 전환을 '결심'한다.

> 이에 스스로 돌이켜 이르되 내 아버지에게는 양식이 풍족
> 한 품꾼이 얼마나 많은가 나는 여기서 주려 죽는구나
> 이에 일어나서 아버지께로 돌아가니라… 눅 15:17, 20

그는 그에게 있어서 오래된 삶의 맥락이 가진 의미를 깨달았다. 그는 자기의 곤경이 어디서 근거했는지를 자각했고 갑자기 그것이 의미 있게 되었다. 이후 결단의 시기는 돼지우리에서 떠나 열려있는 그의 아버지의 농장까지 돌아가는 긴 여정의 시기이다. 대면의 시기는 결정의 시기의 최고조에 있다. 집단에 있어서 개인적인 차이들은 논의를 통해 해결되며, 집단은 일치 속에 행동할 준비가 된다. 모든 차이가 반드시 차별이나 적대로 이어지는 것은 아니다. 차이가 차별이나 적대로 치환되는 것은 환대를 가로막는 경쟁과 업적 시스템이 고착적으로 형성되었기 때문이다. 이 환대와 정착의 과정이 정상적

으로 이루어지면 개인이나 집단은 이전의 배경으로부터 완전히 분리된다. 이후 공동체는 새로 영입되는 개인들이 새로 들여오는 문화에 대해 계속적인 습득의 과정을 통하여 더욱 발전하게 된다. 응용하고, 적용하고, 개발하고, 창의적 활동을 통하여 계속적인 성숙의 시간들을 마련해 간다. 그리고 이 새로운 종교 공동체가 의미 있게 다가가기 위해서는 사람들이 느끼는 특별한 필요들을 이전에 소속된 곳보다 더 충족시켜 준다는 것을 증명해야 한다. 이 의식의 시기에는 상대적 비교로 박탈감을 느꼈던 개인이 새로운 공동체의 삶의 다른 방식, 행동양식, 전통적인 관습에서 벗어난 다른 가치들을 자각하고 과거와의 비교를 통하여 평가가 이루어진다.

절망의 선을 넘어서는 기도와 환대의 탐구공동체

공동체 운동은 늘 아버지의 집을 보여주는 것이다. 프란시스 쉐퍼Francis A. Schaeffer[21]의 라브리 공동체는 종교가 공동체적 삶의 방식을 통해 의미 체계의 변화와 존재 이유를 탐색하는 장이 될 수 있음을 보여준다. 쉐퍼는 '사랑 안에서 진리를 말하기'를 통해 참된 자신과 참된 종교가 지녀야 할 방안을 제시한다. 새로운 의미 체계 만들기의 방법으로 쉐퍼가 택한 방식은 '정직한 질문에 대한 정직한 답변'이다. 종교가 진리를 말한다면 그 종교는 시대적 흐름 속에서 일어나는 박탈과 영혼의 소속 없이 표류하는 이들의 질문들과 소통하며 정직한 영향을 미쳐야 한다는 것이다. 그리고 그 영역은 종교만이 아니라 문화와 삶 전반에 걸쳐있다.

> 그리스도인의 영성은 따로 떨어져 존재하는 것이 아니다. 그리스도인의 영성은 성경의 우주관의 통일성과 관련되어 있다.[22] 하나님은 전인을 만드셨다. 그리스도 안에서 구속받은 것도 전인이다. 그리고 우리가 그리스도인이 된 후에, 그리스도의 주권은 전인에 미친다. 그것은 이른바 인간의 영적인 것들, 지성적인 것들, 창의적이고 문화적인 것들을 포함한다. 그것은 법률, 사회학, 심리학을 포함한다. 그것은 인간과 그의 존재의 모든 국면을 포함한다.[23]

쉐퍼의 생애를 소개하는 데 있어서, 라브리 공동체는 결정적인 역할을 한다. 영적 은신처라는 의미를 가진 불어 라브리L'Abri는 쉐퍼를 쉐퍼 되게 한 사역의 현장이었고 수많은 젊은이들이 진리를 묻고 소통하는 곳이었으며, 자칫 길 잃은 토론장이 될 수도 있는 변증의 장을 낭만적이고 구도적인 영적 보금자리로 만드는 공간이었다.

라브리는 영적인 도움을 필요로 하는 사람, 특히 삶의 의미와 목적을 알아내는 데에 관심 있는 사람이라면 누구나 맞붙어 싸우기 마련인 기본적인 철학적인 문제에 대한 해답을 찾는 사람 모두를 위한 영적 은신처다.[24]

무엇보다 라브리는 대부분의 기독교 영성공동체가 가진 중세 수도원 같은 엄격성과 금욕주의적인 타율적 규율이 지배하는 분위기가 아니었다. 책들과 장작들로 지피는 따스한 벽난로와 노래와 연주가 있는 멋진 공동체였다. 그곳은 삶의 기쁨을 맛보며, 하나님을 기뻐하고 즐거워하는 곳이었으며 안식과 환대가 있는 곳이었다. 비록 쉐퍼의 강조점은 이성을 중심으로 상대주의로 기울어진 한 축을 균형잡는 것이었지만, 사실 라브리의 더 큰 강점은 영적 사건이 벌어지도록 기도와 삶과 축제와 진리를 향한 탐구와 토의가 개방된 곳이라는 통합성이었다.

증거는 라브리 사역의 출발 자체가 기도와 진리 탐구의 환대로부터 시작되었다는 것이다. 삶에서 일어나는 사건이 그를 시대적 절망의 지점을 보게 하였고, 그 요청에 하나님 나라의 한 지체로서 일어나는 진리 사건에 응답하게 했던 것이다. 쉐퍼가 소명자리를 놓고 기도하던 어느 날, 큰 딸 브리스길라가 몇몇 친구들을 집으로 초대하였는데, 그들은 서로 간에 하나의 물음을 놓고 진지한 논의를 하게 되었다. 서로 아무리 논의를 해도 답이 찾아지지 않자 아버지 쉐퍼를 모셔 와서 답을 듣게 되었다. 점점 많은 젊은이들이 쉐퍼를 중심으로 모여들어 영적 대화에 진지하게 참여하기 시작하였다. 이 과정은 너무나 자연스러운 것이었다. 모임도 어느 정도 형식을 갖추게 되었는데, 토론, 상담, 그리고 기도가 주된 것이었다. 쉐퍼는 이러한 사역을 스스로 생각하고 계획해 본 적은 없었다. 이렇게 진리를 위한 구도의 공동체는 아주 자연스럽게 탐구를 환대하는 사건으로부터 시작되었다.

> 나는 젊은이들이 건전한 것을 배워서 선善에 복종하게 되기를 바란다. 어떤 고집 센 사람들의 생각처럼 모든 예술이 파괴되어야 하며 복음을 통해 변절되어야 한다고 생각하지 않는다. 오히려 그들 모두를 대할 수 있고 특히 그것을 제공하시고 창조하신 하나님의 도구로서 음악을 기꺼이 대할 수 있다.[25]

진리는 은폐된 것이었으나 드러나야 하는 것이었으며, 절망의 늪에서 부재한 것으로 여겨졌던 것들이 현존한 것으로서 개방되어야 할 것이었다. 그는 그 시대의 기울어진 어떤 축을 균형잡기 위해서 숨겨진 비밀의 경륜의 한 자락을 맡았으며, 자신의 기분에 맞든 맞지 않든 현실 속에서 진리는 일어나고 응답되도록 외쳐져야만 한다고 믿었다. 진리는 영혼의 울림통에서 서로 소통하고 공명을 일으키며 나와야 하는 것이다.

사람은 마치

하늘의 문을 열듯이 말해야 한다

그러한 말하기는

앞으로

말을 가져오는 것이 아니라

그 말의 울림 속으로

들어가는 것이니

진실로 사람이

그 울림 속으로 들어가면

그 말은

하늘과 땅, 온 세상을

새롭게 창조하리라

– 넬리 작스

영혼이 공명하여 울리는 말은 예언자의 소리가 되어 '차이를 포용하고 소통하려는 의욕'을 불러 일으킨다. 각 시대마다 예언자들은 있었는데, 그들은 각자 무한을 향한 전체성의 눈으로 시대가 지닌 박탈과 집 없음의 절망 끝을 바라보는 이들이었다. 쉐퍼의 소명은 비록 명제화된 진리를 사수하려는 느낌은 있지만, 그럼에도 불구하고 그 시대에 심하게 기울어진 주관적 상대주의를 이성으로 균형잡아 전체성의 상응 각도를 맞추는 것이었고, 그의 사상은 아름다운 공동체의 기도와 실천을 통해 더 굳게 뿌리내렸다.

명제적인, 너무나 명제적인

쉐퍼의 핵심 사상은 '절망의 선the line of despair'이라는 사상사 흐름을 바라보는 독특한 이론을 통해서 알 수 있다. '절망의 선'이란 철학사에서 헤겔을 기점으로 삶의 통합된 해답을 얻을 수 없게 되어 상대주의와 불가지론不可知論, agnosticism에 빠지게 되는 사상사적 흐름과 문화의 양상을 말한다.[26] 그는 1890년 이전의 유럽과 1935년 이전의 미국과 1890년 이후의 유럽과 1935년 이후의 미국을 구분한다. 특히 미국에서의 1913년부터 1940년까지의 사이를 굉장히 중대하게 보았는데, 그는 이 짧은 기간에서 사고 방식의 혁명이 일어났으며 그것은 제1차 세계대전이여서가 아니라 우리가 접하는 모든 지식, 서적, 강의와 대중 매체를 통한 정보들 속에는 다양한 전제가 되는 배경이 되는 사상들이 근본적으로 변했기 때문이라고 보았다.

쉐퍼는 죽음을 향해가는 흐름에 선을 두고 시대를 규정하고 있는 울타리 바깥을 꿈꾸게 하였다. 이 선은 벽을 치는 줄긋기라기보다는 차이를 가로지르는 실천적 활동에 더 가깝다. 흑인과 백인, 남자와 여자, 아군과 적군, 원수와 연인, 신자와 불신자, 유대인과 이방인의 차이에서 볼 수 있듯 차이가 차이로 남아 그 차이들의 관계가 굳어질 때, 고착되어 썩는다. 성장한다는 것은 끊임없이 근원에 뿌리내리고 가장 자신답게 큰 나무로 살아가면서 동시에 저변의 고통받는 존재들의 차이를 뚫고 포용할 때 일어나는 실천적 행위다. 유대인은 고난받는 이방인 되기를 통해 심령으로 의롭게 됨의 의미를 확보한다. 그렇게 함으로써 자기 내부에 군림하며 굳어버린 '선택받은 자만심'을 극복하고 기존의 지배 질서를 바꿔서 '돌이켜 선택받은 이들의 지평을 넓히는' 새로운 배치를 할 수 있기 때문이다.

그리고 그 과정은 공동체적 지성에 의해 물꼬가 트인다. 키에르케고르는 "절망은 개인주의 시대를 맞아 물 만난 고기가 되었다"[27]고 진단했다. 개인주의는 개인만이 공허하게 남은 실존의 단면이다. 개인주의가 여론이 되면 큰 개인주의의인 집단주의가 발생한다. 집단은 '점점 굉장한 것', 즉 '위대한 것'을 추구하지만 사실 진정한 의미의 위대함은 사라지고 큰 것, 표면적인 것만 기술적으로 취하면서 갈수록 좁아지고 왜소해진다. 그럼에도 불구하고 인간은 그럴듯한 표면에만 급급하여 번영의 시대를 살아간다고 착각하면서 사이비 신성의 빛으로 공허를 채우려 한다.

쉐퍼는 상대주의에 물들지 않으면서도 절대를 선 긋기의 영역으로 하강시키지 않으려 했다. 그는 현대인들의 사고 밑바닥에 있는 기반을 본다. 쉐퍼는 먼저 철학자들을 연구하면서, 헤겔과 키에르케고르 이후부터 시작된 어떠한 주제가 20세기에 이르러서는 거의 모든 현대인들의 사고 속에 영향을 미치고 있음을 발견하게 되었다. 그리고 그 결과 뒤얽힌 마음의 세계가 정처 없이 표류하게 되면서 현대인은 절망적인 상황에 처하게 되었다고 결론 내리게 되었다.

> 우리는 역사적 기독교가 반정립의 기초 위에 서있다는 사실을 망각해서는 안 됩니다. 그것 없이 역사적 기독교는 무의미합니다. 기초적 반정립은 '하나님은 존재하지 않는다'에 대립하여 객관적으로 '하나님은 존재하신다'는 것입니다. 이 둘 중에서 어느 것은 실재reality이며 인식과 도덕의 영역 뿐 아니라 삶의 전 영역에서 모든 것을 변화시킬 것입니다.[28]

시대의 공허함을 은폐하고, 진정한 역사적 의미를 가진 사건이 일어나지 않는 진리는 위장일 뿐이다. 끊임없이 과거로부터 형성된 자기애를 비우지 않으면 새로운 무언가를 앉힐 수 없다. 나를 비우는 것은 가난해지는 것이 아니라 '나 아닌 타자적 무엇으로 풍성해지는 일'이다. 비뚤어진 표지판을 바로 세워 본디 있었던 집으로 함께 돌아가는 길을 모색해야 한다. 그것은 각 시대마다 열리는 빛을 끌어안고 다른 한편으로 심하게 비뚤어진 축을 바로 놓는 일이다. 쉐퍼에게는 그것이 유일한 반정립, 하나님이 존재하신다는 사실과 인격적 의인義認 속에 있었다.

> 그날의 찬란한 빛은 흘러가고
>
> 저무는 저녁의 얼룩진 다청색.
>
> 목동의 고운 피리 소리도 사라졌다.
>
> 저무는 저녁의 얼룩진 다청색.
>
> 그날의 찬란한 빛은 흘러가 없다.
>
> – 게오르그 트라클, <귀향자의 노래>[29]

『거기 계시는 하나님』의 '제1부: 20세기 후반의 지적·문화적 동향'에서 쉐퍼는 철학과 미술, 음악과 일반 문화에서 발견한 '절망의 선'에 대해서 구체적으로 언급하고 있다. '절망의 선'에 의해서 인류의 문화와 사상사 흐름, 그리고 진리관이 변화되었다. 이러한 변화는 지리적·사회적·학문적으로 나타났지만 아무도 주의 깊게 생각하지 않았고 그로 인해 현대인은 큰 절망에 빠지게 되었지만 그 원인을 알려고 하지 않았다. 그만큼 그 영향은 저변에 깊게 배여있는 것이었다.

쉐퍼의 관심은 진리를 향한 소통과 대화에 있었다. 비록 형이상학적 명제로 가는 향수에 붙들려 있었다고 하더라도 말이다. 그에 따르면 과거에는 그리스도인과 비非그리스도인 사이의 소통이 가능했고 비록 완벽하지는 않았지만, 같은 전제 아래서 대화할 수 있었다. 그러나 현대에는 헤겔의 변증법의 영향으로 반정립이 무너졌다. 절대적인 진리가 통용되지 않는 상대주의의 시대가 되었기 때문이다. 또한 키에르케고르의 '신앙의 비약'이 실존주의의 전제가 됨으로써 삶의 통합된 지성적 해답을 얻을 수 없게 되었다. 쉐퍼는 이러한 인식론과 방법론에 있어서 진리관의 변화가 현대인에게 왔다고 설명한다.[30] 그는 위층—신앙비이성, 아래층—합리적인 것으로 인간 존재를 구분하며, 인생의 궁극적인 질문에 대한 대답을 얻기 위해 현대인은 위층으로 '비약leap'해야 한다고 말한다. 그렇게 비약하여 얻어진 대답은 더 이상 합리적이거나 이성적인 언어로 설명될 수 없기 때문에, 도리어 현대인의 인식 틀 안에서는 '쓸모없는' 대답처럼 느껴지고 만다. 그 결과, 인간은 진리를 추구하는 동시에 그것을 수용하지 못하는 자기 모순적 상황 속에서 절망하게 되는 것이다. 쉐퍼는 이러한 절망적인 상황을 바꾸기 위해서 이전의 반정립을 다시금 세우고 성경 안에서 인생의 궁극적인 문제들에 대한 해답을 찾고 발견해야 한다고 주장한다. 쉐퍼는 이렇게 이성을 통하여 자신의 불행한 상황을 깨닫고 무언가 해답을 찾아보자고 제안한다. 또한 철학에서와 마찬가지로 미술, 음악, 일반 문화에서도 절망의 선이 있다고 설명한다.

딜레마는 쉐퍼의 이성이 명제적인 한계에 머물러 있다는 것이다. 상식 실재론에 근거한 이 주장은 치열한 진리 탐구 작업에 나이브한 가정을 가지고 있다. 이 전제는 실재와 그것의 경험 인식론의 단절 없는 혹은 투명한 대응, 즉 실재를 객관적으로 인식할 수 있다는 가정이다. '비판적 실재론critical realism'은 실재와 그것의 표상 representation 간의 투명한 대응 관계를 상정하지는 않으며 실재의 경험이나 상대성과 인식론의 문제를 진지하게 고려하는 반면, '소박 실재론naive realism'[31]은 지식의 상대론이나 인식론의 문제를 계시나 객관적 진리라는 명목 하에 무시하고 외면한다. 형이상학적 관습적 이성의 독단 아래서 소박 실재론은 실재에 대한 통찰적이고 융통성 있는 사고를 차단한다. 명제적 이성으로 무한의 빛을 담기는 부정확하다. 명제는 의미가 깊을수록 사물과 일대일 대응 관계를 이루지 못하고 더 많은 말 이상의 말, 명제적 선언 이상의 무엇을 필요로 한다. 삼위일체론이나 칭의, 전가, 이중 예정, 중간 지식, 속죄 등은 일상의 삶과 연관되는 개념들은 아니다. 초월적이고 추상적인 관념들이다.

그의 경향을 분명하게 보여주는 예화가 있다. 칼 야스퍼스Karl Jaspers를 따르는 사람들이 쉐퍼에게 와서 "나는 '최종적 경험final experience'을 했소."라고 말했다고 한다. 그들은 그것이 무엇인지를 묻는 쉐퍼에게는 별 관심이 없었다. 중요한 것은 자신들의 경험을 얘기하고 있는 자신의 경험일 뿐이었고 그것은 소통될 수 없는 것임을 의미하는 것이었다. 그때 쉐퍼가 말했다.

나도 최종적인 경험을 했소. 그러나 나의 경험은 언어화될 수 있고, 본질상 합리적으로 설명될 수 있는 것이오.[32]

그는 "묻지 말고 믿으라"Don't ask questions, just believe는 태도만이 옳다는 실존주의자들의 목소리를 경계했다. 특히 현대와 같이 이성적인 것과 비이성적인 것을 명확히 나누고 종교적인 것들을 비

종교적인 영역에 위치시키는 일관된 분위기를 지니고 있는 상황에서는 더 잘못되었다고 말했다. 묻지 않고 믿는 것만, 혹은 일일이 묻고 이해가 되어야만 믿는 것 중에 어느 한쪽이 더 영적이거나 성경적인 것이 아니기 때문이다. 영적인 것은 전인적인 것이고 물음이나 이해나 다 믿음을 발생시키는 진리의 사건이 상응해야 한다. 그는 진리의 열매에 초점을 두었는데, 그것이 어떤 열매를 맺느냐 하는 것이었다. 그는 때로 진리가 대립을 동반한다는 것을 알고 있었다. 물론 그것이 사랑이 있는 대립일지라도, 만일 내포된 진리의 중요성을 상관하지 않고 그저 수용하기만 한다면, 마침내 허무와 좌절로 이끌고 간다면, 거기에는 무언가 잘못이 있다고 말했다. 딜레마는 그 이유를 분석하는 철학사적 흐름을 지나치게 단순하고 나이브하게 분석함으로써 진리의 전체성을 향해가는 사유의 흐름을 소박한 명제적 이성으로 환원시켰다는 데 있다. 쉐퍼는 실존주의자들의 노력 속에는 흑암에 대한 커다란 공포가 숨어 있다고 말한다. 그 공포는 자신의 경험을 언어화할 수 없고, 결국에는 자신의 존재의 의미와 확실성에 대한 소망에 집착하고 있기 때문이다.[33] 그 이유는 그들의 소망이 비합리적이고, 비논리적이며 비 소통적인 경험에 기반을 두고 있기 때문이라는 것이다.

그의 의도는 존재하시는 하나님과의 인격적인 관계를 말하고자 하는 것이었고, 그것을 묻는 이들, 특히 지성을 가진 젊은 구도자들과 소통하고자 했다. 아마도 쉐퍼는 이성적 소통과 실천에 좀 더 깊은 관심이 있었을 것이다. 어쩌면 심하게 기울어진 상대주의의 표류 속에서 반짝거리는 빛이 진짜 신성의 빛인지 아니면 사이비 빛인지를 명제적 개념으로 파수하고 싶었는지도 모른다. 물론 명제적 진리가 침식당하고 있다는 쉐퍼의 판단은 정확했다. 현대인은 진리를 명제의 형태로 표현하는 것에 대한 본능적 거부감을 가지고 있다. 쉐퍼는 그 원인을, 헤겔 이후 철학들이 동일한 방식으로 통일성을 지니고 있기 때문이라고 설명하며, 절망의 선은 하나의 단위로서, 그 안에 있는 단계들은 특징적이고 통일적인 표지를 갖는다고 말한다. 그러나 그 과제를 해결하려는 그의 방법론은 시대의 흐름을 역행하면서 시대착오적인 정면승부를 하고 있다.

> 내가 알기로는, 우리가 지식과 진리에 이르게 되는 길에 관한 개념에 있어서 이러한 변화가 오늘날 기독교가 직면하고 있는 가장 심각한 문제이다.[34] '절망의 선' 이전의 사람들은 모두 동일한 전제를 가지고 살았다. 절망의 선 이전에 사람들은 모든 사고의 기초에 절대자들absolutes 같은 사물들이 실제로 존재한다고 받아들였다. 그들은 그들의 존재또는 지

식의 영역과 도덕의 영역에서 절대자의 존재 가능성을 수용하였다. 그러므로 그들은 절대자들의 존재 가능성을 받아들였기 때문에, 이것들이 무엇인지에 관해서는 서로 불일치함에도 불구하고, 고전적인 반정립antithesis의 기초에 따라 함께 생각할 수 있었다. 그들은 만일 어떤 것이 참이라면, 그 반대편은 거짓이라는 명제를 당연하게 생각하였다. 도덕에 있어서 만일 어떤 사실이 옳다면, 그 반대편 사실은 옳지 않았다. 그러나 절망의 선을 통과한 지금 이 시대는 이 명제가 더 이상 작용하지 않는 시대이다. 이렇게 반정립의 전제 아래서 서로 말할 수 있었기 때문에 복음을 전하는 일이 어려운 일이 아니었다. 듣는 사람이 우리의 말을 이해할 수 있다는 확신을 가지고 복음을 전할 수 있었기 때문이다. 그러나 이제는 그럴 수 없는 상황이 되어버렸다.[35]

쉐퍼는 그의 저서 전반에 걸쳐 상대주의와의 싸움을 전개하면서 헤겔의 변증법적 사고dialectical thinking가 상대주의relativism라는 결과를 낳았다고 진단하고 헤겔의 변증법과 상대주의를 동일하게 취급한다. 또 반정립적 사고와 헤겔의 변증법은 양립될 수 없는 것이며 반정립적 사고만이 인간이 할 수 있는 유일한 사유 방식이라고 말한다. 그러나 그의 딜레마는 헤겔의 변증법적 이성의 주요 목적들 중 하나는 고정된 절대 존재를 설명하려는 것이 아니라 과정-됨의 성질을 설명하기 위한 것임을 간과한다는 점이다.[36] 문제는 무엇이 변화하는 것이고 무엇이 불변하는 것이냐의 구별이다. 변화하는 것에는 변증법적 인식이 필요하다. 하지만 불변하는 존재이신 하나님에는 변증법적 이성을 적용할 수 없다. 기독교 신앙의 명제를 통해 설정된 반정립의 경우는 이와 확실히 다르다.

쉐퍼가 판단하기에 헤겔의 변증법은 수백 년 동안 합리주의 사상이 실패를 거듭했기 때문에 초래된 절망으로부터 만들어졌다. 그 선택은 합리성rationality을 희생시키고 합리주의rationalism를 고수하는 것이었다. 헤겔은 어쨌든 합리성과 어떤 관계를 갖는 종합을 원했고 이 소원을 이루기 위한 투쟁 속에서 종교 언어를 사용했지만 이것은 해결책이 아니었다.[37] 쉐퍼는 헤겔의 변증법이 종합이라는 방법론을 통해 진리를 상대화하기 때문에 우리가 받아들일 수 없는 논리라고 설파한다. 나아가 쉐퍼는 우리가 반정립의 범주 안에서 사고하도록 지어졌으므로 반정립적 사고만이 타당하다고 주장한다. 심지어 쉐퍼는 우리가 반정립적 사고를 포기하고 변증법인 방식으로 진리를 파악할 때 이는 하나님에 대한 신성 모독이라고까지 주장한다.

만일 어떤 것이 참이라면 그 반대편은 참이 아니다. 만일 어떤 사실이 옳다면 그 반대편은 옳지 않다. 따라서 어떤 사람이 반정립을 포기하는 정도에 이르면, 즉 우리가 다른 방법론으로 사고한다면 우리는 사실상 그분을 더럽히고 무시하고 모욕하는 것이다. 왜냐하면 모든 것 중에서 최대의 반정립은 그분의 부존재와 대립하여 하나님이 존재하신다는 것이기 때문이다. 그분은 실존하시는 하나님이시다.[38]

그러나 명제적 이성을 모든 영역에 적용할 수는 없다. 명제는 논리적 일관성을 요구하며, 존재하는 것은 모두 특정 시점에서 우리가 인지한 것 이외에 또 다른 어떤 것이 될 수 없음을 의미한다. 이러한 이성의 논리는 집을 짓거나 다리를 놓을 때 꼭 필요한 것들이지만, 신과 인간과 세계가 상응적으로 관계하고 사건을 발생시키면서 드러내는 관계적 차이를 설명하지는 못한다. 보이지 않는 세계나 무의식에 대해 논하면서 다리를 놓거나 집을 짓는 작업에 필요한 동일성의 원리에 따라 사고한다면 도리어 파국적인 상황이 발생할 것이다.

딜레마는 명제 그 자체가 틀렸기 때문이 아니다. 도리어 변화하고 유한한 인식 주체의 타당함을 지나치게 확대하여 주장했기 때문이다. 하나님은 무한하시고infinite, 인격적이신personal분으로 우리와 철저히exhaustively 소통하시지 않는다 해도 그 존재 자체로 존재하며 진실되게truly 소통하신다. 그러나 그것이 신앙하는 삶의 현장으로 내려올 때, 살아있는 실체에 대해 발전의 특정한 한 단계에서 다른 단계로 변화하는 가능성을 명제적으로 패턴화할 수는 없다. 명제적인 이성의 방법론은 변증법적 이성과 반대가 아니다. 오히려 놓인 자리가 어디냐의 문제가 더 깊이 다루어져야 한다. 변증법적 이성은 인간의 정체성을 연구할 때, 한 실체가 특정 순간에 조직되는 방식 뿐만 아니라 현재와 다른 어떤 것이 되어가는 방식, 즉 발전의 단계들을 넘어가는 방식을 모두 포착하려 하고 어느 영역에서 어떻게 사용될 것인지 재고되어야 한다.

쉐퍼는 변증법을 일종의 상대주의로, 그리고 헤겔의 종합을 절충이나 혼합으로 오해하고 있다. 헤겔에게 '진리는 전체'이다. 변증법적 운동을 통해 절대적 규정에 이르는 과정 전체가 진리라는 것이다. 헤겔이 말하는 대립물의 통일이라는 것도 서로 모순되는 둘 모두 참이라는 논리가 아니다. 하나의 사태에 대한 규정이 완전하게 진전되지 않았을 때에는 상호 모순적인 차원이 나타나고 이러한 모순으로 인해 보다 더 규정성이 진전된 단계로 나아간다. 여기서 모순되는 두 항은 진리로 이행하게 되는 계기를 이루는 것이지 둘 다 진리인 것은 아니다. 규정성이 최종 결과로 나타날 때 그때 비로소 진리가 나타난다.

이러한 논리는 절충이 아니라 완성과 종합의 개념을 내포한다. 사태에 대한 최종 규정이 이루어지기까지 과정 전체가 진리로 파악되어야 한다는 것이다. 그리고 이러한 과정들**부정의 부정**은 최종 규정 종합/통일으로 수렴되며, 최종 규정에 의해서 비로소 과정들은 진리의 계기들로 자리 잡는다. 헤겔이 말하는 종합, 즉 최종 규정은 절대적인 것이지 결코 상대적인 것들의 절충이 아니다. 헤겔은 오히려 절대 정신의 출현 과정을 해명하려는 절대성의 철학자였다.

다만 쉐퍼의 '반정립적 사고 외에는 없다'라는 주장을 전체가 진리라고 하는 헤겔의 전제가 가진 기반에서 바라볼 수는 있다. 헤겔의 절대 정신은 모든 유한자의 변화를 통해 자신을 드러내므로 이미 헤겔의 변증법 속에서 절대적인 것마저도 잠식하는 단초가 들어 있다고 볼 수 있다. 그러나 인간은 유한하며 변화하는 존재이기에 변증법적 이성이 무한과 관계하는 우리의 삶의 한 단면을 드러내주는 측면을 부정할 수는 없다.

쉐퍼는 세속주의에 물든 현대 사유가 가진 또 다른 문제점이 비합리주의라고 말한다. 우주의 합리적 원리를 인간의 이성으로는 이해할 수 없고, 그래서 인간은 이성 너머의 영역으로 신비주의를 비롯한 각종 비합리주의를 통해 '도약'하게 된다는 것이다. 이것이 '절망의 선'의 또 다른 차원이다. 그리고 쉐퍼에 의하면 이러한 비합리주의의 문을 열어젖힌 철학자는 키에르케고르이다. 하지만 쉐퍼의 주장처럼 키에르케고르가 이성과 신앙을 분리시켰다고 보는 것은 너무 단순화한 무리수다. 이것이 바로 쉐퍼가 추구하는 이성이 명제적 합리성이기 때문에 발생하는 오해일 뿐이다. 신앙으로의 도약을 이성으로부터의 도피로 이해하는 것은 도리어 키에르케고르가 피하고자 했던 근대적인, 너무나 근대적인 이성 개념에 기인한 것이다.

오히려 키에르케고르가 제시한 것은 인격적이고 체험적인 주관적 합리성, 통합적 이성이었다. 신앙은 지-정-의를 포괄하는 전인격적 차원에서 형성된다. 진리와 이에 대한 신앙 모두 인격적인 차원에 속한다. 주관적 방법은 인격적이다. 특정한 명제로서의 진리에 대한 초연한 거리두기로 얻은 절대가 아니라, 인격적으로 다가오는 진리에 대한 열정적 참여와 겸허한 한계 인식으로부터 오는 것이다. 따라서 명제적 진리는 하나님의 인격적 신실성에 의존한다. 그 반대가 아니다. 우리가 키에르케고르에게서 찾을 것은 명제적 진리 이전에 진리와 관계하는 분명한 인격이다.

그럼에도 불구하고 쉐퍼가 그토록 간절하게 지키려고 했던 것이 무엇인지는 알겠다. 조지 린드벡George A. Lindbeck이 지적하듯이 이젠 명제적인 종교 교리의 시효는 만료되었다.[39] 그는 현대 사회에서 전통적인 '인식-명제적' 형태의 기독교 교리는 '문화-언어적' 형태의 담론으로 바뀌어야 한다고 주장한다.[40] 교리의 시대가 가고 다만 '담론'이나 '이야기'만 가능할 것이라는 그의 대안에 대해서 지금의 시대 정신이 교리적이고 명제적인 신앙을 위태롭게 하고 있다는 것은 분명하다. 그것이 절대적인 것이라고 생명력을 불어 넣을 힘은 어디 있을까? 선전 도구나 내면통을 울리지 않는 말의 홍수 속에서, 태초의 말씀이 말로 전락한 시대 속에서, 진리는 때로 반정립의 저항 속에서도, 되어져가는 역사의 흐름, 그것들의 종합에서도, 무한을 갈망하는 한계 있는 피조물들의 탄식 속에서도 찾아져야 한다. 이제 현대인은 더 이상 눈에 보이지 않는 초월적인 세계에 대해서 진지한 생각을 할 수 없게 되었다. 더 이상 눈에 보이지 않는 추상적이고, 관념적인 것들, 혹은 형이상학적인 것들에 대해서 사고할 줄 모르게 되었다. 이 고민은 최첨단 가상현실 세계를 맞이하는 새로운 세대들과 실천적 지성을 갖추고 열린 대화의 지혜를 갖추어야 할 차세대 지성인들의 과제일 것이다.

기도로 일구어가는 열린 문화공동체

쉐퍼의 사상이 철학적 순진성과 근대적 편향성이 있다고 비판받는 이면에 라브리 공동체가 이루어낸 영성적이고 실천적인 열매들은 창발적이고 감동적인 아름다움이 있었다. 그의 사고력은 새로움에 대한 갈망을 유보한 채 일단은 합리적인 것, 과학적인 것, 언표 가능한 것으로 진리를 지키려는 열망에 근거했지만, 공동체의 환대와 의미 탐색 과정은 일종의 열린 구도의 과정과 같았다. 공동체 사역은 늘 기도로 준비되었고 공동체적 기도와 사역은 무한의 타자로부터 오는 직관을 붙드는 순간 곧 통합적이고 내면적인 빛이 되었다. 어쩌면 이 일보를 내딛는 라브리 공동체의 영성이야말로 그가 '절대'로 표현한, 영원성으로 표류하는 시대를 균형 잡는 일에 가장 큰 몫을 했는지도 모른다. 사실 끊임없이 변화하며 영원의 전체성을 구현하는 진리 운동이 절대나 상대의 이분법적 차원으로 환원될 문제는 아니지만 말이다. 중요한 것은 쉐퍼에게도 이 소명은 외적인 삶만이 아니라, 근원적으로 내면적인 삶이 전제될 때에만 가능한 것이었다.

> 그리스도인의 삶과 참된 영성은 결코 외적인 것이 아니라 내적인 것이다. ⋯ 모든 것의 목표는 우리가 내적인 어떤 상태에 이르는 것이며 외적인 상태에 이르는 것이 아니다.[41]

이 내면성을 중심에 두면서 쉐퍼는 세 가지 결론에 이른다.

첫째, 무엇보다도 먼저 우리는 하나님과 친교의 실재와 하나님을 사랑하는 일은 '내적 자아'에서 일어나야 한다는 것, 둘째, 인간의 진정한 싸움은 외적인 세계에 있는 것이 아니라, 사상의 세계 '안'에 있다는 것, 셋째, 참된 영성은 언제나 내부에서 시작된다는 것이다.[42]

쉐퍼의 변증학은 그의 내면적인 삶과 그가 이룩한 구도적 라브리 공동체로 인해 큰 반향을 일으켰다. 이상원은 쉐퍼에 대하여 다음과 같이 설명하고 있다.

쉐퍼는 20세기 철학, 신학, 문학, 음악, 미술, 영화 등을 포괄하는 넓은 의미로서의 문화 전반을 지배했던 시대 이념의 틀을 진단하고 분석해 내어, 이 이념의 틀을 통해 야기된 시대의 위기에 대하여 기독교의 복음이 제시할 수 있는 세계관의 틀이 어떤 것인가를 제시하고자 노력했다. 쉐퍼의 모든 복음 전도적이고 변증적인 노력들은 항상 윤리적 실천의 당위성을 강조하는 것으로 마무리되고 있다.[43]

그리고 쉐퍼는 이상적인 변증학을 다음과 같이 정의한다.

세상은 우리를 보고 판단할 권리가 있다. 궁극적인 변증학
은 세상이 개별적인 그리스도인 안에서와 집단적인 관계 안
에서 무엇을 보느냐에 따라서 성패가 결정된다. 만일 그리
스도인들이 말을 통하여 복음의 결과를 보여준다면 세상도
말을 통하여 그 결과를 해소시켜 버리고 말 것이다. 그러나
그리스도인들이 기독교적 전제들의 논리적인 결과들을 실
체적이고 공동체적으로 보여준다면, 세상은 이 결과를 말로
써 해소해버릴 수 없게 될 것이다.[44]

그의 변증학은 단지 학문적 주제가 되는 것을 거절한다. 변증학
은 현재 세대와 살아있는 접촉을 유지하는 가운데 충분히 숙고되고
실천되어야 한다. 변증학의 목적은 단지 논쟁에서 이기는 데만 있지
않고, 우리와 접촉하는 사람들이 기독교인들이 되고, 삶의 전 영역
안에서 그리스도의 주권 하에서 살도록 감화하는 데 있다.

우리는 우리의 목적을 이렇게 정했습니다. 우리의 삶과 일을
통해 하나님의 실재를 드러내는 것, 다시 말해서 우리는 몇
가지 영역에서 기도를 기초로 하는 삶을 살기로 결정했습니
다. 혹시라도 관심을 가지고 바라보는 사람 모두에게 하나님

의 실재를 증거할 수 있도록 말입니다. 그래서 우리는 다음의 네 가지 특정 영역에서 기도로 살기로 했습니다.[45]

기도는 진리를 변증하는 라브리 공동체의 가장 중요한 노동이었으며 그들의 삶과 사역이 무한과의 열린 문으로 계속 생명력이 일어나도록 하는 것이었다. 그것은 라브리가 전적 신뢰를 통한 숭고의 원칙 아래 공동체가 인도되고 있다는 실증이 되었으며 그것은 라브리 공동체의 원칙 속에 잘 나타나 있다.

1. 우리는 돈을 달라고 호소하는 대신 오직 기도로 하나님께만 우리의 재정적인 그리고 물질적인 필요를 알린다. 우리는 하나님께서 당신이 선택한 사람들의 생각 속에 그들이 이 일을 감당해야 할 몫을 알리실 수 있다고 믿는다.

2. 우리는 하나님께서 당신이 선택한 사람들을 보내 주시고 다른 사람들은 전부 막아 주시기를 기도한다. 사람을 모으기 위한 광고 전단은 없다.

3. 우리는 회의를 통해서 우리의 미래를 명확하고 효율적인 방법으로 계획하는 대신, 하나님께서 우리의 일을 계획하고 날마다 우리에게 당신의 계획을 보여 주며 당신의 뜻대로 지

도하고 인도하시기를 기도한다.

4. 우리는 일반적인 통로를 통해서 간사를 모집하지 않고, 하나님께 당신이 선택한 간사들을 보내 달라고 기도한다.[46]

기도는 그들이 필요한 재정, 구도자들, 계획, 동역자들을 하나님께서 인도하신다는 사역의 원칙이 되었다. 이러한 기도의 철학 아래 라브리의 목적은 '크든 작든, 널리 알려지든 덜 알려지든, 단지 하나님의 목적을 신실하게 이루려는 것'이 되었다.[47]

> 하나님은 모든 영역에 있어서 전능하시다. 주님은 여러 가지
> 방법으로 일하실 수 있다. 그렇지만 그 중 한 가지는 사람의
> 마음이라는 영역에서 그 마음을 '움직이는' 것이다. 하나님
> 은 인간의 마음에 어떤 생각을 불어넣으실 수 있다. 어떠한
> 일을 하고자 하는 강한 '충동'이나 '신념'을 느끼게 하실 수
> 있다. 그 마음을 움직이는 것이 기도의 목적이다.[48]

기도야말로 라브리의 가장 중요한 기초였으며, 그리고 그것은 라브리의 일이 깊은 마음의 능력으로부터 출발하고 있다는 것을 보여 준다.

그는 기도를 통해 성령이 자유롭게 개입하는 기초를 마련하고, 공동체의 중심에 문화를 두었다. 그는 성경의 '모든 삶과 문화'는 먼저 하나님, 다음으로 서로에 대한 하나님의 백성의 관계를 토대로 하였다고 진술한다. 그것은 단지 종교적인 생활이 아니라 총체적인 문화 관계였다. 하나님 나라 문화와 삶의 방식 전체가 사랑과 교제의 결정적인 다양성에 내포되어 있었다. '영적인 것'과 그 밖의 다른 것들 간에 플라톤적인 이분법이 있어서는 안 된다는 것이 그의 지론이었다.[49]

그는 현대 문화에서 중요한 위치를 차지하는 영상 문화에도 참여하여 이미지로서 세계를 정화하는 창작 활동도 활발하게 진행하였다. 1974년 그의 아들 프랭키의 제안으로 첫 번째 영화인 『그렇다면 우리는 어떻게 살아야 하는가How Should We Then Live』를 제작하기 시작했고, 이 년 후에는 완성된 영화를 상영하며 미국의 22개 도시에서 집회를 인도하기도 하였다. 그 영화 제작에는 지성인 학자들의 도움도 있었는데, 화란의 자유 대학교 미술사학자인 한스 로크마커Hans Rookmaaker 교수와 역사학자 로널드 웰즈Ronald Wells 박사의 도움이 컸다. 그 후 쉐퍼는 에버렛 쿠프Dr. Everett Koop[50]와 함께 영화 『인류에게 무슨 일이 일어났는가Whatever Happened to the Human Race?』를 제작하여, 낙태, 영아, 안락사에 대한 그리스도인의 자세를 다루었다. 특히 쉐퍼는 낙태를 생명에 대한 잘못된 세계관과 윤리관의 결과로 보고, 무책임한 의사와 비열한 부모가 함께 범하는 가장 처참하고 악질적인 살인이라며 다른 어떤 사회적인 문제보다 더 심각하게 다루었다.

쉐퍼는 문화에 남아있는 절망의 선에 주목하고 현대인의 관념이 아무것도 남아있지 않도록 모든 것을 산산조각으로 박살내는 허무를 구체적으로 추적하고자 했다. 그는 이러한 현대의 흐름들을 기독교인으로서 '싸워야 할 영'이라고 표현한다. 이 모든 세계관의 배후에 모든 것을 포함하는 하나의 중심 원을 그리는 것을 급진적으로 부정하고 파편화시키는 경향이 있다는 것이다. 인생을 도덕도 없고, 아무런 의미도 갖지 못하는 무관한 삶으로 이끄는 영들 말이다. 그것이 영들과의 싸움을 의미하는 것이라면 그 일의 원칙에는 능동적 수동성이 있었다. 기본 전제는 "그리스도가 행위의 주체이시므로 단지 우리 자신의 힘으로 행해져서는 안 된다"는 것이지만, 단지 수동적이어서는 안 된다. 여기에는 능동적인 수동성이 있다.[51] 이러한 원리에 따라 라브리는 진리의 탐험과 기도로서 삶과 사상, 문화의 전반을 새롭게 하는 놀이터와 같았다. 그곳에는 리듬이 있고 기도가 있고 아름다운 자연 속 모닥불 아래서 진리를 탐구하는 지성과 환대가 있었고 치열한 어둠을 조장하는 배후의 영들과의 싸움이 있었다.

 쉐퍼가 문화를 중요시하는 배경에는 '현대인의 절망'이 있고 잘 알려진 그리고 뛰어나고 천재적인 예술가들의 영향을 받고 살아가는 현대의 평범한 사람들로부터 시작된다는 것을 의미하는 것이다. 쉐퍼는 그들을 진리를 전하는 대상으로 삼았다. 쉐퍼는 그들을 위해 문화를 주요 매개체로 사용하였다. 쉐퍼는 그리스도인의 삶 자체가 가장 위대한 예술 작품이라고 말했고, 그의 저서 『예술과 성경 Art and the Bible』에서 예술 일반에 대한 관점을 밝히고 있다. 첫 번째 관점은, 예술 작품은 그 자체로 가치가 있다는 것이다. 그 이유는 첫째로 예술 작품은 창조성creativity에서 나온 것이며, 창조성은 하나님이 창조주이시기 때문이다. 둘째, 예술 작품은 창조물로서 가치가 있다. 인간은 하나님의 형상으로 창조되었으므로 인간은 사랑하고 생각하고 감정을 느낄 수 있을 뿐 아니라 창조할 수 있는 능력도 가지고 있다. 창조성은 우리의 '인간됨'의 본질에 속한다. 그러나 창조성 그 자체는 좋은 것이지만, 타락한 인간에게서 나온 창조성은 좋은 것이 아니다.[52] 또한 쉐퍼는 특별히 기독교 예술에서 세 가지가 강조 되어야 한다고 말한다. 첫째, 현대성이다. 예술은 변화한다. 언어도 변화한다. 오늘날 설교자의 설교는 오늘날의 언어를 통해 이루어져야 한다. 기독교 예술 역시 현대성을 담지 못한다면 공감하기 힘들 것이다.[53] 둘째, 지역성이다. 각 지역마다 특색이 있어야 한다. 왜 아프리카인들이 고딕 건축 양식을 사용하도록 강요당하는가? 그리스도인 예술가가 일본인이라면 그의 회화 세계는 일본적인 것이어야 하고 인디언이라면 인디언식의 특색을 지녀야 한다. 셋째, 기독교 세계관이다. 그리스도인 예술가의 작품 세계는 기독교 세계관을 반영하여야 한다. 즉 그리스도인 예술가는 현대성을 담은 예술 활동을 해야 하고 자신이 속한 문화의 특징을 보여야 하며, 조국과 시대성을 반영하고, 기독교 세계관으로 바라본 세계의 본질을 구체화해야 한다.[54]

쉐퍼의 문화 사역이 이익이 아니라 공동체와 우정어린 지지자들과 함께 펼쳐진 것을 주목하자. 예술 사역은 공동체를 중심으로 함께 해야 한다. 건전한 공동체적 관계 속의 건강한 비평과 전문적인 훈련 과정 역시 중요하다. 중세 시대 수공업자들은 길드 제도를 통해 그들의 기술을 전수하고 보호했다. 도제 제도는 당시의 수공업 기술자를 양성하는 제도로, 도제가 장인과 함께 먹고 자면서 수년간 직접 기술을 전수받는 제도였다.[55] 때로 과학 기술의 맹목적 지배 technocracy를 거부하는 저항도 필요하며, 미래적 대안을 추구하는 일에도 깊은 관심을 기울여야 한다. 예술가는 시, 노래, 이미지, 은유, 형태 등의 창작을 통해 개념이나 교리로 표현할 수 없는 통찰, 지혜를 표현하기도 하고, 또한 예언적 영감을 제시하기도 해야 한다. 너무 부요하거나 너무 가난하지 않도록 정신적, 영적, 물질적 지원이 공동체로부터 지원되어야 한다.

공동체는 이러한 치유와 변증을 포함하여 예술적인 표현 방식을 공유하는 곳이어야 한다. 소명으로서의 예술은 자기 재능을 꽃피우는 일만이 아니라 작업 기술과 원칙을 익히고, 다른 사람의 작품과 그 결점에서 배우며, 관계와 작품을 만드는 과정에서 자기의 이기심과 싸우면서 근원의 집으로 귀향하는 과정을 포함한다. 그리고 그 진리의 탐구와 문화는 기도의 처절한 투쟁 위에 선 관계의 아름다움을 기반으로 한다. 그것은 공동체의 정통성이기도 하고, 실천을 통해 시대에 참여하고 소통하는 공동체가 되는 일이기도 하다.

5부

어머니 지구를 살리는 법
: 이원론적 지배에서 창조적 생명 연대로

본래 푸르도록 의도되었던 사람들에게….
하나님께서는
그분이 보시는 앞에서
온 세계가 순수해지기를 원하십니다.
지구는 상처를 입어서는 안 됩니다.
지구는 파괴되어서는 안 됩니다.

- 빙엔의 힐데가르트

생태 위기에 대한 성찰

지난 세기는 인류 정신과 문명의 최고봉이었다. 자연과학의 정밀한 발전은 우리가 얼마나 놀랄만한 업적을 낳을 수 있는지 보여주었다. 그러나 마냥 환호성만 지를 수 없는 다양한 위험 증후군이 환경과 의학 영역에서 특히 두드러지게 나타났다. 산업 혁명을 기점으로 성장주의 경제 정책은 인간이 보다 풍요롭고 편리한 삶을 추구하게 만들었으며 자신들의 이익을 중심으로 지구의 자원이나 생태계 질서를 무분별하게 착취하고 파괴하게 만들었다. 결과적으로 인간은 자신들의 삶의 터가 조금씩 파괴되고 있음을 깨닫지 못하고 있다가 최근에 이르러서야 그 심각성이 부각되기 시작하고 많은 국가들이 국제 협약을 체결하는 등 자연의 가치와 더불어 인간이 자연에 가져야 할 의무에 대하여 심사숙고하게 되었다. 한편 과학적인 영양 이론과 위생법, 엄청난 양의 약품들이 대량 소비되고 있는데도, 정신질환은 나날이 늘어나고 알레르기와 문명 병들은 계속해서 증가했다. 결과적으로 우리 인류는 행복하지 않다.

특별히 전 세계적으로 코로나바이러스 감염증을 겪은 이후, 기후 위기, 생물 멸종 위기 등을 비롯한 생태계의 위기는 전 지구적 차원에서 일어나고 있다.[1] 가뭄, 홍수, 폭염, 해빙, 태풍과 같은 기상 재해가 증가하면서 인간이 기후 위기에 취약하다는 것을 더욱 실감하고 있다. 원인은 무엇이며, 해답은 어디 있을까? 이것은 비단 생태계 뿐만 아니라 자본주의의 편리에 물들어있는 우리들의 자연과 세상에 대한 생각, 그리고 그에 기반을 둔 삶의 태도와 생활 방식도 포함된다. 현재의 글로벌 경제 질서가 기후 변화를 악화시키고 있는 것은 사실이지만, 그렇다고 위기를 만들어낸 주범은 아니다. 이미 인류는 1700년대 말부터 석탄을 본격적으로 이용하기 시작했고 그 이전에도 생태계 파괴를 자행했다. 우리가 모색해야 할 변화는 기존 사회, 경제 모델의 기저를 이루는 논리적 가정들은 물론이고 거기에 내재한 가치 체계와 그것을 정당화하는 세계관에까지 의문을 제기하는, 문명적 수준의 전환을 필요로 한다. 즉 생태계 위기를 논하는 데 있어서 무엇보다 우선시되어야 하는 논점은 그 원인을 제공하는 인간에 대한 근본적 물음이다. 현대에서 환경 위기 문제는 하나의 종교적 양상으로 변화되고 있는데, 그것은 근본적인 인간 변화와 구원의 문제임을 인식하기 시작했다는 것이다. 이제 환경 문제는 전 지구적 관심사로 삶의 전반에 영향을 끼치는 화두가 되었으며, 생태학은 이 시대 종교의 중심 논제가 되었다. 이것은 단지 환경 개선만이 아니라 자연에 대한 태도와 가치관의 혁명이 필요하다는 인식에서 비롯된다. 또한 종교 안에 배태된 생태학적 가치와 의미를 발굴하여 자연과 함께 살아가는 새로운 삶의 가능성을 모색해야 한다.

특별히 이러한 흐름은 1962년에 출간된 레이첼 카슨Rachel Louise Carson의 『침묵의 봄Silent Spring』[2]이후 지속되어 과학, 인문학, 문학 등 다양한 학문 분야에서도 이 이슈에 주목하고 답을 탐색하고 있는 추세이다. 그 중에서 역사학자 린 화이트Lynn White는 이 위기의 정신사적 근거에 대해 언급했는데, 「생태 위기의 역사적 뿌리 The Historical Roots of our Ecologic Crisis」라는 짧은 논문에서 생태 위기의 원인을 종교와 연관 지음으로써 신학적 논쟁을 일으켰다.[3] 그는 현대 생태 위기의 역사적 근원은 유대교-그리스도교의 인간중심적 자연관과 깊은 연관성이 있으며, 자연에 대한 그리스도교의 오만으로부터 오늘날의 환경 문제가 비롯되었다고 주장했다. 즉 유대교-그리스도교의 전통은 '자연은 인간의 사용 목적 외에 다른 어떤 존재 이유도 없다'는 극단적 원리를 강조함으로써 자연을 지배하고, 착취하는 길을 열어놓았다는 것이다. 또한 인간이 자연을 대규모로, 그리고 급속도로 파괴하는 것을 가능하게 한 과학과 기술의 발달 역시 유대교-그리스도교라는 종교의 토양 속에 깊이 뿌리내리고 있다고 주장했다.[4]

그의 주장에 따르면 첫째, 종교가 현대 인류가 직면한 '생태 위기'의 근본 원인이다. 둘째, 특히 인간 중심적 서구 기독교는 환경 파괴적인 태도를 만드는 데 큰 영향력을 끼쳤다. 자기 중심성이 인간과 자연의 이원론을 확립했고 인간의 목적을 위해 자연에 대한 도구적 착취의 정당성을 부여했다는 것이다. 그리고 서구의 과학 및 종교가 협력하여 생태 위기를 촉발했으며, 이러한 사상이 자연에 대한 태도와 문화, 행동에 지속해서 영향을 미쳤다고 보았다. 셋째, 생태적 파괴의 근본적인 원인이 종교인 것처럼 해결책 역시 종교적일 수밖에 없다[5]는 것이다.

그러나 이러한 시각이 편협한 해석의 결과라는 주장도 만만치 않다. 클래런스 글래컨C. J. Glacken은 구약의 콘텍스트에서 볼 때 인간의 본분은 자기 희생적 사랑과 청지기적 돌봄이지 피조물에 대한 지배나 약탈이 아니라고 주장한다.[6] 뿐만 아니라 화이트의 환경 파괴 원인 이론은 복합적이고 다양한 요소를 가진 역사적 실재를 지나치게 단순화시킨 측면도 있다. 즉 생태 위기 문제는 인구의 급격한 폭발, 농업 혁명, 시장 경제, 기술 경제, 과학기술 진보, 산업 혁명으로 인한 기술 혁신 곧 기계화, 자동화, 대량 생산, 빠른 수송 등 복합적인 요인들의 상호 작용 속에서 해법을 찾아야 한다는 것이다.

화이트의 견해에 대한 다양한 저항에도 불구하고, 그의 견해에서 특별히 주목할 만한 점은 종교의 만행을 고발하고 성찰하고 회복할 계기를 열었다는 것이다. 그는 여기에 그치지 않고 그러한 잘못을 회복하는 길을 종교 내부의 혁신에 두고, 아시시의 프란치스코Saint Francis of Assisi를 생태 영성과 생태학의 수호 성인으로 제안했다.[7] 그의 초점은 기존의 종교의식이나 교리만으로는 현재의 생태 위기를 해결하기 어렵고 종교가 영성적으로 방향을 틀어야 하며, 종교로 인한 치유 역시 종교 안에서 발견되어야 한다는 자성이다. 이후 종교가 세계관을 형성하는 핵심이라는 문제 인식 위에서 광범위한 연구 프로젝트[8]가 수행되었다. 즉 환경 보존을 지향하는 '지속가능한 발전'이 가능해지려면 사람들의 의식이 변화되어야 하고 현상적 판단을 넘어 성스러운 시각에서 출발해야 한다는 '근원적'인 성찰의 분위기와 통찰이 형성된 것이다.

종교 윤리는 다른 세속 윤리보다 훨씬 뿌리 깊게 살아 있는 윤리이다. 종교 안에는 살아 있는 실천적 윤리의 잠재성이 있다. 우리가 할 수 있는 최선의 힘은 모든 분리된 벽의 경계를 넘어 강의 밑바닥을 보는 것이다. 인간은 언제나 그 시대가 요구하는 윤리적 규범을 통하여 실천의 방향을 제시하고자 하였지만, 종교적 차원이 가지고 있는 시원始原이 없는 시대 분석은 힘이 없다. 세계의 주요 종교들이 제시하는 윤리적 규범들은 그저 윤리적 규범만이 아니라 매우 역동적인 사회 과정 속에서 검증을 거쳐 역사적으로 형성된 것이다. 큉 역시 비종교인들도 윤리적 삶을 영위할 수 있는 내재적 자율성을 가지고 있음을 인정하지만, 종교 이외에는 윤리적 요구에 대한 무조건성Unbedingtheit과 보편성Universalitat의 근거를 제시할 수 없다는 측면에서 종교의 도덕적 기능을 강조한다.[9] 이런 관점에서 우리는 종교, 특히 종교 안에 숨어있는 '깊은' 영성을 통해 생태 위기 문제를 극복할 실마리를 찾고자 한다.

다행스러운 것은 그간 도외시했던 영적인 비전vision을 포함하여 새로운 방향과 창조적 대안이 내적으로, 영성적으로 일어나고 있다는 점이다. 어쩌면 지구 전체를 '외적으로' 연결하며 확산하려 할수록 사람들은 더욱 더 '내적으로' 영성화를 갈망할 것이다. 요컨대 우리가 이 시대에서 주목해야 할 것은 질병이나 공포라기보다는, 그럼에도 불구하고 굽힘 없이 솟구쳐 오르는 어떤 매력적인 심원의 힘, 사회와 생태와 인간의 삶을 연결시킬 수 있는 전일적인 영성이다. 즉 이런 시대적 위기의 징표나 변화를 맞아 사람들은 지금까지 그다지 주목하지 않았던 영성, 특히 생태계 위기를 치유하고 회복할 수 있는 희망을 생태 영성에 두기 시작했다.

어떤 시기이든 그 시기만의 예언자들이 있다. 시대를 깨우는 경종의 의미를 밝혀주는 이들 말이다. 그들의 말은 과거와 현재를 넘어서 모든 시대의 사람들에게 들려주어야 할 중요한 내용을 담고 있다는 측면에서 영적이다. 이런 점에서 우리에게 진정 필요한 것은 기술이나 처방전이라기 보다, 자연을 대하는 근본적 인식과 태도의 전환이며, 자연을 계기로 삼아 무한과 접속하는 계기를 삼는 생태학적 영성이다. 이 장에서는 생태학의 길벗으로서의 종교의 방향과 표면적, 자기중심적, 이원적 종교가 아니라 함께 살아가고 전인적이고 관계적인 진정한 돌봄의 주체로서의 종교의 가능성을 중세의 한 여성 신비가를 통해 모색하고자 한다. 그녀의 이름은 빙엔의 힐데가르트이다. 수녀원장, 신학 박사, 독일 최초의 여의사, 자연 치료사, 저술가, 예술가, 과학자, 영원한 생명으로의 안내자, 수많은 영향력 있는 남성 지도자들의 멘토이자 저항가… 현재 그녀의 전 저작을 독일어로 번역하는 작업들이 왕성하게 이루어지고, 삶과 가르침을 신학과 영성, 음악, 자연학 및 치료법 등 분야별로 재해석하여 창조적 예전, 순례 프로그램, 영성 프로그램, 치유 프로그램에 다시 적용하는 작업들이 활발하게 이루어지고 있다.

그녀를 수식하는 수많은 말과 글, 정치적 행적, 예술, 아름답고 신비로운 예전과 찬미, 기도와 돌봄의 공동체는 시간을 거슬러서 그 모든 일을 가능하게 했던 '빛'에 대해 말해준다. 그것은 생명으로 연결된 하나님과 인간, 세계에 관한 비전이다. 그녀는 그 비전 앞에 엎드린 예언자였기에, 그녀의 업적의 근원에는 '하나님의 빛을 받은 자'라는 가장 중요한 수식어가 존재한다. 그 빛은 '지식과 신성을 지닌 12세기의 기적'으로, 우리로 하여금 정신적 삶의 지혜로운 스승이자 생명으로 안내하는 자애로운 모성적 안내자로서 700여 년을 횡단하여 그녀를 만나게 한다.

생태학적 길벗으로서 불교의 함의를 안고 넘어서

기독교적 생태 영성의 길을 찾아가기 전에 먼저 이원론적이고 위계적 인간 중심의 한계를 넘어가기 위해서 비판적 교환의 장소가 필요하다. 알베르트 아인슈타인Albert Einstein이 우주과학 시대를 열어가는 현대에 가장 어울리는 종교가 불교라고 한 것은 경청할 만한 이유가 있는데, 그것은 인간의 유아적 자기 중심성을 넘어서게 하는 관계적이고 전체적인 구도가 있기 때문이다. 불교가 물질과 정신 현상의 근원을 해석하기 위해 사용하는 학설인 연기緣起는 인연因緣이라는 말로도 쓰인다.[10] 여기서 인연은 B가 없이는 A는 단독으로 홀로 존재할 수 없다는 뜻이다. 모든 것은 서로 기대어 있다. 생태 위기가 인간중심주의와 이원론적 분리라는 비평적 관점을 받아들인다면, 우리는 인간과 만물이 상호 의존되어 있다는 관계 구조의 지혜를 불교에서 발견해야 한다. 분명 불교는 생태 파괴의 주요 요인이 되어 온 인간중심주의를 극복할 수 있는 대안적 이론의 틀을 지니고 있다. 연기 사상을 통한 자연과 인간의 상호 연관성, 불성 사상을 통한 자연의 내재적 가치에 대한 깊은 자각이 그것이다. 다시 말해 보이는 모든 세계는 작은 부분에서 시작하여 우주 전체에 이르기까지 무한히 중첩되는 연기에 의해 그물망처럼 되어 있다는 것이다.

> 하나 안에 일체요 일체 안에 하나이며,
>
> 하나가 곧 일체요 일체가 곧 하나
>
> 一中一切 一切中一 一卽一切 一切卽一[11]

자아는 독립적이고 개별적인 것이 아니라 모든 피조세계와 상호 연결되어 있는 상호 존재inter-being다. 우주 간의 모든 사물과 현상은 모두 여러 인연이 화합해서 생겨난 것이고, 또 다양한 조건들의 변화와 소실로 인해서 변화하고 사라진다. 이것이 있기에 저것이 있고, 이것이 없기에 저것이 없고, 이것이 생겨야 저것이 생기고, 이것이 없어져야 저것도 없어진다. 이렇듯 불교의 우주관 내지 인간관은 존재하는 모든 것은 직접적인 요인과 간접적인 요인들이 서로 의존하여 생겨난다는 것이며 이러한 관계적 존재성에 대한 인식은 우리 자신이 자연과 불가분의 관계를 지니고 살아가는 존재임을 자각케 한다. 이와 같이 불교 사상은 인간과 세계, 자연을 독립적으로 생각하는 것을 멈추도록 촉구한다.

지구상의 인간과, 인간을 제외한 생명의 안녕과 번영은 그 자체로서 가치를 가지며, 이 가치들은 자연계가 인간의 목적을 위해 얼마나 유용한가 하는 문제와는 독립해 있다고 말하는 아르네 네스 Arne Naess는 불교에서 생태 위기를 해결할 가능성을 발견했다고 하면서, "데카르트적인 자아를 뛰어넘어 자연의 만물과 스스로를 동일시하는 보다 넓고, 포괄적이며, 우주적인 자아의 가능성을 발견할 수 있다"고 말한다.[12] 나의 존재가 다른 모든 존재와 하나의 몸이며 연결되어있다는 자각 속에는 분명 자신을 이롭게 하면서도 타인을 이롭게 하는 이타심과 자비의 정신이 들어있다.

여기서 연기에 관해 분명하게 세워야 할 초점이 있다. 바로 결정론적 인과 관계를 넘어 '서로 기대어 있는 관계'라는 점이다. 즉, A이기 때문에 B가 아니라, A가 B와 기대어 있기 때문에 A와 B가 가능해진다. 서로 대립되는 관계뿐 아니라 큰 것과 작은 것도 서로에게 기대어 속해 있다. 우리 역시 역사에 기대어 있고 시간성 속에 있으므로 공통으로 속한 세계관이 있다. 그 세계관이란 우리 주변의 사물을 인식하는 인식 방법에 관한 것인데, 이 시대는 과학이 보편화된 세계관이 선제되어 있다. 이 지점이 바로 우리가 목격하고 있는 모든 현상의 운동, 활동 체계가 반드시 어떠한 원인에 의하여 연기되었다고 생각하는 불교와 과학적 세계관이 만나는 지점이다. 그러나 이러한 중요성에도 불구하고 치명적인 문제점이 있다. 세계관을 넘은 지점에 종교가 있어야 할진대, 과학적 법칙이 세계관의 전부 인양 생각하는 바람에 이 영역을 떠난 신적 초월의 영역을 미신이나 초험적인 것으로 괄호에 넣거나 배척하게 되었다는 것이다.

삶의 영역에서도 또 다른 문제가 있다. 연기론을 하나의 정신체계나 태도를 넘어 삶의 문제를 해결하기 위한 진리 체계로서 받아들일 때, 바로 실존하는 세계에 엄연하게 존재하는 악의 문제가 해결되지 않는다. 염기 사상[13]에 따르면, 모든 연기로 이루어진 관계의 끝은 무명無明과 부질없음으로 귀결된다. 삶의 고통과 번뇌의 근원은 인연에 의해서 생겼다가 인연에 의해서 흩어지게 마련인 필연에 근거한다. 그러므로 인연으로 이루어진 모든 세계는 무상하며 어떤 것에도 집착하지 않아야 한다는 것이다.

바로 이 지점에 해석학적 난제가 남아있다. '그렇다면 과연 책임 있는 존재로서 한 개인이 주어진 삶을 살아가는 것은 어떤 의미가 있는가? 오늘날 발생하고 있는 생태 위기를 비롯한 수많은 난제들과 악을 해결하는 진정한 인간 주체는 가능한가?' 하는 매우 실제적인 물음이 남아있다는 것이다. 분명한 것은 이것을 악용하는 적극적 악의 실체다. 도용하고 악용하는 세력들은 넘쳐난다. 치명적인 위기는 항상 역사성을 가지고 있으며 복잡한 역사적 조건을 통해 고통의 대가를 실제적으로 치르면서 진보해 왔다. 나를 나이게 하는 것, 역사를 역사이게 하는 존재 이유가 저토록 간단히 전체 속에 말소될 수 있는 문제인가? 집단을 넘어서는 개개인의 존엄성은 악에 대한 책임의 구조에 기여할 수 없는가? 영원처럼 긴 시간이 있듯이, 생명으로 버리는 법을 통해 집단과 세계관을 넘어서고 끌어안는 개인과 소수를 우리는 역사 속에서 목도해왔다.

환경 철학이나 환경 윤리는 행동을 결정짓는 예견할 수 없는 방식들이나 복잡성, 변화무쌍한 변수들에 예민하게 긴장하며 열려 있어야 하며, 반드시 해석의 두꺼운 역사를 통과해야 한다. 이런 점에서 안나 피터슨Anna Petersen은 문화 속에서 발생될 수많은 위험한 가능성과 우발적 변수에 대해서 불교는 과연 대처할 능력을 지니고 있는지를 의심한다.[14] 결과적으로 초연과 무상을 중심으로 하는 이 철학이 과연 구체적이고 주체적인 악의 역동적인 운동 속에서 어떤 역할을 할 수 있는지 해석학적 응답이 필요한 것이다.

또한 적용과 단계의 문제가 있다. 먼저 무아, 무상 등의 깨달음은 극히 소수의 선승들의 차원에서 말하는 것인데, 깨달음에서 오는 초超윤리적 차원을 자기애에 머물고 있는 이들이 이해할 때 윤리적 실천을 도외시하면서 스스로 속을 수 있다는 측면이다.[15] 결과적으로 인간과 자연, 우주의 상호 연관성이라는 구조적 관계는 구체적인 역사 속 개인의 실존과 실천적 결단이 없으면 거대한 그물망에 포섭되어 함몰될 가능성이 있다. 연기법에 따라 현상 세계를 이루는 각 개체는 고유한 자기 정체성을 가지고 존재하는 것이 아니라 연결되어 작용하는 전체적 관계 속의 존재, 곧 공空이다. 이것을 모르고 그 각각을 고유한 존재로 생각하고 집착하는 것을 불교는 경계한다. 자연히 유일회한 고유한 각각의 인생이 가진 목적론적 가치 의식도, 정체성을 가진 의식도, 결단할 수 있는 힘을 가진 고유한 주체도, 전체를 담지한 역사적 인물들이 가진 역동도 사라지게 된다. 여기서 문제가 생긴다. 그렇다면 이 총체적 위기에 책임 있는 주체는 누구인가? 신의 형상인 인간은 누구이며 무엇을 할 수 있는 존재인가?

교두보적 전제

불교의 연기 사상이 가진 함의를 안고 우리는 그 다음 질문으로 나아간다. 기독교의 위계적 인간중심주의와 이원론적 해석을 극복하면서, 동시에 불교의 상호 의존적 연기 사상의 가진 관념적 초연을 극복할 대안은 무엇인가? 깊은 연결성과 동시에 돌봄적 책임을 가진 주체로서의 인간은 어떤 정체성과 특징을 가지고 있는가? 아마도 상호 의존적이나 세계 내에 갇히지 않은 초월적 존재로서 다시 현실로 내재하여 전 지구적 돌봄과 생명의 총체적 회복을 가능케 하는 힘과 사랑을 가진 통합적 존재일 것이다. 이 중심성의 검증은 반드시 상호 연결된 생명을 이롭게 하는 열매로 나타나야 하리라.

레오나르도 보프Leonardo Boff는 이 역설을 충족하는 인간에 대해 신과의 관계 속에서 세계를 초월하고 동시에 세계에 내재하여 피조계와 연결된 존재라고 설명한다.

> 인간에게 부과된 책임성은 세상에 대한 인간적 자유에서 나오는 것이 아니라, 오히려 자유 이전의 것이고 피조물적 존재로서 인간 안에 새겨져 있다. 이러한 책임성이야말로 인간이 창조 때부터 부여받은 인간 본래의 정체성임을 의미한다.[16]

이 책임성을 부여받은 존재로서의 '청지기적' 인간이야말로 하나님이 창조하신 본연의 인간이다. 그러나 이 청지기적 인간은 그저 책임 있는 한 개인만을 의미하지는 않는다. 왜냐하면 생태 위기에 관한 근본적인 비평 의식은 단순히 한 개인의 결단적 차원만이 아니라 지구 전반과 사회 역사에 걸친 구조적 차원과 의식을 포함하기 때문이다. 혹자는 이 문제를 자본주의 체제가 가진 생태적 문제라고 선동할지도 모른다. 그러나 맘몬의 지배라는 말은 단순히 자본주의 체제의 문제만을 의미하는 것은 아니다. 그것은 보다 근본적인 것으로서, 인류 역사 전체에 흐르는 죄의 경3향성과 이데올로기, 우상적 권력 및 자본과 결탁되어 있다. 만일 단순히 자본주의가 문제라면, 13세기부터 19세기까지 광범위하게 일어났던 인클로저 신드롬enclosure syndrome에서 나타났던 소유욕이나 광적인 식민지 정복과 자연의 수탈이 현재의 온실가스 농도와 기후 위기에 어떤 차이가 있는지를 자본주의가 설명해야 하지만, 그렇지 않기 때문이다. 이러한 역사적 반증은 생태 영성이 사회 전반에 내재된 뿌리 깊은 악, 사회적, 경제적, 가부장적 사회 구조에 대한 저항 의식과 힘을 필요로 한다는 것을 의미한다. 사회, 경제적 지배 논리는 물질적 소비 문화를 부추기며 자연을 목적의 도구로 삼으면서 환경을 파괴하는 가부장적 지배 논리와 구조적으로 연결되어 있다. 사실 생태 위기 문제는 그저 인간 중심성이라는 피상적 문제라기보다 이와 같이 특수한 사회 경제 체계의 흐름과 죄의 결탁 문제이다. 우리는 근본적인 사회 문제의 해결 없이는 자연과 우리의 관계를 제대로 이해할 수 없다.[17] 이런 점에서 환경 문제는 인간중심의 문제라기보다 성-속 이원론을 이용한 가부장적 지배욕과 소외일 것이다.

생태 영성ecological spirituality은 성과 속, 영과 육, 하나님과 자연,

남과 여 등을 분리하거나 지배 대립 구도를 돌파하여 전체로서 통합하는 통通생명의 영성이며, 창조와 타락, 구속을 관통하며 균형을 이루는 관상적 실천의 영성이다. 많은 영성가들이 이 연합의 직관 안에서 신과 세계, 인간이 하나됨을 체험하였다. 그리고 이 연합은 단순히 서로 기대어있는 순환적 의존 관계가 아니라 전체로서 하나인 초월적 존재 '안'에서 참 인간의 정체성이 발견되는 수직의 차원과, 자연과 우주의 일부로서 수평적 차원이 일치된 지점에 있다.

> 우주는 내 집이고, 내가 만일 우주의 한 부분이 아니라면 나는 아무것도 아니다. … 오직 세상의 구조fabric와 역동의 일부로서만 나는 하나님 안에서 내 참 존재를 발견할 수 있다.[18]

인간은 모든 창조 세계의 일부이므로 그것을 떠나서는 자신의 참된 정체성을 발견할 수 없다. 그러나 인간은 우주와 자연의 일부이면서 동시에 초월하는 존재로서 초월-내재성을 충족시키는 영성적 의식이 있다. 이 연합의 관계에서 분리된 인간은 자연과의 관계 속에서도 소외와 파괴의 원인이 된다. 즉 인간과 자연과의 소외와 지배는 하나님과 인간의 연합이라는 가장 깊은 정체성과의 분리에 그 원인이 있다.

하나님과 분리된 인간은 경외심을 가지고 경배할 하나님의 자리에 기술과 자본의 결합을 놓고 자연에 대한 파괴와 착취, 군사적 힘의 논리와 자본을 결탁한다. 인간/자연, 남성/여성, 영혼/몸, 이성/감정 등이 양극을 이루며 분리되어 있고, 이 구조에서 전자는 언제나, '결정론적'으로 우월하다. 비극적인 것은 이 안에서 강자(남성, 인간, 영혼, 이성)는 약자(여성, 자연, 몸, 감정)를 통제와 억압을 통해서 정복하고, 이 힘을 군사주의적 해결책을 통해 정당화시킨다는 점이다. 신종 포식자들은 닥치는 대로 먹어 치운다. 이러한 억압의 구조가 생산 극대화와 소비를 추구하는 왜곡된 자본주의와 만날 때 자연이 착취의 대상으로 희생된다.

그러나 우리는 단순히 이러한 악을 근절시키거나 악과 싸우려는 게 아니다. 우리는 보다 근본적인 차원에서 선함의 생명력을 불러일으킬 것이다. 파괴와 탐욕을 비롯하여, 모든 생명을 말살시키는 죽음과 반대되는 빛, 사랑, 정의, 평화의 생명의 행렬을 이어갈 것이다. 이 행렬의 가운데는 깊은 관상적 영성과 함께 사람과 창조물을 단순히 실용적이고 도구적으로 바라보는 관점이 새롭게 변화되어야 한다.[19] 하나님 안에서 하나된 인간은 모든 자연 안에 숨겨 놓으신 하나님의 현존을 발견한다. 그리고 이 아름다운 영혼의 눈은 잘못된 사유와 악의 지향성을 멈추는 일에 예민한 감각을 가지고 있으며 힘이 있다. 인간을 제외한 다른 피조물들은 인간의 생존과 번영을 위한 일시적 도구에 지나지 않는다는 오만, 자연을 개발과 정복의 논리로만 도구화하는 이기심, 이기적인 위계 의식에 근거하여 자연을 도구화하는 신학적 사유에 대한 비판적 통찰의 안목을 가지고 하나님께 영광을 돌려야 한다. 머튼의 말처럼, 이 준비 또한 단기간의 상업적, 군사적, 또는 기술적 목적을 위해 부주의하고 어리석은 일이 되지 않도록 단단해야 한다. 그런 것들은 살아있는 종種들과 자연 자원들에 회복할 수 없는 손실을 줄 것이다.[20]

녹색의 생명력Viriditas, 힐데가르트의 빛과 생태 영성

힐데가르트는 역설적 연합[21]의 특성을 가진 존재다. 특히 많은 실천적 활동과 신학적 저술, 기도의 조화는 그녀의 삶을 가장 잘 설명해주는 통합적 조합일 것이다. 따를 수 없는 창조력으로 가부장적 교권의 가장 깊숙이 들어간 에코 전사eco-warrior[22]로 불리는 그녀의 왕성한 업적은 분명 그녀의 영혼에서 솟아나는 동력이었음이 분명했다.

43세경, 그녀는 극적인 체험을 했는데, 그것은 "네가 보는 것을 글로 적고, 네가 듣는 것을 말하라!"라고 하는 분명한 음성을 들었

다. 특별히 생태 영성가로서 그녀의 식견은 오늘날의 연구자들에게
조차 너무도 독특한 것으로, 자연과학적인 저술과 신학-우주론적
인 비전의 저술들은 바로 그 '빛의 비전'을 통해 나온 것이다. 그 비
전 안에는 모든 피조물 안에 있는 내적 원형이 있다. 그들 모두는 하
나 같이 생명의 근원이신 하나님 안에서 탄생된 것이다. 그녀는 스
스로를 기도 속에서 그림과 상징으로 본 것을 사람들에게 알려 주
는 하나님의 나팔이라 자칭하였다. 그녀의 빛은 영혼의 불꽃이어서
숲을 태우고도 남았다.

그러나 이 일은 그녀가 살았던 시대를 고려할 때 결코 쉬운 일이
아니었다. 그것은 그녀가 바로 여성이라는 것이었다. 그녀가 있던 열
명 남짓한 수녀원은 철저한 금욕 생활을 실천하는 베네딕트 남성 수
도원의 통제 하에 있었고, 스콜라 철학을 대변하는 아우구스티누스
와 토마스 아퀴나스Thomas Aquinas[23] 신학의 절대적인 영향력이 무겁
게 자리 잡고 있었다. 아우구스티누스[24]는 위계적 이분법에 따라 육
체는 현세의 원리, 영혼은 천상의 원리라고 하며, 육체의 원리는 여
성에게, 영혼 천상의 원리는 남성에게 적용하였다.[25] 한편 토마스 아
퀴나스는 성육신의 원인을 여성이 남성을 유혹하여 원죄를 저지른
데서 비롯하였다고 보고, 육체와 여성을 천시하도록 만들었다. 이러
한 이유로 당시 중세 수도원은 여성이 공부하고 독립할 수 있는 유

일한 출구이기도 했지만 인간의 몸과 여성을 감옥으로 취급하는 것은 여전하였다. 누구나 존재의 근원에 닿으면 이런 종류의 이분법은 사라지는 법이지만, 너무나 위계적인 이분법의 정점 시대에 힐데가르트가 하나님의 나팔이 되겠다고 하는 선언은 가히 충격적인 일이었다.

그녀가 중세 시대의 수녀로서 이런 결심과 발언을 한다는 것은 일종의 구조악의 대척점에 선다는 뜻이기도 했다. 대립과 타락, 깊은 변화를 필요로 하는 전환의 시기에 교회와 국가의 권력자들에 대해 기꺼이 맞서고자 했던 그녀의 용기는 다른 예를 찾아볼 수 없을 정도로 특별한 것이었다. 단지 신학적인 맥락에서만이 아니라 예언자적인 역할로서 교회의 부패와 카타르 종파의 활동 등 당시의 새로운 종교 상황과 운동들에 대해 보낸 서한들과 발언들은 압도적인 존재감을 발휘했다. 이 선언은 남자 지도자인 신부를 거치지 않아도 하나님을 직접 만나고 신의 목소리를 낼 수 있다는 자신감을 거침없이 드러내는 것이었다. 그녀는 기득권층의 시기와 질투라 읽어도 될 법한 대상과의 싸움에서 지지 않고 맞받아 싸웠으며, 심지어 신학서의 세밀화 속에 자신을 등장시키는 과감함도 서슴지 않았다. 그녀는 거룩한 하나님의 빛 안에서 거룩한 용기를 배웠고, 그 당시의 신학적 흐름과는 전혀 다른 우주적 직관과 자연적 지혜를 담은 사상을 펼쳐낼 수 있었다. 그것은 배워서가 아니라 그녀의 영민함과 함께 특별한 은총 속에서 존재로 되어가는 과정에서 얻은 지식이었다.

그 빛은 살아있는 생명을 낳고 치유하고 회복하는 실천력과 직결되어 있었고, 그렇기에 생명의 역사를 방해하는 모든 죽은 것들에 대한 비판적 영향력을 가지고 있었다. 하나님은 침묵하지 않으며 그분의 대언자들을 필요로 한다! 그러나 그녀는 그렇다고 해서 시시콜콜 설명하거나 쓸데없이 대립하는 피곤한 사람은 아니었다. 다만 그런 방식으로 담을 수 없는 모든 것의 근원에 있으면서 통합할 수 있는 거슬러 올라가는 저항의 힘이 그녀에게 존재하고 있었다.

> 만물의 요소들이 외쳤다. 우리는 우리 주님이 지시해 주신
> 우리의 과제를 더 이상 수행할 수 없습니다. 인간들이 악행
> 을 저질러 우리를 파멸시키고 휘저어 놓았기 때문입니다. 우
> 리는 이제 악취를 풍기고 정의에 굶주려 죽어가고 있습니다.
> ··· 비리디타스는 눈 먼 인간 무리들의 어리석음 때문에 말라
> 버리고 말았습니다.[26]

지금 우리에게도 그녀가 필요하다. 우리 모두는 오늘날 생명이

다양한 방식으로 총체적으로 위기에 처해 있음을 알고 있다. 삶-인 간다운 삶, 신이 원하는 삶, 가장 자기다운 삶, 더불어 사는 삶-이 다시 가능해지기 위해서는 생명을 낳는 모성과 인간성에 대한 성찰이 불가피하다. 희망이 있을까? 그녀 안에서 어느 정도 그렇다. 무엇보다 힐데가르트는 생명과 인간을 섬긴다. 그녀는 그녀를 찾아 온 많은 사람들에게 충심 어린 충고를 주었고 정신적이고 육체적인 질환을 치유해 주었으며, 또 양심을 일깨워 주었다. 뿐만 아니라 그 당시 권력층 남성들에게조차 생명의 역사와 맥락과는 반대되는 영적 죄들을 일깨우며 따끔한 충고를 서슴지 않았다. 그녀는 살아계신 하나님의 생생한 현존의 빛 안에서 생명으로 충일한 삶, 공동체와 자연과 함께 일치된 삶을 살았다.

사랑하는 형제 자매들이여, 하나님의 빛을 잘 주시하면서 이 경고의 음성이 우리를 어디로 초대하려 하는지 귀를 잘 기울여 보자. 그대들이 오늘 하나님의 말씀을 들으면 부디 마음의 문을 닫아걸지 말아라. … 그대들이여, 아직 생명의 빛이 그대를 품고 있는 한 이 말씀을 쫓아 힘껏 달려라.[27]

힐데가르트의 빛의 개념은 어두움이 비밀스럽게 잉태하고 있는 잠재성의 실체다. 이 빛은 하나의 샘물과 같은 빛으로 어둠이 배태하고 있는 생명이며, 모든 존재를 관통하여 살아 있는 빛을 체험하게 하는 빛이다. 빛은 마냥 밝기만 한 것이 아니다. 모든 생명체는 어둠 속에서 태어나 살고 죽고 부활하며 생명을 이어나간다. 그녀에게도 이 빛은 그저 조용한 관조만이 아니다. 동적인 흐름 속에서 어둠 안에 있지만 더 큰 비전의 불과 불꽃을 지닌 희망이며, 이것이 바로 만물의 핵심에서 모든 만물을 움직이고 생동하게 하는 빛의 역할이다.

> 우주 알卵 속에는 밝은 불이 있고 그 아래는 그림자가 있다. 그리고 그 불 속에 훨훨 타오르는 둥근 모양의 불꽃이 있었는데 이 불꽃은 너무 커서 이 알 전체를 밝게 비춰주고 있었다. … 그리고 알을 감싸고 타고 있는 이 불꽃으로부터 회오리 바람과 함께 거센 광풍이 불어나기 시작한다.[28]

그녀가 빛으로 그리고 불같은 사랑으로 경험한 하나님은 푸른 생명력이었다. 일생을 거쳐 끊임없이 새롭게 샘솟게 하는 근원적 생명인 하나님의 현존 안에서. 그녀는 만물에 깃든 생명력을 신학적으로 실천적으로 복원했다. 그녀는 생명에도 차원이 있다고 말했는데, 첫 번째로는 순수 생물학적 자연적 차원, 두 번째로는 인간 속의 신체적-영혼적 상호 관계의 차원, 그리고 마지막으로는 모든 생명력의 근원, 즉 신 자체이다.[29] 그녀는 초월성과 내재성의 문제를 삼위일체적으로 풀어서 모든 것을 주재하는 초월적인 하나님, 창조 안에서 세상의 모든 것이 서로 연대하여 이어가도록 일깨우는 잠재력, 사랑으로 작용함을 전하는 사랑의 영성으로 연결한다. 무엇보다 그녀에게 하나님은 온 창조 세계를 푸르게 하는 생명의 근원 그 자체였다.

삼위의 관계 속 녹색 지혜, 비리디타스

'비리디타스viriditas'는 초록 에너지, 초록 생명력을 뜻하는 단어로서 그녀의 방대한 사상과 영성을 관통하는 키워드이다. '비리디타스'는 라틴어 녹색과 진리를 합한 단어로 강의 수원처럼 모든 생명체가 궁극적으로 의존하는 에너지의 샘이다. 또한 생명을 거부하는 메마름인 '아리디타스ariditas'와 반대된다. 비리디타스는 생명을 낳고 키우고 열매 맺게 하는 모든 힘이다. 하나님이 만드시고 하나님께로부터 나오는 이 힘은 비단 인간에게만 주어진 것이 아니라 모든 창조물에 내재하는 자기 치유 능력이다. 이 힘은 열매 풍성한 대지와 식물, 약초와 광물, 나무들이 씨앗으로부터 열매를 맺기까지의 성장과 풍성함 그리고 자연의 질서에 따라 모든 창조물이 지닌 충만한 생식력으로 더 큰 생명의 망과 함께 얽혀 있다. 힐데가르트는 모든 창조물 안에 하나님의 영과 그분의 영이 전하는 치유력이 담겨 있다고 말한다.

> 어떠한 생명도 죽어야 할 운명에서 나오는 것은 없습니다. 생명은 바로 생명 안에 있습니다. 따라서 한 그루의 나무는 자신에게 생명을 주는 수액을 통해 자라고, 하나의 돌조차 도 그 안의 습기가 없다면 존재할 수 없습니다. 이처럼 모든 살아있는 것은 자신의 생명력을 가지고 있습니다. 그리고 모든 살아있는 것의 생명력은 생명을 낳는 능력, 즉 영원한 하나님의 비리디타스에 의해 주어지는 것입니다.[30]

이 강력한 생명의 힘은 인간뿐 아닌 다른 존재에게서도 찾을 수 있다. 땅은 땅 자체의 기공으로부터 싹을 틔우는 힘을 내놓는다.[31] 힐데가르트는 35개의 환시를 적은 첫 번째 책 『길을 아는 자Scivias』의 '성 디시보트St. Disibod를 찬양하며'에서 이 '푸른 생명의 힘'을 다음과 같이 노래한다.

오 하나님의 손에 속한 생명을 주는 푸르름이여,

그분의 손은 과수원 하나를 심어놓으셨네.

그대는 높이 솟은 기둥같이

지고한 천국 안으로 눈부시게 일어서네.

그대는 하나님의 업적 안에서 영광스럽네.[32]

인간과 우주, 이 모든 세계에 공통적으로 맥이 뛰게 하는 것이 바로 푸른 생명력이다. 이것은 그저 힘만이 아니라 '덕'이기도 한데, 바로 창조주의 사랑이 정해준 질서 안에서 자신의 위치를 보고 인정하며 전체와 겸손하게 관계를 맺기 때문이다. 덕에 대한 힐데가르트의 이 놀라운 통찰이 가진 위대함은 단순히 도덕적인 중요성에 그치지 않고, 이를 넘어서서 전체와의 연결, 전체 창조를 완성하는 구원과 관련된다는 데 있다. 그렇기에 가장 중요한 덕은 전체 질서와 내적인 질서를 연결하고 균형 있게 유지하도록 하도록 세고 재고 달아서 적당한 정도를 찾는 것, 이 원리를 따라 지혜롭게 구분하는 식별이다.[33] 그리고 이렇게 구분하고 적당한 정도를 찾아 푸른 생명력에 연결되도록 하는 것이 곧 건강이다. 이 생명의 연합에는 인간만이 아니라 식물, 광물까지도 서로 연결되어 있어서 약초, 보석 등도 치유의 힘을 드러낸다. 그 힘이 덕과 연결되는 것은 바로 하나님의 말씀 때문이다. 말씀은 세상을 창조하실 때 모든 피조물에 관통하였던 바로 그 힘이다.

> 우리의 몸 전체는 머리와 연결되어 있는데 이는 지구와 그
> 안의 모든 구조물들이 창공에 순응하는 것과 같다. 하나님
> 께서 이 세상을 창조하실 때 그 말씀이 모든 피조물을 관통
> 하셨기 때문이다.[34]

이렇게 하나님의 말씀을 담고 있으면서 아름다운 질서를 유지하는 세계이기에 세상을 보고 땅을 관찰하고 모든 창조물을 사랑할 때 하나님의 신비를 보는 눈이 열린다고 확신한다.

> 모든 살아있는 피조물은 주의 찬란한 빛을 받아 생기를 띤
> 다. 이 생기는 태양이 내뿜는 빛처럼 주 안에서 솟아난다. 그
> 렇기에 식물이건 씨앗이건 꽃봉오리건 이 세상에 빛을 발하
> 지 않는 피조물은 존재하지 않으며 만약 그 빛이 없다면 그
> 것은 주께서 창조하신 것이 아니다.[35]

힐데가르트는 인간중심주의적인 관점에서 멈추지 않는다. 오히

려 인간에게는 지구와 생태계를 떠나서는 다른 생명 유지의 발판이 없다. 이 생명을 주는 초록의 창조력은 하나님의 사랑을 통하여 이 세상을 초록빛으로 물들이셨으며, 이 질서에 따라 살며 유지하는 것이야말로 창조주의 의도에 맞게 살아가는 삶이라고 믿는다.

천지가 시작됐을 때 모든 피조물이 초록색으로 변했다.[36]

이 생명의 에너지는 삼위일체의 듬직한 등을 타고 초월하여 날랐다가 다시 땅으로 내재하여 온 땅을 초록빛으로 물들인다. 비리디타스의 충일한 생명력은 땅의 한계를 벗어난 천상의 씨실과 창조된 모든 것 안에 겸손하게 스며든 날실의 통합적 열매다. 힐데가르트의 생태 영성은 단지 자연 안에 신성의 숨결로 잠재되어 있다는 상호 내재적 측면만이 아니라 동시에 그 내재성의 뿌리가 초월성과 연결되어 있다는 것을 강조한다. 이 역설의 바탕은 바로 창조의 완성을 바라는 신의 끝없는 사랑이다. 그것이 바로 성과 속, 초월과 내재를 갈라놓는 높은 문턱, 두 개의 세계를 갈라놓고 대립시키는 경계를 해제시키며 새로운 전이를 가능하게 만드는 진실인 것이다.

이 사랑이야말로 값없이 주어진 은총으로 소속되는 성스러운 세계의 표징이며 비리디타스가 유지되는 유일한 근거이다. 사랑은 홀로 떨어져 자기 힘을 키워 지배하고 분리하지 않으며, 성부-성자-성령이 자기 부정으로 일치되게 하는 유일한 요소이다. 태초에 창조가 시작되던 근원이었고 육화의 원인이었던 이 사랑은 또한 다양한 형태로 만물 안에서 작용하며 이 안에서 창조 전체가 완성에 이르도록 한다. 그러므로 이 생명이 신적 사랑으로 다시 일깨워지는 것, 단순히 이성이나 자연을 향한 태도만이 아니라 자연에 숨어있는 신의 흔적을 깨닫고 작용하도록 일깨워지는 것이 생태 영성의 첫 걸음이다. 힐데가르트는 기도를 통해 얻은 빛과 현실의 색과 소리와 상징으로 예전과 치유, 교육과 활동 속에서 통찰하고 설명했다.

비리디타스는 단순한 생명력이 아니라 삼위일체적 삶에 대해 총체적으로 직관하고 통찰하며 잘 표현한다. 즉, 비리디타스는 삼위일체를 단순히 교리적인 진술에 머물지 않고 전 우주의 생명 에너지를 푸르게 하는 포괄적이고 다양하면서 상호 관련성이 있는 하나의 통일된 우주의 인간적, 천상적 그물망의 의미를 포괄하는 신론으로 자리매김했다.[37]

하나님은 우리와 함께 있으면서 우리 너머에 있고 내재적이면서 초월적이고 물질적이면서 영적인 분이시다.[38]

이 창조의 생명의 힘은 몸과 영, 물질과 정신, 인간과 우주, 자연과 역사의 대립적 이원론을 탈피하며, 소우주와 대우주의 상호 의존적 관계성 안에서 생명을 낳는 사랑에 의해 창조와 구원이 내적으로 통일된다.

> 땅은 동시에 어머니입니다.
>
> 땅은 모두의 어머니입니다.
>
> 모두의 씨앗들이 땅에 보듬겨 있기 때문입니다.
>
> 인류의 땅은 모든 촉촉함과 모든 푸르름과
>
> 모든 발아시키는 힘을 보듬고 있습니다.
>
> 땅은 너무도 다양하게 풍성한 결실을 냅니다.
>
> 이것은 정말이지, 단지
>
> 인류에게 기본이 되는 재원뿐만 아니라
>
> 하나님의 아들의 실체까지도 꼴지어 줍니다.[39]

이 창조의 힘에는 그저 물질적인 자연의 힘만이 아니라 지혜의 신비가 깊이 연결되어 있다. 하나님은 우주 만물을 창조하기 전이나 후에도 지혜와 함께 창조에 동참했다. 지혜는 영과 진리가 따로 떨어져 있지 않는 통합적 연결자로서, 푸른 생명이 육화된 몸과 함께 있다. 악마들은 바로 생명의 몸을 파괴하며 먹어 치운다.

> 지혜는 모든 피조물이 창조되기 이전부터 계셨고 모든 것이
> 끝난 후에도 존재한다. 지혜의 성령께서는 사랑과 온유하심
> 속에서 모든 피조물을 자신의 형상대로 창조하셨다. 지혜의
> 성령께서 모든 피조물의 시작과 끝을 내다보시어 모든 것을
> 완벽하게 창조하시고 당신께서 인도하셨기 때문이다.[40]

지혜는 창조의 매개자로서 말씀과 세상 만물 사이를 잇는 다리
이자 창조된 인간과 자연 만물 사이의 다리이다.[41] 힐데가르트는 하
나님의 말씀이 성령이 담지한 생명의 힘을 통해 성육하고 모든 자연
이 그 말씀으로부터 생명을 얻는다고 말한다.

> 말씀은 인간에게 생명의 힘 안에 있는 따스함을 퍼부어서
> 생명을 주는 이는 마치 엄마가 자녀에게 젖을 먹이는 것과
> 같습니다.[42]

힐데가르트는 이렇듯 말씀을 통해서 창조가 되었으며, 말씀이야
말로 모든 만물이 현실화할 수 있었던 필수적인 요소라고 본다. 말

씀이신 생명의 육화는 하나님의 자기 부정과 사랑을 통해 모든 피조물의 존재를 가능케 한 근원이다. 그녀는 하나님의 말씀이 성령이 담지한 생명의 힘을 통해 성육하고 모든 자연이 그 말씀으로부터 생명을 얻는다고 말한다. 그리고 인간은 이 지혜 안에서 '몸과 영의 합일체로서' 자연 안에서 함께 살아가는 존재다.

> 몸은 영을 통하여 움직이고, 영은 몸의 다양한 행동을 위하여 고무해야만 한다. 영은 몸이 원하는 것이 무엇인지를 이해하기 때문에 몸은 영을 통하여 생기를 갖게 된다. 영의 본질은 생명인데 영은 몸 안에서 살아 있는 불꽃으로 살고, 몸은 모습을 갖춘 작품이 된다. 영은 몸을 위한 녹색의 생명력이다. 몸이 영을 통하여 자라나고 성장하기 때문이다.[43]

영은 몸을 생기 있게 하고 힘을 생겨나게 하는 본질이며, 몸에 거한다. 정미현은 영은 역사적 세계에서 창조적 행위와 감각적 체험을 하는 데 있어서 몸에 의존한다고 말한다. 몸과 영이 조화를 이룰때 기쁨과 경쾌함의 감정을 지니게 되고, 몸과 영은 서로서로 힘을 주는 요소로 "몸과 영이 올바른 방법으로 서로 어우러짐 속에서 살게 될 때 최상의 통합된 기쁨에 이를 것이다."[44] 비로소 영혼은 육체와 자발적인 균형과 조화를 이루고 참된 동반자 관계로 이 세상의 선을 위해 하나님 안에서 일하도록 요청받는다.

힐데가르트는 육체는 영혼으로부터 힘을 얻어 건강하게 되며, 육체가 맛있는 음식을 먹으며 기쁨을 누리는 것처럼 영혼은 선한 일을 통해 기쁨을 얻는다고 보았다. 그녀에게 영혼과 육체는 상호 의존적, 상호 보완적 관계로서 영-육의 동반자이다. 이 관계성은 육체와 자연 세계에 대한 이원적 적대감을 극복해준다.[45] 또한 이것은 인간의 몸이 속한 터전이 지구밖에 없다는 '생태학적 생존 현실'을 가리키고 있다. 그런데 우리의 유일한 집인 이 세상을 그리스도교에서는 하나님이 창조하셨고 모든 피조물과 함께 거주하신다고 증언한다.

하나님과 세계는 동일하지는 않지만 존재론적으로 연결된다.[46]

지구는 하나님의 형상을 닮은 인간이 거하는 유일한 집이며, 이곳에서만 하나님의 선함과 치유의 현존을 경험할 수 있다. 따라서 만일 인간이 자신의 유일한 집인 세상을 돌보지 않는다면 궁극적으로는 창조주와 자신의 몸 자신의 존재를 부정하는 것이다. 하나님이

성부-성자-성령의 관계 속에서 일치와 사랑을 공유하듯이 신-인-세계는 푸른 생명 안에서 뗄 수 없는 연합을 이루고 있음을 밝혀준다. 힐데가르트는 영혼의 구원만을 추구하고 타락한 몸은 억압해야 한다고 보는 영육 이원론은 진리가 아니며, 몸은 영혼과 서로 긴밀하게 연결되어 있다고 본다.

> 영과 육의 일체화에 의해 우리는 완성된다. … 우리 몸은 영혼을 숨기는 옷이며 영혼은 그 활동을 통해 육신을 섬긴다. … 우리 몸은 영혼 없는 빈 껍데기이며 영혼은 몸이 없으면 아무 것도 할 수 없다. … 영혼은 육체를 통해 선하고 거룩한 일을 성취한다. … 영혼의 본질은 생명이니 이는 몸속의 살아 있는 불길과도 같다. … 영혼은 육체와 합의를 통해 하늘의 새처럼 천국으로 날아오른다. … 영혼은 이 땅이 공기 속에 있듯이 벌집이 꿀 속에 있듯이 몸속에 있다.[47]

샐리 맥페이그Sallie McFague의 말처럼 "세계는 하나님의 몸"이다.[48] 힐데가르트는 이러한 삼위일체 하나님의 생태적 존재성을 영혼과 육체의 결합 및 자연과의 연관성으로 풀어내고 있다. 그리고 이 속에 하나님의 지혜의 영이 작용하고 있다. 심장은 영혼의 지혜가 머무르는 곳이다. 아버지가 집안의 모든 일을 결정하듯이 영혼은 지혜를 통해 모든 것을 고려하고 조정한다.[49] 인간이 경험하는 모든 일은 지혜의 성령께서 예비하신 일이다.[50] 힐데가르트는 인간이 머리부터 발끝까지 우주와 상호 의존적으로 결합되어 있다고 보았다. 그녀의 비전은 모든 것을 주재하시는 하나님의 전능하심과 그분의 사랑에 대한 신뢰로부터 시작된 것으로, 모든 것 안에 그분의 영이 담겨 있음을, 그분의 영이 전하는 치유력이 담겨 있음을, 대우주 안에 있는 소우주로서 인간과 자연이 서로 긴밀히 연결되어 있고 하나임을, 자연을 이루는 것들이 인간의 몸을 이루고 또한 정신을 이룸을 보여주는 것이다.

푸른 생명의 발현인 통합 치유

그녀의 신학적이고 의학적 저서들은 현대에 와서 많은 번역, 해석물과 함께 각광을 받고 있다. 오늘날의 의학 기술은 높은 전문지식을 취하고 있지만 인격적이고 영적이고 전인적 치유와는 거리가 멀다. 힐데가르트에 있어서 중요한 것은 인간의 영-혼-몸이 일체가 된 통전적 치유이다. 그녀의 치유법은 예전과 말씀, 영성 훈련, 음악, 기도가 통합된 것으로 그녀의 타고난 재능, 자연과의 깊은 교감, 장기간의 치료 경험을 근거로 발전된 것이다. 그렇기 때문에 힐데가르트 치유법을 이해하기 위해서는 이 모든 삶이 서로 연결되어 있다는 것을 이해하는 것이 중요하다. 그녀의 삶은 예배와 찬미와 기도의 골방이 어우러진 거룩한 공간으로 들어가는 일로부터 시작되었다. 그 모든 것은 신성의 빛을 받아 무한과 유한이 하나된 곳에서 시작되는 것으로 푸른 생명인 비리디타스의 전달자로서의 일상이었다.

그런 의미에서 힐데가르트에게 치료는 원죄로 인해 무너진 생명력을 회복하는 것이자, 죄로 물든 인간성을 가장 순전한 상태로 돌아가는 치유의 과정이기도 했다. 수많은 치유법에 대한 설명 중에 온천욕과 불순한 체액을 정화시키는 비유도 눈에 띈다.

> 거기에는 꺼지지 않는 불들이 상공에 있는데 인간의 여러
> 행위를 향해 타오른다. 왜냐하면 이런 불들은 인간의 영광
> 을 위한 것이어야 했는데 인간들의 악한 행위들로 인해 정죄
> 하는 불들이 되었기 때문이다. 그리하여 이 불들은 땅의 몇
> 몇 곳들에 내려오고 강들이 솟아 흐르는 곳들에 모이는데
> 이 강들은 열기를 끌어와 이 불들로부터 열을 받아 신의 심
> 판에 의해 인간의 영혼들은 이 불과 물에서 시험을 받는다.
> … 그리고 인간도 마찬가지여서 가끔은 물을 덥히기 위해 기
> 술로 뜨거운 지역에 물들을 끌어오는데 이 물들은 목욕의

목적으로 사용하는 사람들을 해치지 않고 오히려 건강하게

한다. 이는 이 물길의 열기가 인간에게 있는 지나친 열기를

내보내고 그들의 혼란스러운 체액을 없애주기 때문이다.[51]

힐데가르트의 치료와 치유는 종교적, 의학적, 예술적으로 통합되어 있었으며, 영-혼-육을 하나의 원리로 설명했다. 즉 자신의 신학관과 의학관이 매우 밀접하게 연결된 가운데 증상의 원인, 진단과 치료법을 제시했다는 것이다. 그녀에 따르면 모든 질병과 고통은 아담과 하와가 원죄를 지어 체액들의 불균형을 초래했기 때문에 생겼다. 따라서 몸과 정신, 영적 생활에 어떤 불균형이 있는지를 알고 부족한 것은 채우고 과한 것은 덜어내어 균형을 잡고 소통하여 흐르게 하는 것은 모든 치료법의 기본이었다. 그리고 이 치료법은 몸과 마음, 영혼을 회복시킬 수 있는 것으로 여겨졌다.

이 치유는 예술의 영역도 포함하고 있었는데, 오늘날의 음악 치료나 미술 치료의 원조 같은 것이었다. 특히 음악은 하나님과 인간, 자연, 우주의 다양한 조화를 나타내는 언어이며 울림으로서 예배와 기도에서 큰 역할을 담당했다. 음악은 치유의 힘을 가지고 있는데, 조화를 통해 서로를 하나 되게 하기 때문이다. 인간이 신적인 창조 질서를 거스르게 될 때, 우리의 역사는 불협화음을 낸다.

삼위일체 하나님, 당신은 누구십니까? 당신은 음악이십니다.
성령님은 누구이십니까? 성령님은 불타는 영입니다. 그분은
인간의 심장에 불을 붙입니다. 북과 리라처럼 그분은 인간
의 심장을 연주하고, 영혼의 성전 안으로 음량을 끌어 모읍
니다.[52]

음악은 심연의 질서를 상기하게 하고, 순간적으로 전체와의 조화를 이루어 낸다. 그녀에 따르면 역사는 하나님과 인간 사이의 '합창sinfonia'으로서, 예배는 우주적 화음으로 참여하는 것이고, 하나님을 찬양하는 시편을 망치는 것은 악마적 불협화음이다. 또한 그녀는 물리 치료, 음악 치료, 대화와 공동체 생활, 규율로서 우울증을 비롯한 많은 정신 분열도 치료하였다. 인간의 삶은 피조되고 구원된 자로서 소리가 나는 악기들이고 성품과 삶을 통하여 창조자에게 화답하며 음악과 밀접하게 연결된 존재이다.[53]

그녀의 치유의 영향력은 예전과 말씀, 기도와 음악과 더불어 자연과 광물 치유로도 발전하게 된다. 특별히 힐데가르트의 주요 저서 중에서 『보석치유』[54]와 『피치카』는 자연 안에 있는 생명력이 가진 치유의 잠재력을 나타낸다. 이 치유법은 현대의 인간의 질병이 잘못된 생활 습관과 생활 방식과 더불어 자연과 소통되지 않는 삶에서

발생한다는 것을 보여주며, 오늘날 의학 기술에만 치중되어 있는 인간의 건강과 질병 개념에 대한 전인적 자연적 접근법에 통찰을 준다.『피치카』는 서양의 동의보감이라고 불릴 만큼 인간의 체질과 음식의 성질에 관한 연구로 질병 치유에 대한 처방전을 보여주고 『보석치유』역시 보석의 성질 자체가 가지고 있는 생명력, 즉 비리디타스를 가지고 있었고, 인간이 섭취하거나 지니고 있음으로 인해 푸른 생명력이 전달된다고 본다. 그녀의 치유법은 이 생명의 일치 안에서 일상생활이 자연의 모든 것을 보고 듣고 냄새 맡고 맛보고 접촉하는 관계 안에 있음을 깨달아, 그 안에서 의미를 찾고 내적인 기쁨을 불러일으키고 충전될 수 있도록 우리의 감각과 정신을 일깨워준다.

무엇보다 가장 중요한 치유의 요소는 바로 기도와 돌봄의 공동체였다. 그녀에게 치료는 깊은 신앙의 표현이며, 손쉬운 방법을 통해 병들고 고통받는 불쌍한 이들의 고통을 덜어주고자 하는 자비의 마음이었다. 무엇보다 그녀는 자연과 신심을 가진 인간이 갖고 있는 치료 효과와 그 능력을 믿었다. 실제로 오랫동안 수도원의 역사는 병원의 역사와 함께 했다. 병원hospital의 라틴어 어원인 '호스피티움 hospitium'은 수도원 안에 따로 마련된, 순례자들을 위한 공간을 의미하는 경우가 많았다.[55] 예배와 기도는 고통당하는 이들을 돌보는 일과 함께 중요한 성무 일과였고 아픈 사람과 나그네들, 순례자들,

방문자를 위한 공간을 만들고 이들을 돌보는 것이 수도원의 주 의무였다. 또한 아픈 수도사와 수녀들을 위한 특별한 식이요법이 있었으며, 힐데가르트가 자신의 의학서에서 폭넓게 보이고 있는 의료와 식물에 대한 지식은 그녀와 수도원 공동체가 약초를 기르는 정원을 가졌을 것임을 시사한다.[56]

힐데가르트는 자신의 종교 공동체 안에서 현실적인 치유자로서 수도원 내부에서 생명을 낳는 영적 어머니mother로 불렸다. 그녀는 치유의 개념을 단지 의학 기술적인 의미뿐만 아니라 종교적인 것으로, 세계관을 포용하며 몸과 마음, 영혼까지 이르는 생명을 낳고 회복하는 행위로 자리매김하게 했던 것이다. 궁극적으로 힐데가르트의 치유는 공동체의 회복을 목표로 둔다는 점에서, 전인적인 관계와 치유 환경을 고려한 통전적 접근이라는 점에서 의미를 제공한다.

오늘날의 생태계 위기는 거대한 고리가 끊어진 결과다. 비리디타스의 영성은 인간과 자연의 끊어진 관계를 회복시켜주는 통전적인 해법을 제공해준다. 인간과 자연, 영혼과 몸, 그리고 생명의 근원인 신에 의존해 있는 인간을 통해 치유된 세계, 또 반대로 인간을 치유하는 자연. 이는 그리스도적 구원론에 근거한 치유론으로, 다른 문화권의 전통적 치유 방식이나 순수 자연과학에 근거한 의학과도 다르다. 그것은 성령의 거룩한 생명력을 담지한 영혼에서 비롯된 전체성이다. 그녀에 있어서 치유란 단순히 병적 증세를 제거하는 것이 아니라 인간 전체를 치유함이요, 하나님이 창조하며 계획하신 원 그대로의 그 사람으로 회복되는 것이다.

하나님에 의해, 하나님을 바라면서 살도록 창조된 인간, 세계의 요소들로 빚어졌기에 자연에 의존적이면서도 정신의 숨결로 살고 있기에 이성과 자유로운 의지를 소유하고 있는 인간. 인간은 이러한 정체성을 가지고 있기에 끊임없이 근원으로부터 소외되지 않도록 참 예배와 예술, 생명 살림살이와 연결되어야 하고, 자연과 우주에 대한 깊은 관심과 더불어 자연의 탄식에도 귀를 기울이고 돌보는 성사가 있어야 한다. 예전과 기도와 자연과의 교감은 힐데가르트와 함께 하는 영성공동체에게는 일상의 성사였을 것이다. 보고, 듣고, 만지고, 맛보고, 느끼는 모든 감각은 하나님의 생명력과 통하는 통로였을 것이다. 이 신비스러운 그녀의 '비리디타스'는 자연이 인간을 위한 도구로서의 세계관, 그리고 강자만이 정복할 수 있다는 생각과 이윤과 욕망을 추구하는 자본주의 왜곡에서 탈출할 수 있는 힘을 제공할 것이다.

에필로그

Epilogue

가장 아름다운 피사체를 찾아서

지금 우리는 미래를 위해
반죽을 이겨 주무르고 있다.
우리는 더 이상 과거를 위해 준비할 수 없다.

- 척 레이스로프

이제 이 지도를 들고 우리는 길을 갈 수 있을까? 길을 아는 것과 길을 가는 것은 다르다고 누군가 말했다. 신앙은 구태의연할 수 없기에 참 종교라면 비겁함에서 일어나 창조적 삶을 살게 하는 생명줄을 제공할 것이다. 근원의 탯줄을 잘라낸 바람에 사랑할 줄 모르는 에고이스트들과 소외, 생태 위기와 식량 부족, 불안한 징후가 넘쳐나지만, 시선을 들면 불현듯 깨어난 사람들과 생명 안의 자기 부정을 잉태한 공동체들이 거대한 우주적 춤에 참여하는 것을 보게 되리라. 우리는 새로운 세계사의 흐름에 돌입하였으며, 존재의 길을 열어주는 자들로 초대받았다. 자연과 종교 전통 속에서, 지금도 영원과 시간의 접속면을 발견한 이들과 함께 지혜의 학교를 다녀야 하리라. 그리하여 하나님과 인간, 인간과 자연의 갈라진 틈과 상처를 싸매고 '푸른 생명'을 전달하는 선한 무명의 이웃들이 넘쳐날 때, 우리는 발견하게 될 것이다. 괴로운 자아의 폭탄이 제거된 진짜 나의 얼굴을, 숭고의 아름다움을, 예전과 말씀과 기도를 구도의 길로 삼고 동시에 창조적 생명의 연대를 형성하는 공동체들을.

그 과제는 전통적으로 종교적이라고 생각해 왔던 형식적 방식들에 메스를 대는 일이다. 메스의 양 칼 중 바깥날은 이 시대의 중요한 대화의 상대자인 과학과 더불어 인간만이 가지는 특수한 형태의 사회 현상이며 동시에 문화의 양태이기도 함을 인식하는 '인문학적'

관점이 될 것이다. 이 탐구는 구체적으로 사람이 살아가는 삶, 한 인간만이 아니라 우주와 전체적 역사의 맥락 속에서 정체성을 찾아가는 공동체의 여정이다. 또한 안의 칼날은 영성, 즉 종교가 지닌 보다 근원적, 초월적, 통합적 측면을 발굴하는 것으로, 영성 전통에서 길어 올린 영적 지혜들 통해 통찰적 대안을 찾아야 할 것이다.

이 책의 여정을 통해 그 대안의 지도를 그려보고자 했다. 1부는 더 높은 진정한 자신을 찾는 여정을 기도와 함께 연결하되 철학적-현상학적으로 살펴보았다. 2부는 그 여정에서 만나는 장애물인 나르시시즘을 심리학적으로 분석하고 그 대안을 십자가의 요한이 말하는 기억과 의지의 정화 및 열정의 균형에서 찾아보았다. 3부에서는 인문학적 시도로서 신과 함께 살아가는 인간의 특징을 살피되 특별히 칸트와 리오타르를 통해 분석하고 문학에 나타난 숭고미와 관상적 일치 체험과 연결하여 종합하였다. 4부에서는 사회학적 관점, 특히 긴장 이론과 사회 영향 이론을 통해 사회 상황과 종교의 전이 지점이 가입과 소속을 통해 접하게 되는 의미 체계의 변화임을 살펴보았다. 특별히 쉐퍼의 라브리 공동체를 통해 이러한 의미 체계의 변화가 공동체적 경험으로 어떻게 이루어지는 것을 그렸다. 5부에서는 현대의 중요한 문제인 환경 위기가 하나의 종교적 양상으로 변화되고 있음을 인식하고 이원론적 사유와 인간중심의 사유에 숨은 위계적이고 지배적인 관점을 벗어나 생태 영성의 가능성을 모색하였다. 먼저 우주와 인간이 상호 연관되어 있다는 불교의 연기 사상에 있는 상호 의존성을 살펴보고 기독교의 생명 사상, 특히 빙엔의 힐데가르트의 사상과 생태학적 실천들을 살펴보았다. 힐데가르트의 조화를 중요시하는 우주론은 모든 피조물을 지어내시고 그 피조물들 안에 내포되어 있는 신의 사랑을 강조한다. 그리고 신의 사랑을 통한 계약의 완성과 창조적 연대에 주목한다. 즉, 우주를 움직이는 가장 근본인 힘은 사랑이며 온 세계는 사랑을 통하여 의미있는 구성을 이루게 된다는 것이다. 그녀는 모든 피조물과 이들이 태어나고 자라나는 어머니로서의 땅이라는 유비를 사용하며, 인류의 땅은 모든 푸르름과 모든 발아시키는 힘을 보듬고 있으며, 인류에게 기본이 되는 재원뿐만 아니라 아들의 실체까지도 꼴을 지어낸다고 말한다. 독자들은 이 장을 통해 인간중심주의의 오만한 이원론을 성찰하면서 종교가 생태학적 위기를 극복하고, 새로운 창조의 연대로 인도하는 중요한 기반이 될 수 있음을 발견하게 될 것이다.

매튜 폭스Matthew Fox의 말처럼, 새로운 영적인 비전은 종교가 아닌 영성을 강조할 것이다. 그렇게 함으로 새로운 영성의 추구는 더 이상 종교의 이름으로 자신들의 폭력을 합리화하려는 제국과 그들의 야망을 섬기지 못하게 할 것이다. 그리하여 내일의 종교는 영적인 전통에서 나오는 지혜들을 중심으로 심리, 사회, 철학, 과학 학문의 지평들을 아우르며 재구성할 힘을 가지리라.

글 마무리에 서서 나는 분명하게 희망을 발견한다. 이 희망은 마음과 상징과 구조를 철저하게 바꾸어 혁신해야 한다는 목소리를 포함하는데, 영적 회복과 비판적 성찰의 내적 힘을 요청한다. 그리고 그 열매는 자기애를 벗어나 깨어난 한 영혼과, 통생명의 힘으로 자기 부정하는 이들이 모인 공동체다. 그것이 내일의 종교가 펼치는 축제 마당, 하나님과 인간, 창조계 전체의 일치와 다양성이 꽃피는 장을 만들어 낼 것이다.

미주

프롤로그

1. Sandra M. Schneiders, *"Theology and Spirituality: Stranger, Rivals, or Partners?"*, Horizons, 13, (1986), 264-265.

2. 프로이트와 마르크스, 니체와 같은 학자들은 종교를 독립적인 개념으로 보기보다는 인간의 심리적, 사회적, 문화적 현상과 밀접하게 연관된 것으로 해석하며, 종교와 다른 인간 활동 간의 경계를 명확히 구분하기 어렵다고 주장한다. 프로이트는 종교를 인간의 욕구 충족 경향이 나타난 것으로 보았으며, 마르크스는 종교를 '민중의 아편'으로 묘사하며, 현실의 고통을 일시적으로 달래는 기능에 불과하다고 비판했다. 니체는 더 나아가 종교가 인간의 자유를 제한한다고 보았고 기존의 가치를 넘어서는 새로운 가치 창조를 주장하며 종교적 영역의 특유의 절대적 가치와 초월적 의미의 붕괴를 강조했다. Sigmund Freud, *The Future of an Illusion,* trans. James Strachey (New York: W. W. Norton & Company, 1961), 30. Karl Marx, *Contribution to the Critique of Hegel's Philosophy of Right*, trans. Joseph O'Malley (Cambridge: Cambridge University Press, 1970), 131. Friedrich Nietzsche, *The Gay Science,* trans. Walter Kaufmann (New York: Vintage Books, 1974), 181.

3. '카이로스'는 선형적으로 흐르는 '크로노스'와 달리, 특정한 의미를 지닌 결정적인 순간을 의미한다. 아감벤은 이를 '크로노스의 시간을 낚아채는 순간'으로 표현하기도 했다. 크로노스와 카이로스의 시간 개념 비교에 대해서는 다음의 논문을 참고하라. 김진수. "크로노스와 카이로스 – 카프카의 「법 앞에서」에 나타난 시간." 외국문학연구 72 (2018): 95-127, 이용수. "모리악과 카이로스의 시간." 외국문학연구 72 (2018): 95-127.

4. '초개인화 기술'은 빅데이터, 인공지능(AI), 사물 인터넷(IoT) 등의 기술을 활용하여 개인별 맞춤형 서비스를 제공하는 것을 의미한다. 기존의 개인화(personalization)보다 더 세밀하고 정밀하게 소비자의 니즈를 반영한다는 점에서 '초개인화(hyper-personalization)'라는 개념이 등장하였다.

1부

1. 나카마사 마사키/김경원 옮김, 『한나 아렌트 <인간의 조건>을 읽는 시간』 (파주: Arte, 2017). 99-112.

2. 사회학자 매슬로는 자기 실현자(self-actualizer)를 두 가지로 정의했다. 첫째는 '단지 건강한 자기 실현자(Merely Healthy Self-Actualizer)'로, 삶에서 성장과 성취는 경험하지만 심오함이나 초월성은 경험하지 못하는 부류이다. 두 번째는 '초월적 자기 실현자(Transcending Self-Actualizer)'로, 자기 잠재성을 실현할 뿐만 아니라 최상의 경험(peak experience)까지 경험하며, 기쁨과 창조성, 우주와의 합일까지 도달하게 된다. 매슬로는 이 두 부류의 구별을 통해 인간의 잠재성을 최고조로 실현함에 있어서 초월적 경험이 중요함을 강조하고자 했다. Abraham H. Maslow, *The Farther Reaches of Human Nature*, (New York: Viking Press, 1971)

3. Abraham H. Maslow, *Toward a psychology of being*, (New York: Van Nostrand Company, 1968), 206.

4. 윌리엄 제임스/김재영 옮김, 『종교적 경험의 다양성』 (서울: 한길사, 2000)

5. Richard Maurice Bucke, *Cosmic Consciousness: A Study in the Evolution of the Human Mind. Dorest*, (UK: Axial, 2011)

6. Carl G. Jung, *Mysterium Coniunctionis: An Inquiry into the Separation and Synthesis of Psychic Opposites in Alchemy*, Vol. 14 *of The Collected Works of C. G. Jung.* Translated by R.F.C. Hull, (Princeton, NJ: Princeton University Press, 1970)

7. 켄 윌버/박정숙 옮김, 『의식의 스펙트럼 : 닫힌 의식의 문을 여는 스펙트럼 심리학』 (고양: 범양사, 2006)

8. 빅터 프랭클(1905-1997)은 빈 의과대학의 신경정신과 교수이며 미국 인터네셔널 대학에서 로고테라피(Logotherapy)를 가르치고 학파를 창시했다. 제2차 세계대전 당시 유대인이라는 이유로 3년 동안 나치의 다하우/아우슈비츠 강제수용소에 수감되어 있었다. 그는 이 경험을 바탕으로 인간을 자유와 책임 있는 존재로 파악한 독자적인 실존분석을 정립하였다. 그의 로고테라피는 이 경험을 바탕으로 한 의미 치료적 치료 이론이라고 할 수 있다. 주요 저서로는 대표작『죽음의 수용소에서』외에도 『의미를 찾는 인간』, 『신의 무의식』, 『의사와 영혼』등 다수가 있다.

9. Robert Schuller, "Dr Robert Schuller Interviews Viktor Frankl: How to Find Meaning in Life", *Possibilities: The Magazine of Hope* (March/April 1991): p.10.

10. 철학자 칸트는 그의 저서 『순수이성비판』에서 "우리는 사물 그 자체를 알 수 없으며, 오직 우리의 감각과 인식 능력에 의해 구성된 현상만을 알 수 있다."라고 주장한다. 즉 우리가 경험하는 현실은 감각과 인식 등 선험적인 틀 안에서 재구성된 상(像)일 뿐, 실재 그 자체가 아니다. 임마누엘 칸트/백종현 옮김, 『순수이성비판』(서울: 아카넷, 2006), 248-249.

11. 칸트는 감각(Empfindung)을 대상이 우리가 가진 표상 능력에 영향을 주어 생긴 결과라고 생각했다. 따라서 감성은 수용적일 수밖에 없다. 감성(Sinnlichkeit)은 대상에 의해 우리가 촉발되는 방식을 통해 표상을 얻는 능력이다(안수현, "칸트의 감각과 지각", 「동서사상」 Vol.10, 2011. 30)

12. 후설의 인식론은 끊임없이 변화하는 다양체로서의 의식과 자기 동일적으로 머물러 있는 대상의 차이로부터 출발한다. 의식을 통해 체험된 내용은 변화의 다양체이지만, 어떻게 지각은 동일한 대상을 지각하고, 대상의 단일성을 이해하는가? 다양한 의식이 단일한 대상과 관계

할 수 있는 이유는 의식 안에 감각 내용 이외에 감각 내용을 파악하는 파악 작용(Auffassung)이 있기 때문이다. 즉 우리의 의식에는 감각 내용을 초과하는 잉여가 있고, 후설은 이 파악 작용을 '지향성'이라고 부른다. 따라서 후설에게 인식이란 "참인 대상이 주어지는 지향적 체험 방식"이며, 인식은 이러한 목표에 도달하기 위해 그의 수행을 방해하거나 긴장을 유발하는 다양한 요소들을 경유하고, 이 긴장 속에서 비로소 대상의 자기 소여, 즉 명증적인 대상 파악에 도달한다. 에드문트 후설, 『순수현상학과 현상학적 철학의 이념들 1』, 손영식 옮김 (서울: 서광사, 2009), 233-240; 김기복, "인식의 현상학적 성격: 후설의 『논리 연구』를 중심으로", 「철학 논구」 Vol.31, 2003. 참고.

13. 본질 직관(Wesensschau)은 후설 현상학에서 핵심인 개념으로, 사유와 경험을 초월하는 보편적 본질을 직접 직관하는 방식을 의미한다. 후설은 경험을 넘어선 보편적 본질을 직관적으로 파악할 수 있다고 주장하며, 이를 형상적 본질(eidetische Wesensschau)과 구분하여 설명한다. 에드문트 후설/이종훈 옮김, 『순수현상학과 현상학적 철학의 이념들 1』 (서울: 서광사, 1996), 55, 58.

14. 에포케(Epoché)는 후설의 현상학에서 핵심 개념으로, 우리가 일상적으로 세계를 당연한 것으로 받아들이는 "자연적 태도"를 중지하는 철학적 방법이다. 즉, 대상이 실제로 존재하는지에 대한 판단을 보류(suspension)함으로써, 사물 자체가 의식에 나타나는 방식을 편견 없이 탐구할 수 있도록 한다. 이를 통해 후설은 단순한 경험적 사실이 아닌, 의식 속에서 현상으로 드러나는 본질을 파악하고자 했다. 이러한 과정은 "현상학적 환원"을 가능하게 하며, 이를 통해 순수한 의식과 그 구조를 탐구하는 초월론적 현상학이 전개된다. 에드문트 후설/이종훈 옮김, 『순수현상학과 현상학적 철학의 이념 1』 (서울: 서광사, 1996), 55 ; 단 자하비/이석재 옮김, 『후설: 초월론적 현상학의 입문』 (서울: 인간사랑, 2007)., 47-50.

15. 후설에 따르면, 정신(Geist)과 감성(Empfindung)은 상호 의존적인 관계에 있다. 그는 의식이 순수한 이성적 활동뿐만 아니라, 감각적 경험을 포함한 총체적 구조 속에서 작동한다고 보았다. 감성은 경험 세계에서 대상이 주어지는 최초의 단계로, 이를 통해 의식은 현상을 지각하고 의미를 구성할 수 있다. 그러나 감성이 단순한 수동적 요소에 머무는 것이 아니라, 정신적 작용과 결합하여 지각, 판단, 의미 부여 등의 고차원적 인식을 가능하게 한다는 점에서 정신과 감성은 분리될 수 없는 관계를 형성한다. 후설은 이를 현상학적 환원을 통해 분석하면서, 감성적 경험이 정신적 작용과 함께 본질적으로 연관되어 있음을 강조하였다. 에드문트 후설/이종훈 옮김, 『순수현상학과 현상학적 철학의 이념 1』(서울: 서광사, 1996), 75-80 ; 단 자하비/이석재 옮김, 『후설: 초월론적 현상학의 입문』(서울: 인간사랑, 2007), 102-108.

16. 노에시스(Noesis)는 후설의 현상학에서 사용하는 용어로, 의식은 늘 지향성을 가지고 있는데 이 때 의식의 작용을 노에시스, 의식의 대상을 노에마(Noema)라고 부른다.

17. 헤라클레이토스(Heraclutus)는 고대 그리스의 철학자로, 그의 사상은 '모든 것은 흐르고 있다'는 뜻의 그리스어 '판타 레이(Panta rhei)'로 요약된다. 그에 의하면 모든 것은 언제나 변하고 흐르는 '생성(becoming)'의 상태에 있다. 후설은 이러한 변화의 상태에 기반하여 의식을 끊임없는 체험의 흐름 속에서 파악한다.

18. 에드문트 후설/이종훈 옮김, 『논리연구 2-1, 현상학과 인식론 연구』(서울: 민음사, 2018), 417-504.

19. '세계-내-존재(in-der-Welt-sein)'란 현존재의 존재 구조로서, 인간적 주체인 현존재가 세계 안에 각종의 존재자들과 교섭하면서 실존하고 있음을 뜻한다. 여기서의 세계란 현존재가 '거기(Da)'에서 생활하고 있는 현실 세계이다. 마르틴 하이데거/이기상 옮김, 『존재와 시간』(서울: 까치, 1998), 142.

20. 마르틴 하이데거, 『존재와 시간』, 106.

21. '배려(Bersorgen)'와 '손 안에 있음(Das Zuhandene)'의 관계는 모두 도구적 관계를 뜻한다. '배려'란 현존재가 주변 세계와 교섭하는 존재 방식으로, 이 교섭의 가장 일상적인 양식은 어떤 것을 도구로서 사용하는 배려이다. 또한 '손 안에 있음'도 도구가 그 자체를 의식하지 못할 정도로 도구가 현존재의 손 안에 있음을 의미한다. 하이데거는 이 특징을 "그것이 그것의 손 안에 있음에서 흡사 자신을 숨겨 바로 그래서 본래적으로 손 안에 있게 된다는 것이다."라고 언급했다. 마르틴 하이데거, 『존재와 시간』, 102.

22. 헤이즈의 수용 개념은 후설의 에포케(Epoché) 개념과도 흥미로운 연결점을 가진다. 후설이 의식의 자연적 태도를 정지하고 현상을 있는 그대로 받아들이는 방식을 통해 본질을 탐구하려 했던 것처럼, 헤이즈 또한 인간이 경험하는 심리적 고통을 제거하려 하기보다 이를 수용함으로써 삶의 중요한 가치를 실현하는 방향으로 나아갈 것을 강조한다. 즉, 후설이 현상을 본질적으로 이해하기 위해 판단을 보류하는 것처럼, 헤이즈는 부정적인 경험을 있는 그대로 받아들이고 유연하게 대처하는 것이 중요하다고 본다. Steven C. Hayes, *Acceptance and Commitment Therapy: The Process and Practice of Mindful Change* (New York: Guilford Press, 2011), 25-30.

23. Amedeo Giorgi 편집/신경림·장연집·박인숙·김미영·정승은 옮김, 『현상학과 심리학 연구』 (서울: 현문사, 2004). 참조.

24. Heinrich S. J. Dumoulin, *A History of Zen Buddhism,* Trans. Paul Peachey (New York: Pantheon Books, 1963), 214-215.

25. Amedeo Giorgi 편집/신경림·장연집·박인숙·김미영·정승은 옮김, 『현상학과 심리학 연구』 (서울: 현문사, 2004). 참조.

26. 김화영, 『영성, 삶으로 풀어내기』 (서울: 대한기독교서회, 2013),

207.

27. Thomas Merton, *The Sign of Jonas* (New York: Harcourt Brace Jovanovich, 1979), p.10-11.

28. Raymond B. Blackney, trans. *Meister Eckhart: A Modern Translation* (New York: Harper & Row, 1941) 참고.

29. 라캉은 인간의 의식 세계를 언어와 깊이 연관된 상징계(Le Symbolique)로 개념화했다. 그는 프로이트의 정신분석학을 구조주의 언어학과 결합하여, 인간 주체가 형성되는 과정을 상상계(Imaginaire), 상징계(Symbolique), 실재계(Réel)라는 세 가지 차원으로 설명했다. 이 중 상징계는 언어와 사회적 법칙이 작동하는 영역으로, 개인이 사회적 질서 속에서 의미를 구성하고 타인과 관계를 맺는 공간이다. 라캉은 인간이 언어를 획득하는 순간부터 상징계에 편입되며, 이를 통해 주체로서 정체성을 형성하지만 동시에 욕망의 분열을 경험하게 된다고 보았다. Jacques Lacan, *Écrits: A Selection,* trans. Alan Sheridan (New York: W. W. Norton & Company, 1977) 참고.

30. 토마스 키팅/엄무광 옮김, 『마음을 열고 가슴을 열고』(서울: 가톨릭출판사, 2010), 165.

31. Paul Tillich, "The Relationship Today between Sceince and Religion," The Spiritual Situation in *our Technical Society, ed. Mark Thomas* (Macon: Mercer University Press, 1988), 156.

32. Paul Tillich, "The nature of Religious language," *Theology of Culture*, ed. Rovert C. Kimball (London: Oxford University Press, 1959), 240-241.

33. Rudolf Otto, *Mysticism East and West: A Comparative Analysis of the Nature of Mysticism,* Translated by Bertha

L. Bracey and Richenda C. Payne (New York: Macmillan, 1957), 124.

34. 조던 오먼/이홍근 옮김, 『영성신학』 (왜관: 분도출판사, 1987), 376.

35. M. Basil Pennington, *Thomas Merton, Brother Monk : the quest for true freedom* (San Francisco: Harper & Row, 1987), 70 ; 칼 아리코/엄성옥 역, 『집중기도와 관상여행』 (서울: 은성, 2000), 71. 재인용.

36. Thomas Merton, *The Sign of Jonas*, p.269.

37. Thomas Merton, *The Sign of Jonas,* 참고.

38. Thomas Merton, *The Sign of Jonas,* p.276.

39. Thomas Merton, *The Sign of Jonas*, 322–323.

40. Thomas Merton, *Conjectures of a Guilty Bystander* (New York: Doubleday), 158.

41. Evelyn Underhill, *Mysticism : the nature and development of spiritual consciosuness*, (London: Oxford University Press, 1993), 414, 434.

42. 쉐퍼는 하나님과의 인격적 관계를 '적극적 수동성(active passivitiy)'로 설명하며, 이를 위해 성령으로 잉태한 마리아의 예시를 든다. 프란시스 쉐퍼, 『진정한 영적 생활』 (서울: 생명의말씀사, 1974)를 참고.

43. Jan van Ruysbroeck, *The Spiritual Espousals*, trans. Catherine H. M. P. D. O'Riley (London: S.P.C.K., 1954) ; John Ruusbroec. The Spiritual Espousals and Other Works. Translated by James A. Wiseman. New York: Paulist Press, 1985.

44. John Ruusbroec. *The Spiritual Espousals and Other Works.* Translated by James A. Wiseman. (New York: Paulist

Press, 1985), 183.

45. 조지프 캠벨/다이앤 K. 오스본 엮음; 박중서 옮김, 『신화와 인생 :
조지프 캠벨 선집』(서울: 갈라파고스, 2009), 413.

2부

1. 해브록 엘리스(1859-1939)는 영국의 의사이자 심리학자로, 성과 범죄를 주로 연구한 진보적 지식인이자 사회운동가이다. 1890년에는 저명한 범죄 인류학서 『범죄자(The Criminal)』를 출간하였으며, 1897년에는 존 애딩턴 시먼즈와 함께 동성애에 관한 최초의 영문 의학서 『성의 역전(Sexual Inversion)』을 출간하였다.

2. Edward Tory Higgins, "Self-Discrepancy : A Theory Relating Self and Affect," *Psychological Review 94, no. 3* (1987): 319-340.

3. 알프레드 아들러/김형준 옮김, 『삶의 의미』 (서울: 부글북스, 2017)

4. 지그문트 프로이트/윤희기·박찬부 옮김, 『정신분석학의 근본 개념』 (서울: 열린책들, 2020), 248.

5. 한경희, "시적 자아의 형성과정으로서 '거울단계' 분석-이상 시 <詩第十五號>,<明鏡>,<거울>을 중심으로," 「국어국문학회」 Vol.126(2000), 423~442.

6. Christopher Lasch, *The culture of narcissism : American life in an age of diminishing expectations*, (New York : Norton, 1979), p.10.

7. 정남운, "과민성 자기애 척도 타당화 연구", 「한국심리학회지: 상담 및 심리치료」, 제13권 1호, (2001), 193-216.

8. Higgins, E. Tory. "Self-Discrepancy : A Theory Relating Self and Affect." Psychological Review 94, no. 3 (1987): 319-340.

9. 칼 구스타브 융/한국융연구원 C. G. 융 저작 번역위원회 옮김, 『인격과 전이』 (서울: 솔, 2007), 75.

10. 김성민, 『융의 심리학과 종교』 (파주: 동명사, 2012), 235.

11. 김성민, 『융의 심리학과 종교』, 321.

12. 협성신학연구소 편집, 『기독교신학과 영성』(서울: 솔로몬, 1995), 176-177.

13. 십자가의 성 요한(St. John of the Cross)은 영혼이 하나님과의 완전한 합일에 이르기 위해 거쳐야 하는 영적 여정을 '어둔 밤(Dark Night)'으로 표현하였는데, 그는 이 과정을 두 단계로 나누어 설명한다. 첫 번째는 '감각의 밤' 또는 '정화의 밤'이고, 두 번째는 '영의 밤' 또는 '조명의 밤'이다. 영적 여정의 초기 단계인 '정화의 밤'는 영혼이 감각적 욕망과 세속적 애착으로부터 벗어가기 위한 정화의 과정을 말한다. 영혼은 감각적 만족과 세속적 즐거움을 포기하고, 하나님께 집중하기 위해 자신의 감각과 욕망을 버리고, 통제한다. 하지만 여정의 심화 단계인 '조명의 밤'에서 영혼은 정화의 주체가 자신이 아니라 영혼 안에 주입되는 하나님의 빛에 의해 조명을 받는다. 이때 영혼은 철저한 수동성으로 인해 하나님의 현존 부재로 인한 버림받은 느낌과 공허감에 직면할 수 있지만 하나님에 의해 감각이 점점 변형되면서 하나님의 뜻에 온전히 합일하는 일치의 길을 걷는다. 성 요한/최민순 옮김, 『어둔 밤』(서울: 바오로딸, 1993), 1권 1장.

14. 이부영, 『분석심리학』(서울: 일조각, 2012), 138.

15. 십자가의 요한은 관상의 길에 들어선 영혼들에게 영성의 길을 안내하려 했다. 이 길은 바로 하나님과의 일치로 향하는 길이다. 요한은 이 영적 여정에 도움이 되도록 베아스의 가르멜 수녀들에게 '완덕의 산'을 그려주었다. 완덕의 길은 '가르멜의 산길'인 좁은 길(무의 길)을 걸어서 가야 한다. 사랑을 위한 포기의 길인 좁은 길은 하나님의 사랑과 영광만이 주재하는 유일한 산 정상을 향하는 길이며, 이 길 외에는 또 다른 정상의 길이 없다. 완덕의 산 정상에 이르러 하나님과의 일치에 이른 의인에게는 다른 법이 필요 없다. 십자가의 성 요한/최민순 옮김, 『가르멜의 산길』(서울: 바오로딸, 1993) 참조.

16. 민속학자이자 종교인류학자 아놀드 반 제넵(Arnold van

Gennep)에 따르면, 통과의례는 역사적으로 알려진 모든 사회에 존재하는 의식적 행사이다. 이는 개인이 속한 사회 내에서 개인이 한 지위에서 다른 지위로의 전환을 축하하는 의미를 담고 있다. 전 세계 모든 민족의 통과의례에는 분리(separation), 전환(marge), 가입(agregation) 등 세 가지 단계가 있는데, 제넵은 통과의례에 사회적 의미 뿐 아니라 종교적·심리적·상징적 의미가 있다고 하였다. 이 학설은 사회학·종교인류학·민속학 연구는 물론, 다른 학문 분야에서도 핵심 개념으로 통용되고 있다(아놀드 반 제넵/김성민 번역,『통과의례』(과천: 달을긷는우물, 2022 참조).

17. 칼 구스타브 융/이부영 옮김,『인간과 무의식의 상징』(서울: 집문당, 1985), 171.

18. 조지프 캠벨(Joseph John Campbell, 1904-1987)은 미국의 신화종교학자이자 비교신화학자이다. 캠벨은 페르소나에 대한 융의 이론을 신화 속 영웅들의 여정을 해석하는 데 사용하였으며, 원형에 대한 연구에 힘썼다. 주요 저서로는『신화의 힘』,『천의 얼굴을 가진 영웅』,『신의 가면 1~4』,『신화와 함께 살기』,『신화의 세계』,『야생 수거위의 비행』,『신화 이미지』등이 있다.

19. 아니마(Anima)와 아니무스(Animus)는 융의 분석심리학에서 사용하는 개념으로, 아니마는 남성의 내면에 존재하는 여성적 원형, 아니무스는 여성의 내면에 존재하는 남성적 원형을 뜻한다.

20. 라캉의 독창적이고 중요한 개념인 '주이상스(Joissance)'는 쾌락 원칙을 넘어선 쾌락으로, 단순한 만족이나 즐거움을 넘어선, 강렬하고 때로는 고통스러운 경험을 포함한다. 라캉은 주이상스를 프로이트의 죽음 충동 개념과 연결된 쾌락으로 보았다. 프로이트와 달리 라캉에게 삶 충동과 죽음 충동은 별개의 것이 아니며, 삶의 충동은 죽음 충동 안에 포함된다. 이러한 의미에서 주이상스는 죽음 충동에 위치한 쾌락이다.

21. 프로이트와 라캉의 정신분석학은 주체의 형성 과정을 아버지와의 동일시로 설명한다. 그들의 이론에서 어머니는 상징계로 진입하기 위해 단절하거나 거부해야 할 대상이다. 크리스테바는 이렇게 배제된 상상계 내 어머니를 '기호계(Le Semiotique)'의 모성적 공간을 통해 복원한다. 라캉에게 상상계는 상징계에 진입하기 위해 단절해야 할 하나의 단계이므로, 주체에게 상상계는 영원히 잃어버린 영토인 반면, 크리스테바의 기호계는 거울단계 이전에 주체가 자신의 리비도적 에너지와 충동을 표현하고 방출하는 의미작용의 한 방식을 형성한다. 즉 기호계는 사라지는 것이 아니라, 상징계의 영원한 반려로 남아 강력한 힘을 발휘한다.

22. 크리스테바는 『시적 언어의 혁명』에서 기호계의 코라(chora)가 상징계의 지배적 언어 담론에서 벗어난 공간임을 언급한다. "그 진리는 (자본주의) 사회가 요청하고 조장하는 활동이 신체와 주체를 가로지르는 과정(procès)을 억누른다는 것과, 따라서 그 사회 구조가 억압하는 것, 즉 의미 생성(signifiance)의 산출 양태에 접근하는 기회를 얻어내기 위해서는 개인 상호간과 사회 상호간에서 생기는 경험으로부터 우리가 벗어나야 한다는 것을 지적하고 있다." 줄리아 크리스테바/김인환 옮김, 『시적 언어의 혁명』 (동문선, 2000), 11-12.

23. 줄리아 크리스테바(Julia Kristeva, 1964~)는 불가리아 태생의 프랑스 정신분석학자로, 구조주의 언어학, 정신분석학, 기호학, 페미니즘 분야의 저술 활동을 해 왔다. 정신분석학자 라캉 밑에서 공부하였으며 비평가 롤랑 바르트, 구조주의 인류학자 클로드 레비스트로스와 함께 작업하였다. 주요 저서로는 『시적 언어의 혁명』, 『검은 태양』, 『공포의 권력』 등이 있다.

24. C. G. Jung, *The Practice of Psychotherapy,* trans. R.F.C. Hull (New Jersey: Princeton University, 1954), p.134.

25. C. G. Jung, *Psychological Types,* trans. H. G. Baynes (New

Jersey: Princeton University, 1974), p.807.

26. '초인(Übermensch)'은 니체 철학의 용어로, 인간을 벗어난 '초
능력자(superman)'가 아닌 'overman'으로 번역된다. 니체의 표현,
"나는 너희들에게 위버멘쉬를 가르치노라. 사람은 극복되어야 할 그
무엇이다. 너희들은 너희 자신을 극복하기 위해 무엇을 했는가?"(프리
드리히 니체/정동호 옮김, 『차라투스트라는 이렇게 말했다』(서울: 책
세상, 2000), p.16)에서 알 수 있듯, 초인은 끊임없이 자기를 극복하는
자이다. 초인에 대해 마르틴 하이데거는 '기독교 신의 초월성을 부인하
고 신의 빈 자리를 채우는 근대 주체의 완성적 종결자'로 해석했으며,
칼 야스퍼스는 '시대 정신 속에서 간과되었던 근원을 향한 열망과 출
동을 적극적으로 환기시키는 자'로, 질 들뢰즈는 '헤겔의 변증법과 대
결하는 자'로 보았다.

27. 한정선, "십자가의 성 요한의 영적 체험에 대한 현상학적 조명," 「철
학과 현상학 연구」 Vol.20(2003), 225.

28. 십자가의 성 요한, 『어둔밤』(서울: 바로오딸, 1988), 2,3,1.

29. '숨어 계신 하나님'은 하나님의 초월성과 인간 인식의 한계 사이의
긴장을 보여준다. 성경은 "진실로 주는 스스로 숨어 계시는 하나님이
시니(사 45:15)"라고 말하며, 마르틴 루터는 이 하나님을 자신의 계시
를 통해 드러나고(Deus Revelatus) 그 본질은 감추어져 있다고 보
았다. 장 칼뱅은 계시를 인정하지만, 역시 하나님이 본질적으로 이해
할 수 없는 존재라고 보았다. 쇠렌 키에르케고르는 신의 초월성과 인
간의 유한성 사이의 "무한한 질적 차이"를 강조하며, 믿음의 도약이 필
요함을 역설했다. 루돌프 오토는 신이 인간에게 "전적인 타자(Wholly
Other)"로 경험되며, 인간이 신을 경험할 때 경외와 두려움을 동시에
느낀다고 보았다.

30. 이찬수, "하나님을 체험한다는 것: 칼 라너의 초월론," 「신학사상」,
Vol.103(1998), 236-252.

31. 라캉은 『Ecrits』에서 무의식에 대해 오이디푸스 콤플렉스 전의 단계를 상상계로, 후를 상징계로, 상상계와 상징계의 중재를 실재계로 구분 짓는다. '상상계(The Imaginery)'는 거울 단계(Mirror Stage)로서, 유아가 거울에 투사된 대상과 자신을 통합된 하나의 상으로 보며 정체성을 만드는 단계이다. 이 통합 안에서는 어떠한 차이나 분열도 없다. 그러나 이 동일시를 금지하는 아버지의 법(상징)으로 인해 유아는 기의와 기표가 분리된 '상징계(The Symbolic)'로 진입하며, 가족과 사회를 이루는 사회적, 성적 규칙과 관계들의 주어진 구조체를 경험한다. 그러나 주체는 여전히 상상계의 자아상을 현실에 투사하여 허상(fantasy)을 만들어낸다. 허상은 실체가 없을지라도, 상징계 내에서 주체를 살게 하는 희망과 같다. 동시에 주체는 영원히 기의를 획득할 수 없음을 깨닫게 된다. 그가 할 수 있는 것은 무한한 기표의 연쇄를 따라 이동하는 것 뿐이다. 이제 초월적 의미나 대상은 접근 불가한 것이 되며, 라캉은 이 도달 불가능한 영역을 '실재계(The Real)'라고 한다. 실재계는 '상징화가 불가능한 것'이며, 상상계와 상징계 밖에 있어 담지하기가 불가능하다.

32. 십자가의 요한/방효익 옮김, 『가르멜의 산길』 (서울: 기쁜소식, 2012) 2,6,2. 참고.

33. 상상적 자아는 개인이 자신을 특정한 방식으로 이상화하거나 타인의 기대에 따라 형성한 자아를 의미한다. 라캉에 따르면 자아(ego)는 거울 단계(Mirror Stage)에서 형성되며 자신의 '완전한' 이미지와 상상적으로 동일시하는데, 이미지와 실제 존재 사이의 괴리가 발생하게 된다.

34. 고대 신화적 상징인 우로보로스에서 유래한 개념으로 순환적이고 자가 반복적이며 끝과 시작이 연결된 상태를 의미한다.

35. James Hillman, *The Myth of Analysis : three essays in archetypal psychology,* (Evanston: Northwestern University,

1992) 참조.

36. James Hillman, *The Myth of Analysis : three essays in archetypal psychology,* 185, 207.

37. 십자가의 성 요한, 『가르멜의 산길』, 14, 1. 참조.

38. 십자가의 성 요한, 『가르멜의 산길』, 14, 2. 참조.

39. James Hillman, *The Myth of Analysis: three essays in archetypal psychology,* p.26.

40. 롤랑 바르트/정현 옮김, 『신화론』(서울: 현대미학사, 1995) 참조.

41. 십자가의 성 요한, 『가르멜의 산길』, 3권 16장 2절. 참고.

42. 십자가의 성 요한, 『가르멜의 산길』, 1권 11장 4절. 참조.

43. 융(Carl Gustav Jung)에 따르면, 자아의 인식, 구별, 변형, 통합 과정을 거쳐 페르소나(Persona)로부터 분화할 수 있는 이유는 인간 내면의 깊은 정신적 원천이 존재하기 때문이다. 융은 페르소나가 사회적 역할과 외적 적응을 위한 가면인 반면, 참된 자기(The Self)는 무의식의 심층에 자리한 본질적 존재라고 보았다. 그는 인간이 개별화 과정(Individuation)을 통해 페르소나를 벗어나 자기(Self)와의 조화를 이루며, 이를 가능하게 하는 근본적 동력이 집단 무의식(Collective Unconscious) 속에 내재된 위대한 정신이라고 설명했다. 이는 궁극적으로 원형(archetype)의 작용을 통해 개별적 자아가 보다 보편적인 정신적 실재와 연결될 수 있음을 의미한다. C. G. Jung, *Two Essays on Analytical Psychology* (London: Routledge & Kegan Paul, 1953) 참조.

3부

1. 발터 옌스·한스 큉/김주연 옮김, 『문학과 종교』(서울: 문학과지성사, 2019), 11.

2. 볼프하르트 판넨베르크/신준호·안희철 옮김, 『판넨베르크 조직신학 I』(서울: 새물결플러스, 2017), 118.

3. 앞의 책, 129.

4. 김화영, 『영성, 삶으로 풀어내기』(서울: 대한기독교서회, 2013), 86.

5. 앞의 책, 87.

6. 앞의 책, 44.

7. 루돌프 오토/길희성 옮김, 『성스러움의 의미』(서울: 분도출판사, 2003), 120.

8. Francis X. J Coleman, *The Harmony of Reason, A Study in Kant's Aesthetics*, (University of Pittsburgh Press, 1971), 94.

9. 김광명, 『칸트 미학의 이해』, (서울: 철학과 현실사, 2004), 159-160.

10. 칸트는 궁극적으로 형이상학이 철학적 엄격성을 지닌 학문 분야로 간주될 수 있는지에 대해 의문을 던진다. 그리하여 칸트는 인간으로서 우리가 진정으로 알고 있는 것이 무엇인지를 검토하고자 했다. 그의 유일한 방법론은 이성이었다. 칸트는 이념이란 이성의 필수적인 개념으로 합치되는 객체가 감관상으로 주어질 수 없다는 것을 잘 알고 있었다. 이념이 표상되지 않는다는 것은 순수이성에서 재현되지 못한다는 것이다. 칸트는 '실천이성비판'에서 순수이성이 실천이성임을 증명하려 시도한다. 실천이성에서 이념은 부분적 재현 혹은 구체화를 성취해야 한다는 것이다. 그런데 구체화가 부분적으로 밖에 성취될 수 없다는 사실은 인식에 제한적인 영향을 끼치게 된다. 그래서 칸트는 이 한계를 '판단력 비판'에서 미적 이념을 동원하여 해결하고자 한다. 그리하여 순수이성과 실천이성 사이에 다리가 놓이게 되었다.

11. 김광명, 『칸트 미학의 이해』, 195.

12. 판단력의 역할에 대하여는 칸트의 『판단력 비판』 1790년 제1판의 서문을 참고하라. 임마누엘 칸트/이석윤 옮김, 『판단력 비판』 (서울: 박영사, 1974), 163. 참고.

13. 칸트는 숭고를 세 가지 종류로 구분한다. 전율을 자아내는 '공포의 숭고', 경탄을 포함하는 '고상한 숭고'와 아름다움을 포함하는 '화려한 숭고'가 그것이다. "숭고함의 감정은 때로는 어떤 공포의 전율이나 우울함을, 또 어떤 경우에는 단순히 고요한 경탄을, 그리고 또 다른 경우에는 숭고한 평원 너머로 펼쳐진 아름다움까지도 수반한다. 맨 앞에 있는 것을 공포의 숭고라 부르고, 그 다음 것을 고상한 숭고로, 그리고 맨 마지막 것을 화려한 숭고라 부르고자 한다." Immanuel Kant, Beobachtungen über das Gefühl des Schönen und Erhabenen, in Kant's Gesammelte Schriften, ed. Königlich Preußischen Akademie der Wissenschaften (Berlin: 1900ff), Vol. 2, p.209. / 원문의 번역은 이재준, 『칸트, 아름다움과 숭고함의 감정에 관한 고찰』 (서울: 책세상, 2005) 참조.

14. 앞의 책, 37.

15. 김광명, 『칸트 미학의 이해』, 41-42.

16. 임마누엘 칸트, 『판단력 비판』, 266.

17. 앞의 책, 124.

18. 앞의 책, 125.

19. 앞의 책, 104.

20. 김광명, 『칸트 미학의 이해』, 200에서 재인용.

21. 앞의 책, 204.

22. 임마누엘 칸트/이재준 옮김, 『아름다움과 숭고함의 감정에 관한 고찰』 (서울: 책세상, 2005), 17.

23. 앞의 책, 16.

24. 앞의 책, 63.

25. 앞의 책, 256.

26. 최소인, "숭고와 부정성," 「철학논총」 Vol.58(2009), 404.

27. 정수경, "현대 숭고이론에서 상상력의 위상에 관한 고찰: 장-프랑수아 리오타르의 아방가르드 숭고론의 경우," 「미학」 Vol.76(2013), 145-146; 임마누엘 칸트, 『판단력 비판』 (서울: 아카넷, 2009), 258-259. 칸트의 『판단력 비판』 중 숭고론 부분에서 상상력에 대한 개념 정의가 암묵적으로 바뀌는 국면에 주목하라.

28. 정수경, "현대 숭고이론에서 상상력의 위상에 관한 고찰: 장-프랑수아 리오타르의 아방가르드 숭고론의 경우," 149.

29. 앞의 책.

30. 임마누엘 칸트, 『판단력 비판』, 262.

31. 최소인, "숭고와 부정성," 417.

32. 박상선, "리오타르의 숭고론: 실험적 작업의 화용론적 의미," 「예술학」 Vol.3(2007), 19.

33. 메타 내러티브는 여러 개별적인 이야기나 사건들을 하나의 큰 틀로 연결하여 세상이나 인간 경험을 설명하는 개념이다. 이는 사회적, 역사적, 문화적 변화의 통합적 이해를 제공한다. 포스트모더니즘에서는 기존의 메타 내러티브를 비판적으로 바라본다.

34. 장 프랑수아 리오타르/유정환·이삼출·민승기 옮김, 『포스트모던의 조건』 (서울: 민음사, 1992), 221.

35. 장 프랑수아 리오타르/이현복 옮김, 『지식인의 종언』 (서울: 문예출판사, 1993), 154. 이 책은 *La condition postmoderne*의 번역판 중 하나로, 포스트모던 사회에서 지식의 역할이 어떻게 변화했는지를 다루며, "지식인의 종언"이라는 해석은 그 핵심 주제 중 하나인 '대서사의 붕괴'에서 비롯된 해석적 제목이다.

36. 이영철, 『21세기 문화 미리보기』 (서울: 시각과 언어. 1999), 35.

37. 장 프랑수아 리오타르, 『지식인의 종언』, 42.

38. 버크(Edmund Burke)는 숭고의 쾌는 인간의 생명을 위협하는 자연 대상이 불러일으키는 두려움과 공포의 감정이 공포의 대상으로부터의 충분한 거리를 통해 그것이 실제로 나에게 해가 되지 않는다는 것을 인식할 때 느끼게 되는 안도감으로부터 파생되는 쾌(delight)라는 사실을 논하였다. 숭고의 쾌는 부정적인 감정의 해소로부터 오는 쾌라는 점에서 부정성을 가지며, 이 부정적 특성이 아름다움에 대한 감각을 넘어서는 강렬한 미적 체험인 '환희'를 불러온다. 버크, 에드먼드/김동훈 옮김.『숭고와 아름다움의 이념의 기원에 대한 철학적 탐구』. (서울: 마티, 2006), 41.

39. 임마누엘 칸트, 백종현 옮김, 『판단력 비판』 (서울: 아카넷, 2009), §23.

40. 최소인, "숭고와 부정성," 「철학논총」 Vol.58(2009), 149-150.

41. 임마누엘 칸트, 『판단력 비판』, §28.

42. 최소인, "숭고와 부정성," 424.

43. 앞의 책, 423.

44. P. Crowder, *Critical Aesthetics and Postmodernism,* (Clarendon Press, 1993), 157.

45. Jean-François Lyotard, *Lessons on the Analytic of the Sublime,* (Stanford University Press, 1994), 55.

46. 앞의 책, 55.

47. 앞의 책, 15.

48. 장 프랑수아 리오타르/유정완 외 옮김, 『포스트모던의 조건』 (서울: 민음사, 1999), 215.

49. 장 프랑수아 리오타르/이현복 옮김,『포스트모던의 조건: 정보사회에서의 지식의 위상』, 130-131.

50. Jean-François Lyotard, Lessons on the Analytic of the Sublime, 22. 리오타르는 뉴먼(Barnett Newman)이 1948년 12월

에 발표한 『숭고한 것은 지금이다(The Sublime is Now』라는 에세이와 1949년 발표된 『새로운 미학을 위한 서설(Prologue for a New Aesthetic)』이라는 미완성의 소고에서 '숭고', '여기', '지금'이라는 단어의 의미 연관성을 발견하고 이를 통해 숭고가 지닌 시간성을 제시하고자 했다.

51. Jean-François Lyotard, *Lessons on the Analytic of the Sublime*, 121. 136.

52. 정수경, "현대 숭고 이론에서 상상력의 위상에 관한 고찰; 장-프랑수아 리오타르의 아방가르드 숭고론의 경우." 「미학」 제76권. 2013, 12: 170.

53. 시뮬라크르(Simulacre)는 장 보드리야르(Jean Baudrillard)가 제시한 개념으로, 현실과의 연관이 사라진 채 독자적으로 존재하는 이미지나 표상을 의미한다. 이는 원본 없이 복제만 존재하는 상태를 가리키며, 현대 사회에서는 미디어나 광고를 통해 더욱 강화된다. 결국, 현실과 환상의 경계가 모호해지고, 사람들이 기호 자체를 현실로 인식하게 된다.

54. 테리 이글턴/조은경 옮김, 『신의 죽음 그리고 문화』 (서울: 알마출판사, 2017), 65.

55. 루돌프 오토/길희성 옮김. 『성스러움의 의미』 (서울: 분도출판사, 1987), 65-74.

56. 슬라보예 지젝(Slavoj Žižek, 1949~)은 유고슬라비아 출신 대륙철학자이자 헤겔, 마르크스, 라캉의 이론에 기반한 철학자이다. 대중문화에서 온 예시들을 라캉의 정신분석학, 헤겔의 철학과 마르크스의 경제 비판으로 해석하는 것으로 명성을 얻었다. 『이데올로기의 숭고한 대상』이 대표 저서이며, 그 외 주요 저서로는 『폭력이란 무엇인가』, 『시차적 관점』 등이 있다.

57. 슬라보예 지젝/이수련 옮김, 『이데올로기라는 숭고한 대상』 (서울:

인간사랑, 2002), 390.

58. 슬라보예 지젝/이성민 옮김, 『부정적인 것과 함께 머물기』(서울: 도서출판b, 2007), 99-100.

59. 빅토르 위고/정기수 옮김, 『레 미제라블1』(서울: 민음사, 2021), 192.

60. 김응교, "숭고의 데자뷰, <레 미제라블>,"「영상예술연구」 Vol.22(2013), 91; 김응교, "다마스커스와 안디옥의 진리 사건,"「복음과 상황」Vol.240(2010,10) 참고.

61. 빅토르 위고, 『레 미제라블 1』, 49.

62. 앞의 책, 55.

63. 앞의 책, 144.

64. 앞의 책, 144.

65. 앞의 책, 144.

66. 앞의 책, 144.

67. 본회퍼, 『나를 따르라』(서울: 대한기독교서회, 2013), 179.

68. 앞의 책, 181.

69. Thomas Merton, 『고래와 담쟁이』(Whale and Ivy), 미간행 일기, 3:22, 윌리엄 셰논/오방식 옮김, 『고요한 등불-토마스 머튼의 이야기』(서울: 은성, 2008), 354-355에서 재인용.

70. Thomas Merton, *The Sign of Jonas*, (Harcourt, 1981), 231.

71. 앞의 책, 269.

72. 앞의 책, 269.

73. 앞의 책, 322-23.

74. 앞의 책, 268-269.

75. 윌리엄 셰논, 『고요한 등불-토마스 머튼의 이야기』, 276.

76. Thomas Merton, *The Sign of Jonas*, 115.

77. Thomas Merton, *Conjectures of a Guilty Bystander*, 윌리

엄 세논, 『고요한 등불-토마스 머튼의 이야기』, 377에서 재인용.

78. Thomas Merton, Conjectures of a Guilty Bystander, 158.

79. Thomas Merton, "Notes for Philosophy of Solitude," *Disputed Questions* (New York: Farrar, Straus and Giroux, 1965), 159.

80. Thomas Merton, *The Inner Experience: Notes on Contemplation*, (New York: HarperSanFrancisco, 2004), 2.

81. Thomas Merton, "Is the World a problem?," in *Contemplation in a World of Action* (University of Notre Dame Press, 1998), 142.

82. 토마스 머튼, 『새 명상의 씨』, 24.

83. 앞의 책, 160-161.

84. 앞의 책, 26.

85. 앞의 책, 39-40.

86. 앞의 책, 39.

87. 앞의 책, 27.

88. 앞의 책, 101.

89. 앞의 책, 146.

90. 앞의 책, 74.

91. 윌리엄 셰논/오방식 옮김, 『토머스 머튼: 생애와 작품』(서울: 은성, 2005), 160-164 참조.

92. 스피노자의 철학에서 주요한 개념으로, 자기 자신을 유지하고 보존하려는 내적인 힘을 뜻한다.

93. Thomas Merton, "Is the World a problem?," in *Contemplation in a World of Action*, 142.

94. 1968년 4월 4일, Dr. Weisskopf 에게 보낸 편지. Thomas Merton, *Witness to Freedom* (Farrar Straus & Giroux, 1994),

338. 윌리엄 쉐넌/최대형 옮김, 『깨달음의 기도』(서울: 은성, 2002), 51에서 재인용.

95. Thomas Merton, *New Seeds of Contemplation* (New Directions, 2007), 294.

96. Thomas Merton, *The Asian Journal of Thomas Merton*, 307–08.

97. Thomas Merton, *New Seeds of Contemplation*, 296.

98. 김화영, 『영성, 삶으로 풀어내기』, 16–18 프롤로그를 참고하라.

4부

1. 이원규(전 한국종교사회학회 회장)와 노길명(고려대 사회학)에 의하면, 1970년대 산업화 과정에서 발생한 빈곤자 및 상대적 박탈감을 가진 자들이 개신교에 대량 입교하였다. (이원규,『한국 교회의 사회학적 이해』(서울: 성서연구사, 1992. 참조.) 특히, 1960년대에서 1970년대로 오면서 증가율은 157%에 달했다. 한국종교사회 연구소,『한국종교연감(1993)』의 '1960년부터 1990년까지 교회 수의 변화' 참조.

2. 가스통 바슐라르/곽광수 옮김,『공간의 시학』(서울: 동문선, 2003), 77.

3. 비벌리 가벤타(Beverly Roberts Gaventa)는 돌아오는 유형에 따라 회심을 세 가지로 분류한다. 첫째 유형은 변경(alternation)의 회심으로, 회심 이전의 행동 양식을 완전히 거부하기보다는 그 행동 양식을 지속적으로 유지하는 형태이다. 둘째는 격변(pendulum-like)의 회심으로서, 과거의 신념 체제나 신앙의 대상을 완전히 부정하고 새로운 신앙 대상과 종교적 행동 양식을 추구하는 형태이다. 셋째는 변화(transformation)의 회심으로서, 신앙 대상의 교체 여부와는 무관하게 자신의 죄를 철저하게 회개하고 삶이 변형되는 회심이다. Beverly R. Gaventa, "Conversion in the Bible," in *Handbook of Religious Conversion*, ed. H. Newton Malony & Samuel Southward (Birmingham, AL: Religious Education Press, 1992), 53-54.

4. 발터 벤야민(Walter Benjamin, 1892~1940)은 독일 출신의 유대계 언어철학자, 번역가, 비평가이다. 1919년 「독일 낭만주의의 예술비평 개념」에 대한 연구로 베른 대학에서 박사학위를 취득하였다. 베르톨트 브레히트에게서 유물론적 사유의 영향을 받았고, 유대 신학적 사유와 유물론적 사유, 신비주의와 계몽적 사유의 긴장 속에서 아방가르드적 실험정신에 바탕을 둔 저작을 이어나갔다. 주요 저작으로는

『아케이드 프로젝트』, 『기술복제시대의 예술작품』, 『역사의 개념에 대하여』 등이 있다.

5. Mark Granovetter, "The Strength of Weak Ties," *American Journal of Sociology* 78 (1973), 1360–1380; Helen Rose Fuchs Ebaugh and Sharron Lee Vaughn, "Ideology and Recruitment in Religious Groups," *Review of Religious Research* 26 (1984), 148–157.

6. 윌리엄 제임스/김재영 옮김, 『종교적 경험의 다양성』(서울: 한길사, 2000), 261.

7. 앞의 책, 282-83.

8. 긴장 이론은 사회학 및 범죄학에서 연구된 이론으로, 사회적 가치 또는 목표와 범죄 간의 관계를 설명하는 것을 목표로 한다. 긴장 이론은 최초로 미국의 사회학자 로버트 머튼(Robert Merton)에 의해 1938년 도입되었으며, 사회적 성공에 대한 기대와 그것을 성취할 수 있는 합법적 수단 사이의 괴리가 크면 긴장(strain)이 발생하고, 합법적 수단을 갖지 못한 사람들은 불법적 수단(범죄)을 통해 성공을 성취하기도 한다고 하였다. 이 이론은 로버트 애그뉴(Robert Agnew) 등 사회학자들에 의해 지속적으로 변형 및 발전해왔다. Robert K. Merton, *Social Theory and Social Structure* (Glencoe, IL: Free Press, 1949), Robert Agnew, *General Strain Theory: Current Status and Directions for Further Research* (New York: Oxford University Press, 2020) 참고.

9. 사회적 정체성 이론(Social Identity Theory)은 개인의 정체성이 개인적 특성뿐만 아니라 자신이 속한 집단과의 동일시를 통해 형성된다고 설명하는 이론이다. 헨리 타지펠(Henri Tajfel)과 존 터너(John C. Turner)가 1979년에 제안했으며, 사람들이 ① 사회적 범주화(Social Categorization)로 자신과 타인을 집단으로 분류하고, ②

사회적 동일시(Social Identification)를 통해 내집단(ingroup)에 소속감을 형성하며, ③ 사회적 비교(Social Comparison)를 통해 내집단을 긍정적으로, 외집단(outgroup)을 부정적으로 평가하는 경향을 보인다고 주장한다. 사회적 정체성 이론은 집단 간 갈등, 조직 내 소속감, 정치적 양극화, 스포츠 팬덤 등 다양한 사회적 현상을 설명하는 데 활용된다. Henri Tajfel and John C. Turner, "An Integrative Theory of Intergroup Conflict," in *The Social Psychology of Intergroup Relations*, ed. William G. Austin and Stephen Worchel (Monterey, CA: Brooks/Cole, 1979), 33-47.

10. 한덕웅, 『집단행동이론』 (서울: 시그마프레스, 2002), 221.

11. 앞의 책, 181.

12. 장회익, 『온 생명과 환경, 공동체적 삶』 (서울: 생각의 나무, 2008), 82.

13. 권순종 외, 『인간행동과 사회환경』 (파주: 양서원, 2008), 183.

14. 앞의 책, 61.

15. Robert F. Berkhofer Jr., "Protestants, Pagans and Sequences Among the Morth American Indians, 1760-1860," *Ethnohistory* 10, Vol.3(1963), 201-232.

16. Peter H. Rossi, "Community Decision Making," *Administrative Science Quarterly* 1 (1957), 417.

17. 또한 시기에서의 반응은 네 가지가 있는데 거절, 전체적 수용, 수정을 동반한 수용, 집단의 분열이 있고, 합의의 시기는 새로이 시작되는 공동체에 완전한 가입을 위한 교육과 훈련의 과정이 이루어진다.

18. H. Newton Malony and Samuel Southward ed., *Handbook of Religious Conversion* (New York: Alba House, 1978), 195.

19. 앞의 책, 195.

20. A. L. Kroeber, *Anthropology* (New York: Harcourt, Brace, 1948), 503-57.

21. 프란시스 쉐퍼(Francis A. Schaeffer, 1912-1984)는 20세기 기독교 변증가이자 신학자로, 성경적 세계관과 현대 문명의 흐름을 분석하며 기독교 신앙의 합리성을 변증하는 데 주력했다. 그는 라브리 공동체(L'Abri Fellowship)를 설립하여 신앙과 철학, 예술, 문화를 통합적으로 탐구하는 열린 공간을 만들었으며, 기독교 신앙이 단순한 종교적 감정이 아니라 총체적인 세계관을 제공한다고 주장했다. 쉐퍼는 특히 상대주의와 허무주의를 비판하며 절대적 진리의 중요성을 강조했으며, 기독교 변증학을 통해 신앙과 이성이 조화를 이루는 방식을 설명했다. 또한, 기독교적 예술과 문화 창조의 중요성을 역설하며, 신앙이 단순한 교리적 신념을 넘어 삶과 사회를 변혁하는 역할을 해야 한다고 보았다. 그의 대표작으로는 『그러면 우리는 어떻게 살 것인가?』(How Should We Then Live?), 『거기 계시는 하나님』(He Is There and He Is Not Silent), 『현대인을 위한 기독교』(The God Who Is There) 등이 있으며, 이러한 저작들을 통해 기독교 신앙과 철학, 문화, 사회에 대한 깊은 분석을 제공하였다.

22. 프란시스 쉐퍼/박명곤 옮김, 『기독교 영성관』(서울: 생명의 말씀사, 1994), 282.

23. 앞의 책, 439.

24. 에디드 쉐퍼/박정관 옮김, 『라브리』(서울: 홍성사. 1992), 15.

25. 임도건, 『기독교 문화와 프란시스 쉐퍼』(서울: 은성출판사, 1995). 80.

26. 쉐퍼의 '절망의 선(the line of despair)' 개념은 『The God Who Is There』에서 처음 소개되었으며, 이는 서구 사상의 흐름에서 절대적 진리를 상실한 지점을 가리킨다. 쉐퍼는 "이러한 변화(절대적인 진리가 없으며 주관적인 경험이나 의미를 찾기 위한 실존적 도약)

는 현대인의 모든 생각의 양상에서 공통적으로 나타나며, 사람들을 절망으로 몰아넣고 있다"고 말한다. 즉, 현대인에게 허락된 절대성이란 그들에게 절대적인 것이 없다는 절대적 비일관성 뿐이다("The only absolute allowed is the absolute insistence that there is no absolute"). 쉐퍼는 이러한 상대주의적 관점이 유기적인 생각을 저해하고 무의미의 감각으로 현대인을 이끈다고 말했는데, 이러한 통찰은 그의 또 다른 저서 『*Escape from Reason*』에서도 심화되어 논의된다. Francis A. Schaeffer, *The God Who Is There* (Downers Grove, IL: InterVarsity Press, 1968) ; Francis A. Schaeffer, *Escape from Reason* (Downers Grove, IL: InterVarsity Press, 1968)

27. 다미앵 클레르제-귀르노/이주영 옮김, 『절망한 날엔 키에르케고르』 (서울: 자음과 모음, 2018), 22.

28. 프란시스 쉐퍼/권혁봉 옮김, 『기독교 성경관』 (서울: 생명의말씀사, 1994), 540.

29. 게오르그 트라클/손재준 옮김, 『귀향자의 노래: 세계시인선34』 (서울: 민음사, 1975), 49.

30. 쉐퍼는 헤겔(Georg W. F. Hegel, 1770~1831)의 변증법(辨證法, Dialectic)에 대해 상대주의를 낳게 한 배경이라고 말한다. 헤겔은 그의 저서들에서 '정-반-합' 이라는 순서로 인류 역사는 발전해왔다고 주장하며, 과거에는 아리스토텔레스의 논리학의 기본적인 전제로서 반정립이 통용되었지만 현대 사회는 반정립이 통하지 않게 되었다고 말한다. 왜냐하면 헤겔의 변증법이 더이상 반정립이 통하지 않는 사고로 바꾸어 놓았기 때문이다. '정'이 '반'을 만나서 비판의 과정을 거쳐 새로운 '정'인 '합'을 도출하게 되는 헤겔의 변증법은 더 이상 절대적인 진리는 있을 수 없다고 하는 상대주의를 낳게 했다. 어떠한 명제도 끊임없이 변할 수 있기 때문에 절대적인 명제는 없다는 것이 상대주의이

다. 키에르케고르(Søren A. Kierkegaard, 1813~1855)는 '신앙의 비약'(a leap of faith)을 통해서 신앙과 이성의 분리를 낳았고, 현대인이 성경의 내용에 더 이상 관심을 갖지 않도록 만들었다. 왜냐하면 키에르케고르가 자신의 저서에서 성경 속의 내용은 신앙적인 것이고, 더 이상 이성적으로나 합리적으로 볼 수 없는 것이라고 언급했기 때문이다.

31. 소박 실재론은 우리가 세계를 경험할 때, 보는 그대로 대상이 실제 존재한다고 가정하며, 감각적으로 경험하는 것이 세계 있는 그대로와 일치한다고 본다.

32. 프란시스 쉐퍼/문석호 옮김, 『기독교 문화관』(서울: 크리스챤 다이제스트, 2007), 37-38.

33. 앞의 책, 37-38.

34. 프란시스 쉐퍼, 『기독교 문화관』, 24.

35. 앞의 책, 24-26.

36. J. E. 맥타가르트/이종철 옮김, 『헤겔 변증법의 쟁점들』(서울: 고려원, 1993), 32-33.

37. 프란시스 쉐퍼/문석호 옮김, "이성에서로부터 도피", 『기독교문화관』(서울: 크리스챤다이제스트, 2007), 263.

38. 프란시스 쉐퍼/문석호 옮김, "존재하시는 하나님", 『기독교문화관』(서울: 크리스챤다이제스트, 2007), 156.

39. 조지 린드벡은 미국의 후기자유주의(postliberal) 신학자로, 기독교 교리를 단순한 명제적 진리가 아니라, 신앙 공동체의 언어와 실천 속에서 형성되는 규범적 틀로 이해하는 "문화-언어적 접근(cultural-linguistic approach)"을 제안했다. 그는 전통적인 명제적(propositionalist) 신학과 경험-표현주의(expressivist) 신학의 한계를 지적하며, 기독교 교리가 공동체의 삶과 실천을 통해 형성되고 규범화되는 과정을 강조했다. 조지 A. 린드벡/김영원 옮김, 『교리의 본

성』(서울: 도서출판100, 2021), 113-132.

. 조지 A. 린드벡/김영원 옮김,『교리의 본성』(서울: 도서출판100, 2021), 113-132.

41. 프란시스 쉐퍼,『기독교 영성관』, 400.

42. 앞의 책, 342-344.

43. 이상원,『프란시스 쉐퍼의 기독교 세계관과 윤리』(서울: 살림출판사, 2003), 13.

44. Francis A, Schaeffer, *The God Who Is There* (Crossway Books, 1968), 165.

45. 이디스 쉐퍼/양혜원 옮김,『라브리 이야기』(서울: 홍성사, 2018), 23.

46. 앞의 책, 23-24.

47. 앞의 책. 19.

48. 앞의 책. 150.

49. 프란시스 쉐퍼, 앞의 책, 400.

50. 찰스 에버렛 쿠프(Charles Everett Koop, 1916-2013)는 미국의 로널드 레이건 대통령 하에서 외과 의장을 지낸 소아외과의이자 공중보건 관리자로, 1980년대에 HIV/AIDS 위기에 대해 대중과 자주 소통한 것으로 유명해졌다. 1976년 쿠프는『살 권리, 죽을 권리(The Right to Live, The Right to Die)』라는 책에서 낙태와 안락사에 대한 강력한 반대 입장을 밝혔다. 쿠프가 프랭크 쉐퍼와 그의 아버지 프랜시스 쉐퍼와 함께 만든 영화『인류에게 무슨 일이 일어났는가(Whatever Happened to the Human Race?)』는 쿠프의 해당 책을 바탕으로 제작한 것이다.

51. 앞의 책, 278.

52. 앞의 책, 540.

53. 프란시스 쉐퍼/김진선 옮김,『예술과 성경』(서울: IVP, 2002), 60.

54. 앞의 책, 60.

55. 김요한, 『예술이 마음을 움직입니다』 (서울: 코리아닷컴, 2011), 178.

5부

1. 실제적으로 21세기 말의 전 지구 평균기온은 온실가스 배출 정도에 따라 현재 대비 1.9~5.2도 상승하고, 전 지구 평균 강수량은 현재 대비 10% 증가할 것으로 전망된다. 또한 해수면 온도는 1,4~3.7도, 해수면은 52~91m 상승할 것으로 전망된다. 이러한 기후 위기는 곧바로 경제금융 위기로 이어진다. BIS(국제결제은행) 보고서의 「그린스완 등장」은 기후 리스크로 인해 자연재해가 발생하고 생태계가 파괴되면 결국 실물 경제가 타국을 입게 되고, 국가적 경제·금융위기를 초래한다고 말한다.

2. 『침묵의 봄』은 1962년 레이첼 카슨이 1차 세계대전 이후 미국에서 살포된 살충제나 제초제로 인해 생태계에 미치는 영향을 분석하여 쓴 책이다. 이 책은 서양에서 환경운동이 본격적으로 시작되는 단초가 되었다. 1963년 미국의 존 케네디 대통령은 환경 문제를 다룬 자문위원회를 구성하였으며, 1969년 미국 의회는 살충제(DDT)가 암을 유발할 수 있다는 증거를 발표하였고, 이에 1972년 미국 환경부는 DDT의 사용을 금지하였다.

3. 생태학(ecology, 生態學)이라는 용어는 그리스어로 '집'을 뜻하는 'οἶκος'(오이코스) 와 '연구'를 뜻하는 'λογία'(로기아)에서 왔다. 그리고 신학은 하나님과 어떤 '특정' 세계 상황 안에서 발생한 것을 다룬다 따라서 오늘날 생태 신학은 지구라는 집에 대한 연구를 하나님과의 관계 속에서 다루고 있다고 할 수 있다.

4. Lynn White, Jr. "The historical roots of our ecologic crisis". *Science* 155(3767), 1967, 1203–1207.

5. 앞의 책, 1203–1204.

6. C. J. Glacken, *Traceds on the Rhodian Shore; Nature and culture in western thought from Ancient times to the end of the eighteenth century*, (London, 1967), 168.

7. Lynn White, Jr. *The Historical Roots of Our Ecologic Crisis [with discussion of St Francis; reprint, 1967]*, Ecology and religion in history, (New York : Harper and Row, 1974), 6.

8. 에블린 터커(Mary Evelyn Tucker)와 존 그림(John Grim)의 *Religions of the World and Ecology* 시리즈와 더불어 Bron Taylor, Dark Green Religion의 *Nature Spirituality and the Planetary Future*, (University of California Press, 2010), 10-12. Willis Jenkins, "After Lynn White: Religious Ethics and Environmental Problems", *The Journal of Religious Ethics* 37(2), 2009, 286.을 참고하라.

9. Hans Küng, *Projekt Weltethos* (München: Piper, 1990), 75.

10. 연기(緣起)라는 단어는 산스크리트어 프라티트야 삼무파다(pratītya-samutpāda)를 뜻에 따라 번역한 것으로 인연생기(因緣生起: 인과 연에 의지하여 생겨남, 인연 따라 생겨남)의 준말이다. 프라티트야(산스크리트어: pratītya)의 사전적인 뜻은 '의존하다'이고 삼무파다(samutpāda)의 사전적인 뜻은 '생겨나다 · 발생하다'이다. 즉 인연을 따라 발생한 의존 관계이다.

11. 「夜摩天宮菩薩說偈品」,『華嚴經』10권 (『高麗』 제8책, 74면 중; 大正藏』 제9책, 465면 하).

12. 심층 생태학(Deep ecology)은 1973년 노르웨이의 철학자 아르네 네스가 최초로 사용한 용어로, 생태계 위기의 근본적인 원인은 모든 자연 가치관을 인간적 측면에서 평가하고, 자연을 인간의 욕망을 충족시키기 위한 자원 또는 물질로 파악하는 인간 중심적 사고방식에 있다고 주장하는 이론 또는 사상, 철학이다. 네스에 이어 게리 스나이더(Gary Snyder), 워윅 폭스(Warwick Fox), 조지 세션즈(George Sessions), 프리초프 카프라(Fritjof Capra)와 같은 환경주의 학자들에 의해 이론적으로 계승되었다. 심층 생태론은 인간

의 내부와 지구에 존재하는 모든 생명체의 본성은 본래 가치를 지니고 있기 때문에 인간은 생명을 유지하기 위해 반드시 필요한 자연 요소들을 제외하고는 생명의 풍요로움과 다양함을 해칠 권리가 없다고 주장하고 있다. 심층 생태론에 따르면 인간은 자연의 틀에서 분리될 수 없어서 인간도 자연의 일종이므로, 모든 자연을 통일된 하나의 '전체화'된 개념으로 보고, 환경주의자인 조지 세션즈와 노르웨이의 철학자 네스는 공동연구로 심층 생태학에 대해 다음과 같은 여덟 개의 강령으로 정리하였다. 1. 지구 상의 인간과 인간을 제외한 생명의 안녕과 번영은 그 자체로서 가치를 가진다. 이 가치들은 자연계가 인간의 목적을 위해 얼마나 유용한가 하는 문제와는 독립해 있다. 2. 생명체의 풍부함과 다양성은 이러한 가치의 실현에 이바지하며 또한 그 자체로서 가치를 가진다. 3. 인간들은 생명 유지에 필요한 것들을 만족하게 하기 위한 경우를 제외하고는 이러한 풍부함과 다양성을 감소시킬 권리가 없다. 4. 인간의 생명과 문화의 반영은 실질적으로 더 적은 인구와 양립한다. 인간을 제외한 생명의 번영은 더 적은 인구를 요구한다. 5. 현재 인간의 자연계에 대한 간섭은 과도하며, 그 상황은 빠르게 악화되고 있다. 6. 따라서 정책이 변해야 한다. 이러한 정책들은 근본적인 경제적, 기술적 그리고 이데올로기적 구조들에 영향을 미친다. 그 결과 발생할 상태는 현재와는 매우 달라질 것이다. 7. 이데올로기 변화는 더 높은 생활 수준에 집착하기보다는 주로 생활의 질, 내재적 가치에 대한 평가와 관련될 것이다. 그렇게 되면 단순히 큰 것과 꼭 필요한 위대한 것의 차이를 심오하게 인식하게 될 것이다. 심층 생태론은 생태적 세계관으로 전환하기 위해 동양의 노장 사상과 선불교, 그리고 기독교의 영성주의 등이 필요하다고 주장한다. 안나 피터슨은 심층 생태학의 자아와 불교의 자아관이 상대적 자아관에 깃들어 있다고 본다. Anna L. Peterson, *Being Human: Ethics, Environment, and Our Place in the World*. Berkeley and Los Angeles:

University of California Press, 2001, 87.

13. 염기는 불교의 중요한 개념 중 하나로 '염'은 집착, '기'는 자아를 뜻한다. 염기 사상은 자아에 대한 집착을 내려놓고 상호 의존성과 변화 속에서 현실을 이해하라는 가르침이다.

14. Anna L. Peterson, *Being Human: Ethics, Environment, and Our Place in the World.* (Berkeley and Los Angeles: University of California Press, 2001), 181.

15. 앞의 책, 89.

16. 레오나르도 보프, 김항섭 옮김, 『생태신학』(가톨릭출판사, 2001), 48.

17. 변희순, '심층생태론의 이론과 과제,' 『서울대 BK21 연구모노그라프 2002』(서울: 2002), 14.

18. T. Merton, Naomi Burton Stone(ed.), *A Vow of Conversation: Journals 1964-1965*, *An Invitation to the Contemplative Life* (paperback, 1999), 102.

19. M. 다우니, 안성근 옮김, 『오늘의 기독교 영성 이해』(서울: 은성출판사, 2001), 164.

20. Merton Thomas and William H Shannon. *Witness to Freedom : The Letters of Thomas Merton in Times of Crisis.* 1st ed. (Farrar Straus Giroux, 1994) 127.

21. 종교의 어원이 '연결하다'라는 'relegare'라는 점을 생각하면, 그녀는 진정한 의미의 종교인이다.

22. 정홍규, "생태 전사(eco-warrior) 성녀 힐데가르트 수녀", 「사목정보」 Vol.9(2014), 126-127.

23. 가톨릭 교회의 신부이며 중세 그리스도교의 대표적 신학자이자 스콜라 철학자이다. 1323년 교황 요한 23세에 의해 시성(諡聖)되었으며, 1879년에는 교황 레오 13세의 회칙 「영원한 아버지」(Aeterni

Patris)는 그를 현대 가톨릭 철학의 스승으로 선포하기도 했다. 대표
작으로『신학대전』을 비롯해『대이교도대전』,『신학요강』등이 있으
며, 아리스토텔레스와 보에티우스 등의 저서에 대한 다양한 주해서를
남겼다.

24. 성 아우구스티누스는 아프리카 히포(hippo)의 주교로, 중세 기독
교 역사상 가장 위대한 사상가, 문학가이자 그리스도교 역사상 가장
큰 영향을 끼친 신학자이다. 대표 저서로는『하나님의 도성(신국론)』,
『고백록』,『삼위일체론』,『기독교 교육론』등이 있다.

25. 메리 T. 말로운, 유정원·박경선 옮김,『여성과 그리스도교 1』(서울:
바오로딸, 2008), 208-211.

26. Hildegard of Bingen, *The Book of the Rewards of Life*,
Oxford Univ. Press (1997), 125-26.

27. 정홍규, "빙엔의 헬데가르트의 생애와 영성 그 가르침", https://
linn317.tistory.com/3256, (2023, 03.23)

28. Hildegard of Bingen, *Scivias,* 1990, 1.2. 한국교회환경연구소,
『기독교 역사를 통해 본 창조신앙 생태 영성』(서울: 대한기독교서회,
2010) 148에서 재인용.

29. 유정원, "빙엔의 힐데가르트와 아씨시의 프란치스코의 생태 영성",
「원불교사상과 종교문화」Vol.62(2014, 12), 284.

30. Hildegard of Bingen, *The Letters of Hildegard of Bingen,*
Vol.1. Oxford Univ. Press (1994), 95.

31. 김은영, "힐데가르트 영성 안에서 'viriditas'의 의미" (가톨릭대학
교, 2003) 10에서 재인용.

32. 앞의 책, 7.

33. 힐데가르트 폰 빙엔/이나경 옮김,『세계와 인간』(서울: 올댓컨텐
츠, 2011) 참조. 이 책에서 힐데가르트는 "모든 창조물은 서로 다른 것
들과 연계되어 있고, 모든 존재는 서로 다른 존재를 통해 유진된다"고

말하며 세계와 인간 안에 이루어지는 하나님의 작용을 열 개의 비전으로 설명하고자 했다.

34. 힐데가르트, 『세계와 인간』, 150.

35. 앞의 책, 136-137.

36. 앞의 책, 339.

37. 김은영, "성녀 힐데가르트의 영성", 「영성생활」 제37호 (2009), 42-52.

38. 샐리 맥페이그/장윤재·장양미 옮김, 『풍성한 생명-지구의 위기앞에 다시 생각하는 신학과 경제』 (서울: 이화여자대학교출판사, 2008). 48.

39. 숀 맥도나휴/ 황종렬 옮김. 『땅의 신학, 새로운 신학에의 부름』 (분도출판사, 1998), 266.

40. 같은 책, 302. 빙엔의 힐데가르트를 깊이 연구한 바바라 뉴만 (Barbara Newman)은 힐데가르트를 다룬 저서의 제목을 *Sister of Wisdom – St. Hildegard's Theology of The Reminine* (Berkeley and Los Angeles, California, Univ. of California Press, 1987)이라고 붙였다.

41. 박요한, 『생명의 샘과 인생길 성서 지혜문학을 읽기 위한 탐구』 (서울: 성바오로출판사, 1999), 106.

42. Scivias, 1990. 2.2.1. 한국교회환경연구소·한국교회사학회 엮음, 『기독교 역사를 통해 본 창조신앙 생태 영성』 (서울: 대한기독교서회, 2010), 150. 에서 재인용.

43. 정미현, "창조 – 중심적 영성: 빙엔의 힐데가르트를 중심으로", 「한국기독교신학논총」 Vol.15(1998), 355.

44. 앞의 책, 356.

45. 힐데가르트 폰 빙엔/이나경 옮김, 『세계와 인간』 (서울: 올댓컨텐츠, 2011) 130.

46. 샐리 맥페이그, 『풍성한 생명』, 50.

47. 힐데가르트 폰 빙엔/이나경 옮김, 『세계와 인간』(서울: 올댓컨텐 츠, 2011) 216, 220, 156, 145, 170.

48. 샐리 맥페이그, 『풍성한 생명』, 50.

49. 힐데가르트 폰 빙엔/이나경 옮김, 『세계와 인간』(서울: 올댓컨텐 츠, 2011) 159.

50. 앞의 책, 322.

51. Peter Dronke, *Women Writers of the Middle Ages*, (New York: Cambridge University Press, 1984), 179.

52. 정미현, "창조 – 중심적 영성: 빙엔의 힐데가르트를 중심으로", 「한 국기독교신학논총」 Vol.15(1998, 9), 358.

53. 정미현, "생태여성신학의 선구자 빙엔의 힐데가르트", 「기독교사 상」 Vol.447(1998, 9), 70-71.

54. 힐데가르트의 보석치료는 보석 자체에 있는 미세한 성분이 몸 안 의 기에 영향을 미치고 에너지를 낸다는 관점에서 '힐데가르트 의학' 으로 널리 알려진 대안적 치료법을 기반으로 그녀의 타고난 재능과 자 연과의 깊은 교감, 그리고 장기간에 걸친 치료 경험을 근거로 발전한 다. 루비, 사파이어, 다이아몬드 등의 보석과 호박, 녹옥수 등의 준보석 은 일찌감치 민간에서 탁월한 효능을 가진 치료석으로 이용되었다. 그 런데 이 책에서는 우울증이나 안과 질환, 고혈압, 심장마비 등과 같은 구체적인 증상이나 질병에 대해 보석을 어떻게 사용해야 할지를 상세 하게 제시하고 있다.

55. Cilliers, Louise and Francois P Retief. "The evolution of the hospital from antiquity to the end of the middle ages." *Curationis* 25 4 (2002): 61.

56. Romani, J., and M. Romani. 2017. "Causes and Cures of Skin Diseases in the Work of Hildegard of Bingen." *Actas Dermosifiliogr* 108(6) (2017): 4.

색인